W0366099

RUDOLF STEINER GESAMTAUSGABE
VORTRÄGE

VORTRÄGE VOR MITGLIEDERN
DER ANTHROPOSOPHISCHEN GESELLSCHAFT

RUDOLF STEINER

Grundelemente der Esoterik

Notizen von einem esoterischen Lehrgang
in Form von einunddreißig Vorträgen,
gehalten in Berlin vom 26. September
bis 5. November 1905

1976

RUDOLF STEINER VERLAG
DORNACH/SCHWEIZ

Herausgegeben von der Rudolf Steiner-Nachlaßverwaltung
Die Herausgabe besorgte Hella Wiesberger

1. Auflage Gesamtausgabe Dornach 1972
2. Auflage (fotomechanischer Nachdruck)
Gesamtausgabe Dornach 1976

Erstmals abgedruckt in «Was in der Anthroposophischen Gesellschaft vorgeht – Nachrichten für deren Mitglieder» 19. Jg. (1942) Nrn. 43–52 und 20. Jg. (1943) Nrn. 1–36

Bibliographie-Nr. 93a

Zeichnungen im Text ausgeführt von Leonore Uhlig

Alle Rechte bei der Rudolf Steiner-Nachlaßverwaltung, Dornach/Schweiz
© 1972 by Rudolf Steiner-Nachlaßverwaltung, Dornach/Schweiz
Printed in Switzerland by Buchdruckerei Meier & Cie, Schaffhausen

ISBN 3-7274-0935-5

ALS MANUSKRIPT GEDRUCKT

Über den Charakter dieser Privatdrucke äußert sich Rudolf Steiner in seiner Selbstbiographie «Mein Lebensgang» (35. und 36. Kapitel, März 1925) folgendermaßen:

«Als mündliche, nicht zum Druck bestimmte Mitteilungen waren die Inhalte dieser Drucke gemeint...

Es ist nirgends auch nur in geringstem Maße etwas gesagt, was nicht reinstes Ergebnis der sich aufbauenden Anthroposophie wäre... Wer diese Privatdrucke liest, kann sie im vollsten Sinne eben als das nehmen, was Anthroposophie zu sagen hat. Deshalb konnte ja auch ohne Bedenken ... von der Einrichtung abgegangen werden, diese Drucke nur im Kreise der Mitgliedschaft zu verbreiten. Es wird eben nur hingenommen werden müssen, daß in den von mir nicht nachgesehenen Vorlagen sich Fehlerhaftes findet.

Ein Urteil über den Inhalt eines solchen Privatdruckes wird ja allerdings nur demjenigen zugestanden werden können, der kennt, was als Urteils-Voraussetzung angenommen wird. Und das ist für die allermeisten dieser Drucke *mindestens* die anthroposophische Erkenntnis des Menschen, des Kosmos, insofern sein Wesen in der Anthroposophie dargestellt wird, und dessen, was als ‹anthroposophische Geschichte› in den Mitteilungen aus der Geist-Welt sich findet.»

INHALT

Rudolf Steiner schildert in seiner Autobiographie «Mein Lebensgang», wie er um die Jahrhundertwende aufgefordert wurde, vor einem damals sehr kleinen theosophischen Kreis in Berlin theosophische Vorträge zu halten. Er erklärte sich dazu bereit, betonte aber, nur über dasjenige sprechen zu können, was in ihm selbst als Geisteswissenschaft lebt. Seine erste Vortragsreihe vom Winter 1900/01 erschien auf Wunsch des Kreises zusammengefaßt als Buch «Die Mystik im Aufgange des neuzeitlichen Geisteslebens und ihr Verhältnis zu modernen Weltanschauungen». Da die darin enthaltenen Ergebnisse seiner eigenen Geist-Erkenntnis auch in der allgemeinen Theosophischen Gesellschaft akzeptiert wurden, gab es «keinen Grund mehr, vor dem theosophischen Publikum, das damals das einzige war, das restlos auf Geist-Erkenntnis einging, *nicht in meiner Art* diese Geist-Erkenntnis vorzubringen. Ich verschrieb mich keiner Sektendogmatik; ich blieb ein Mensch, der aussprach, was er glaubte aussprechen zu können ganz nach dem, was er selbst als Geistwelt erlebte.»

Im nächsten Winter – 1901/02 – erfolgte eine zweite Vortragsreihe, die zu der im Sommer 1902 erschienenen Schrift «Das Christentum als mystische Tatsache» zusammengefaßt wurde. Unmittelbar darauf wurde mit Rudolf Steiner als Generalsekretär die Deutsche Sektion der Theosophischen Gesellschaft gegründet. Hier «konnte ich nun vor einer sich immer vergrößernden Zuhörerschaft meine anthroposophische Tätigkeit entfalten. *Niemand blieb im Unklaren darüber,* daß ich in der Theosophischen Gesellschaft nur die Ergebnisse meines eigenen forschenden Schauens vorbringen werde.»

Das war der Beginn einer immer intensiver werdenden geisteswissenschaftlichen Vortragstätigkeit. Im Juni 1903 erschien die erste Nummer des von ihm begründeten und herausgegebenen «Luzifer» (später «Lucifer-Gnosis»), «Zeitschrift für Seelenleben und Geisteskultur – Theosophie» und im Frühjahr 1904 das grundlegende Werk «Theosophie – Einführung in übersinnliche Welterkenntnis und Menschenbestimmung». Gleichzeitig erfolgte im «Luzifer» die Darstellung des Schulungsweges mit den Aufsätzen «Wie erlangt man Erkenntnisse der höheren Welten?» und die Darstellung einer geisteswissenschaftlichen Kosmologie mit den Aufsätzen «Aus der Akasha-Chronik».

So wurde die Deutsche Sektion der Theosophischen Gesellschaft von Rudolf Steiner und seiner engsten Mitarbeiterin Marie von Sivers, spätere Marie Steiner, nach und nach zu einer weitreichenden mitteleuropäischen geisteswissenschaftlichen Bewegung aufgebaut. Sie war von Anfang an die von Rudolf Steiner vertretene *anthroposophische* Abteilung, die sich später auf Grund interner Schwierigkeiten zur Anthroposophischen Gesellschaft verselbständigte.

Zu der Zeit, da Rudolf Steiner den hier erstmals in Buchform erscheinenden Lehrgang über «Grundelemente der Esoterik» gab, befand sie sich noch im Anfangsstadium ihrer Entwickelung. Daher gebraucht Rudolf Steiner auch noch durchgehend die Ausdrücke «Theosophie» und «theosophisch» und für die Bezeichnung der planetarischen Entwickelung, der Wesensglieder des Menschen und so weiter noch die in der theosophischen Literatur übliche theosophisch-indische Terminologie, an welche die Zuhörer damals gewöhnt waren. Über den Wert dieser Terminologie spricht er sich besonders im 15. Vortrag dieses Kurses aus. In seinen damaligen Aufsätzen und seinem Werk «Theosophie» verwendete er jedoch schon Ausdrücke, von denen er 1903 in der Zeitschrift «Luzifer» sagte, daß er sie «aus gewissen Gründen einer okkulten Sprache entlehne, die in den Bezeichnungen von der in den verbreiteten theosophischen Schriften etwas abweiche, in der Sache aber natürlich mit ihnen völlig übereinstimme». Später ersetzte er auch in seinen Vorträgen die indisch-theosophischen Ausdrücke immer mehr durch solche, die unserer europäischen Kultur angemessen sind. Die für diesen Kursus notwendigen Worterklärungen durch die heute geläufigen Ausdrücke finden sich am Schlusse des Bandes.

Die in den Vorträgen außerdem häufig auftretenden Bezugnahmen auf die Schriften von H. P. Blavatsky sind daraus zu erklären, daß sich die damaligen Zuhörer intensiv mit diesem Lehrgut der Gründerin der Theosophischen Gesellschaft beschäftigten und sich auf Grund der schwerverständlichen Darstellungen oft mit Fragen an Rudolf Steiner wandten. So erläutert er immer wieder Angaben Blavatskys aus deren Hauptwerk «Die Geheimlehre», vor allem dem dritten Band, den Abhandlungen über «Esoterik».

Der ganze Kursus war eigentlich eine interne mündliche Unterweisung, also weder öffentlich noch für den allgemeinen Mitgliederkreis bestimmt, sondern nur für wenige aktive Mitglieder, die persönlich hierzu eingeladen waren. Sie sollten dadurch eine gewisse Grundlage für ihre eigene Zweigarbeit erhalten. Aus diesem Grunde gibt es auch keine vollständige stenographische Nachschrift, sondern nur Notizen, die sich einige Zuhörer für ihren persönlichen Gebrauch gemacht haben. Diese Hörernotizen haben einen stark aphoristischen Charakter, der zu berücksichtigen ist, wenn manche Gedankengänge infolge der gekürzten Zusammenziehung oder auch infolge von Lücken nicht immer ganz klar zu erfassen sind. Wenn heute diese Notizen trotzdem in die Gesamtausgabe eingereiht erscheinen, so deshalb, weil sie im ganzen gesehen sicher zuverlässig sind, und auch, weil durch sie wertvolle Aspekte geisteswissenschaftlicher Menschen- und Weltbetrachtung festgehalten wurden, die sich in dieser Form in den späteren Vorträgen Rudolf Steiners nicht mehr finden. Zur Verdeutlichung und Ergänzung mancher Punkte, insbesondere kosmologischer Natur, sollte man die ungefähr gleichzeitig geschriebenen Werke «Aus der Akasha-Chronik» und «Theosophie» heranziehen.

H. W.

I

Berlin, 26. September 1905

Bei jedem esoterischen Lehrgang kommt es darauf an zu lernen, wie wir die Dinge um uns her anzuschauen haben. Jeder Mensch empfindet natürlich bei einer Blume und allen Dingen der Umgebung irgend etwas. Es kommt aber darauf an, einen höheren Standpunkt zu gewinnen, tiefer hineinzuschauen, bestimmte Schauungen mit jedem Ding zu verbinden. Darauf beruht zum Beispiel die tiefsinnige Medizin des *Paracelsus*. Er spürte, fühlte, sah die Kraft einer bestimmten Pflanze und die Verwandtschaft dieser Kraft mit einer entsprechenden im Menschen. So sah er zum Beispiel, auf welches Organ des Menschen die Kraft der Digitalis purpurea (roter Fingerhut) wirkt.

Wir wollen uns diese Art, die Dinge zu betrachten, an einem besonderen Beispiele klarmachen. Alle Religionen haben Symbole. Über diese Sinnbilder kann man heute vieles hören, was vielfach aber nur eine äußere willkürliche Auslegung ist. Die tiefen religiösen Symbole sind aber aus dem Wesen der Dinge selbst herausgeholt. Besprechen wir zum Beispiel das Schlangensymbol, wie es *Moses* in den ägyptischen Geheimschulen mitgeteilt worden war. Was ihn begeisterte, was ihm die Intuition gab, wollen wir besprechen.

Es besteht ein grundlegender Unterschied zwischen all denjenigen tierischen Lebewesen, welche eine Wirbelsäule haben, und denjenigen, welche, wie die Käfer, Mollusken, Würmer und so weiter, keine Wirbelsäule haben. Das ganze Tierreich zerfällt in die Hauptabteilungen der Wirbeltiere und der Wirbellosen. Bei den wirbellosen Tieren kann man sich nun die Frage vorlegen: Wo haben diese Tiere ihre Nerven? – Denn der Hauptnervenstrang geht sonst durch die Wirbelsäule hindurch. Die Wirbellosen haben aber auch ein Nervensystem, und zwar findet es sich ebenso beim Menschen wie bei den Wirbeltieren. Bei diesen verläuft es außen, längs der Wirbelsäule, bis es sich in der Leibeshöhle ausbreitet. Dies nennt man das sympathische Nervensystem mit dem Sonnengeflecht. Es ist dasselbe System, welches auch die wirbellosen Tiere besitzen, nur daß es bei den Wirbeltieren und beim Menschen weniger Bedeutung hat. Dieses System steht in einem viel engeren Zusammenhang mit der übrigen Welt als das Nervensystem in Kopf und Rückenmark des Menschen. Man kann die Tätigkeit der letzteren im Trancezustand auslöschen, dann tritt das sympathische Nervensystem in Tätigkeit. So geschieht es zum Beispiel bei den Somnambulen. Das somnambule Bewußtsein erstreckt sich auf das ganze Leben der Umgebung und geht über in die anderen Wesen um uns her. Die Somnambulen fühlen die Dinge in sich. Der Lebensäther ist nun das Element, das uns überall umströmt. Im Sonnengeflecht hat er seine Vermittlung. Könnten wir nur mit dem Sonnengeflecht wahrnehmen, so würden wir in einer intimen Gemeinschaft mit der ganzen Welt leben. Diese intime Gemeinschaft ist bei den wirbellosen Tieren vorhanden. Ein solches Tier fühlt zum Beispiel eine Blume in sich. Das wirbellose Tier ist im Erdensystem etwas Ähnliches wie beim Menschen Auge und Ohr. Es ist ein Teil des Organismus. Es gibt tatsächlich einen gemeinschaftlichen geistigen Organismus, welcher durch die wirbellosen Tiere wahrnimmt, sieht, hört und so weiter. Der Erdengeist ist ein solcher gemeinschaftlicher Organismus. Alles was wir so um uns haben, ist ein Körper für diesen gemeinschaftlichen Geist. Wie sich unsere Seele Augen und Ohren schafft, um die Welt wahrzunehmen, so schafft sich diese gemeinschaftliche Erdenseele die wirbellosen Tiere als Augen und Ohren, um in die Welt hineinzusehen und hineinzuhören.

In der Entwickelung der Erde kam nun ein Zeitpunkt, wo in dem gemeinsamen Leben und Weben des Erdengeistes eine Besonderung eintrat. Es schloß sich ein Teil ab, wie in ein Rohr hinein. Erst als dieser Zeitpunkt eintrat, war es überhaupt möglich, daß Wesen entstehen, die auch Sonderwesen werden können. Die anderen sind Glieder *einer* Erdenseele. Jetzt erst beginnt ein besonderer Grad von Sonderung. Jetzt beginnt erst die Möglichkeit, daß einmal etwas zu sich «Ich» sagen kann. Diese Tatsache, daß zwei Epochen auf der Erde sind, erstens die Epoche, in der es auf der Erde noch keine Tiere gab mit einem in ein Knochenrohr eingeschlossenen Nervensystem, zweitens die Epoche, in welcher dann solche entstanden, wird in allen Religionen besonders ausgedrückt. Die Schlange schließt zuerst das selbstlose, ungesonderte Schauen des Erdengeistes in ein Rohr ein, und bildet so den Grund zur Ichheit. Das prägten die esoterischen Lehrer den Schülern ein, so daß sie es empfinden konnten: Seht ihr die Schlange an, so seht ihr das Merkzeichen für euer Ich. – Dabei mußten sie lebhaft empfinden, daß das zusammengehört, das selbständige Ich und die Schlange. So wurde diese Empfindung von der Bedeutung der Dinge um uns her ausgebildet. So durchdrangen die Schüler ein jegliches Naturwesen mit dem richtigen Empfindungsgehalt. Mit dieser Empfindung ausgerüstet war auch Moses, als er herausging aus den ägyptischen Geheimschulen, und so stellte er die Schlange als Symbol auf. Man lernte in jenen Schulen nicht so abstrakt, wie man heute lernt, sondern indem man aus dem eigenen inneren Erleben heraus die Welt erfassen lernte.

Es gibt eine Beschreibung des Menschen auf Grund der äußerlichen Untersuchung der einzelnen Teile seines Organismus. Aber in alten mystischen und okkulten Werken kann man den Menschen ebenfalls beschrieben finden. Diese Beschreibungen sind aber auf ganz andere Weise zustande gekommen als durch anatomische Untersuchungen. Sie sind sogar weit genauer und viel richtiger, als was der Anatom von heute beschreibt, denn dieser beschreibt nur den Leichnam. Die alten Beschreibungen sind so gewonnen, daß die Schüler durch Meditation, durch innere Erleuchtung sich selbst sichtbar wurden. Durch das sogenannte Kundalinifeuer kann der Mensch sich von innen heraus betrachten. Es gibt verschiedene Stufen dieser Betrachtung. Die genaue, richtige Betrachtung tritt zuerst symbolisch auf. Wenn der Mensch sich zum Beispiel auf sein Rückenmark konzentriert, sieht er in der Tat immer die Schlange. Er träumt vielleicht auch von der Schlange, weil diese das Wesen ist, das äußerlich in die Welt hinausversetzt wurde, als das Rückenmark sich bildete und auf dieser Stufe stehengeblieben ist. Die Schlange ist das äußerliche, in die Welt hinausversetzte Rückenmark. Diese bildhafte Art, die Dinge zu sehen, ist das astrale Schauen (Imagination). Aber erst durch das mentale Schauen (Inspiration) ergibt sich die völlige Bedeutung.

Dieser Erkenntnisweg führt den Menschen dazu, den Zusammenhang zwischen Mikrokosmos und Makrokosmos zu erkennen, daß er sich aufteilen kann in die Natur, daß er sich sagen kann, zu welchem Teil der Welt jedes einzelne seiner Organe gehört. Die altgermanische Mythe läßt den Riesen Ymir so aufgeteilt werden. Aus seiner Gehirnschale wird das Himmelsgewölbe gemacht, aus seinen Knochen die Gebirge und so weiter. Das ist die mythologische Darstellung von dem inneren Schauen. Bei jedem Stück in der Welt sieht der Esoteriker den Zusammenhang mit irgend etwas in ihm selbst. Die innere Verwandtschaft tritt dann hervor. Dieses Schauen muß intensiv ausgebildet werden. Alle Religionen weisen auf solche intensive Ausbildung hin. In den Evangelien wird auch darauf hingewiesen. Der Esoteriker sagt sich: Alle Dinge der Umwelt, Stein, Pflanzen und Tiere, sind Merkzeichen meiner eigenen Entwickelung; ich könnte nicht sein, wenn nicht diese Reiche da wären. – Dieses Bewußtsein erfüllt uns nicht nur mit dem Gefühl, daß wir hinausgestiegen sind über diese Reiche, sondern auch mit der Erkenntnis, daß wir ohne sie nicht sein könnten.

Es gibt sieben Grade des menschlichen Bewußtseins: Trancebewußtsein, Tiefschlaf-, Traumbewußtsein, Wachbewußtsein, psychisches, überpsychisches und spirituelles Bewußtsein. Eigentlich gibt es im ganzen zwölf Bewußtseinsstufen; die fünf anderen sind schöpferische Bewußtseinsstufen. Es sind solche der Schöpfer, der schaffenden Götter. Diese hängen mit den zwölf Tierkreiszeichen zusammen. Diese zwölf Stufen muß der Mensch nacheinander durchmachen. Er stieg auf durch das Trance-, Tiefschlaf- und Traumbewußtsein bis zum heutigen hellen Tagesbewußtsein. Auf den folgenden planetarischen Entwickelungsstufen wird er noch höhere Bewußtseinsstufen erreichen. Alle, die er schon durchgemacht hat, hat er auch in sich. Der physische Körper hat das dumpfe Trancebewußtsein, wie es auf dem alten Saturn vom Menschen erworben wurde. Der Ätherkörper des Menschen hat das Bewußtsein des traumlosen Schlafes, wie es auf der alten Sonne entstand. Der Astralkörper träumt, so wie er auch im Traume während des Schlafes träumt. Das Traumbewußtsein stammt aus der alten Mondenzeit. Auf der gegenwärtigen Erde erreicht der Mensch das Wachbewußtsein. Das Ich hat das helle Tagesbewußtsein.

Die höhere Entwickelung besteht darin, daß sich das, was im Wesen ist, hinaussetzt, so wie der Mensch die Schlange hinausgesetzt hat und dabei die Schlange auf einer höheren Stufe in seinem Rückenmark beibehält. Bei einer noch weiteren Entwickelung werden die Menschen nicht nur Steine, Pflanzen und Tiere in die Welt hinaussetzen, sondern Bewußtseinsstufen. In einem Bienenstock sind zum Beispiel dreierlei Wesen, die eine gemeinsame Seele haben. Scheinbar ganz getrennte Wesen wirken gemeinsam. So wird es auch einmal beim Menschen sein; er wird seine Organe trennen. Alle einzelnen Gehirnmoleküle wird er bewußt von außen her dirigieren müssen. Dann ist er ein höheres Wesen geworden. So wird es auch mit den Bewußtseinsstufen sein. Man kann sich ein hohes Wesen denken, das alle zwölf Bewußtseinsstufen aus sich herausgesetzt hat. Es selbst ist dann als Dreizehntes da und wird sich sagen: Ich könnte das, was ich bin, nicht sein, wenn ich nicht diese zwölf Bewußtseinsstufen aus mir herausgesondert hätte. – Diesen Fall haben wir in Christus mit den zwölf Aposteln. Die zwölf Apostel stellen die Bewußtseinsstufen dar, durch die Christus hindurchgegangen ist. Das erkennt man im Johannes-Evangelium durch die Schilderung der Fußwaschung, im dreizehnten Kapitel, durch die angedeutet wird, daß Christus es den Aposteln verdankt, daß er die höhere Bewußtseinsstufe erreicht hat: Wahrlich, merket euch das, es ist der Diener niemals höher zu achten als der Herr. – Das höherentwickelte Wesen hat die anderen auf der Bahn zurückgelassen und ist nun selbst der Diener der anderen geworden. Nicht viele Menschen verstehen den Sinn dieser Worte, doch werden sie, wenn sie diese Erzählung hören, durch die Empfindung vorbereitet zum Verstehen. Wir sind zum Beispiel in den ersten Jahrhunderten nach Christus durch diese Erzählungen in der Empfindung vorbereitet worden. Sonst wäre unser Kausalkörper nicht vorbereitet, um jetzt die Wahrheit aufzunehmen. Durch die bildliche Form wird die Seele vorbereitet. Darum haben früher die großen Weisen den Menschen Märchen erzählt mit dem großen Ausblick auf die Zukunft. Auch heute haben die Lehrer schon einen

Begriff davon, was in Zukunft durch die Lehren der Theosophie bewirkt wird. Heute hat der Mensch Gut und Böse in sich. Das wird in der Zukunft äußerlich in die Erscheinung treten als ein Reich des Guten und ein Reich des Bösen. Und wie die Guten die Bösen dereinst zu behandeln haben, das wird in der Seele veranlagt durch die theosophischen Begriffe von heute. Zuerst wurden den Menschen Bilder gegeben, jetzt erhalten sie die Begriffe, und in der Zukunft haben sie danach praktisch zu handeln.

II

Berlin, 27. September 1905

Wir wollen uns heute beschäftigen mit drei wichtigen Vorstellungen, die zusammenhängen mit den Teilen der menschlichen Natur. Sie bilden sozusagen einen Leitfaden durch die ganze Welt. Es sind dies: Tätigkeit oder Bewegung, Weisheit, die auch Wort genannt wird, und drittens Wille. Wenn wir von Tätigkeit sprechen, meinen wir damit eigentlich etwas sehr Allgemeines. Der Esoteriker aber sieht in der Tätigkeit zunächst die Grundlage des ganzen Weltenalls, wie es uns umgibt. Die erste Gestalt des Weltenalls ist für den Esoteriker ein Produkt der Tätigkeit. Für den gewöhnlichen Menschensinn erscheint die Welt als etwas Fertiges; der Esoteriker aber sagt sich, was vorliegt, ist ein Produkt der Tätigkeit. Was scheinbar fertig ist, ist eine Stufe fortschreitender Tätigkeit, ein Durchgangspunkt. Die ganze Welt ist fortwährend in Tätigkeit. Diese Tätigkeit ist eigentlich Karma.

Wenn man vom Menschen spricht, spricht man von seinem Astralkörper als von Karma, als von Tätigkeit. Eigentlich ist der Astralkörper dasjenige, was dem Menschen am nächsten steht. Was der Mensch erlebt, so daß es entscheidet über sein Wohl und Wehe, über Lust und Leid, das geht von seinem Astralkörper aus. Liebe, Leidenschaft, Freude, Schmerz, Ideal, Pflicht hängen zusammen mit dem

Astralkörper. Wenn man von Lust und Leid, Trieben, Wünschen und Begierden spricht, so spricht man vom Astralkörper. Der Mensch erlebt fortwährend den Astralkörper, der Seher aber sieht die Form des Astralkörpers. Dieser Astralkörper ist in einer fortwährenden Umwandlung begriffen. Zuerst ist er undifferenziert, solange der Mensch noch nicht daran gearbeitet hat. Der Mensch arbeitet aber fortwährend daran in unserer Zeit. Wenn er unterscheidet zwischen Erlaubtem und Verbotenem, arbeitet der Mensch von seinem Ich aus hinein. Seit der Mitte der lemurischen Zeit bis zur Mitte der sechsten Wurzelrasse arbeitet der Mensch an seinem Astralkörper.

Warum arbeitet der Mensch daran? Er arbeitet deshalb an seinem Astralkörper, weil auf dem Gebiet der Tätigkeit jede einzelne Tätigkeit einen Gegenschlag hervorruft. Jeder Schlag ruft einen Gegenschlag hervor. Wenn wir mit der Hand über die Tischplatte fahren, so wird sie heiß. Die Wärme ist der Gegenschlag zu unserer Tätigkeit. So ruft jede Tätigkeit eine andere hervor. Dadurch, daß gewisse Tiere in die finstern Höhlen von Kentucky einwanderten, brauchten sie ihr Augenlicht nicht mehr, sondern nur empfindliche Tastorgane, damit sie sich zurechtfinden konnten. Die Folge war, daß das Blut von den Augen abzog und sie blind wurden. Dies war die Folge ihrer Tätigkeit, des Einwanderns in die Höhlen von Kentucky.

Der menschliche Astralkörper ist in fortwährender Tätigkeit. Darin besteht sein Leben. Diese Tätigkeit nennt man im engeren Sinne das menschliche Karma. Was ich heute tue, hat seinen Ausdruck im Astralkörper. Wenn ich jemanden schlage, ist das Tätigkeit und ruft einen Gegenschlag hervor. Das ist die ausgleichende Gerechtigkeit: Karma. Tätigkeit ist ein Schlag, der einen Gegenschlag hervorruft. Damit muß dann der Begriff von Ursache und Wirkung verbunden werden. Im Karma ist immer etwas Unausgeglichenes; es fordert immer etwas anderes.

Das zweite in der menschlichen Natur und im Weltenall ist: Weisheit. Ebenso wie Karma etwas Unausgeglichenes ist, hat Weisheit etwas von Ruhe, Ausgeglichenheit. Darum nennt man sie auch Rhythmus. Alle Weisheit ist der Form nach Rhythmus. Im Astralkörper ist vielleicht viel Sympathie, dann ist viel Grünes in der Aura. Dieses

Grün wurde einmal als Gegenfarbe herausgefordert. Dem Grünen entsprach ursprünglich ein Rot, ein selbstsüchtiger Instinkt. Das hat sich durch Tätigkeit, Karma, in Grün verwandelt. In der Weisheit, im Rhythmus ist alles fertig, ausgeglichen. Im Menschen ist alles Rhythmische, Weisheitsvolle im Ätherkörper. Der Ätherkörper ist daher das am Menschen, was die Weisheit repräsentiert. Im Ätherkörper herrscht Ruhe, Rhythmus.

Der physische Körper repräsentiert eigentlich den Willen. Wille ist im Gegensatz zur bloßen Ruhe das Schöpferische, das hervorbringt. So haben wir folgenden Aufstieg: erstens Karma, Tätigkeit, das Unausgeglichene; zweitens Weisheit, das zur Ruhe Gekommene; drittens Wille, ein so übervolles Dasein, daß es sich hingeben kann. Also Tätigkeit, Weisheit, Wille sind die drei Stufen, in denen alles Dasein verfließt.

Betrachten wir von diesem Gesichtspunkte aus den Menschen, wie er vor uns steht. Zunächst hat der Mensch seinen physischen Körper. Wie der Mensch gegenwärtig ist, hat er auf den physischen Körper gar keinen Einfluß. Was der Mensch physisch ist und tut, ist von außen, von schöpferischen Kräften gemacht. Er kann die Bewegung seiner Gehirnmoleküle nicht selber regeln, er kann den Blutumlauf nicht von sich aus beherrschen. Das soll eben nur sagen, daß der physische Körper ohne den Menschen hergestellt ist und ihm auch erhalten wird von anderen Kräften. Er ist ihm gleichsam nur geliehen worden. Der Mensch wird hineininkarniert in einen physischen Körper, der ihm von anderen Kräften hergestellt worden ist. Auch der Ätherkörper ist in gewisser Beziehung für ihn von anderen Mächten hergestellt. Dagegen ist der Astralkörper teilweise von anderen Mächten, teilweise vom Menschen selbst geformt. So viel als vom Astralkörper vom Menschen selbst geformt ist, wird zum Karma des Menschen. Was er selbst hineingearbeitet hat, muß eine karmische Wirkung haben. Das ist auch das Unsterbliche, das Nichtvergehende an ihm. Der physische Körper ist durch das Karma anderer Wesen zustande gekommen; aber der Teil des Astralkörpers des Menschen, in den er seit der lemurischen Zeit hineingearbeitet hat, der ist sein Karma. Erst wenn der Mensch den ganzen Astralkörper durchgearbeitet hat, dann ist er auf der Stufe der Freiheit angelangt. Dann ist der ganze Astralkörper von innen heraus umgewandelt. Der Mensch ist dann ganz Ergebnis seiner Tätigkeit, seines Karmas.

Wenn wir irgendeine Entwickelungsstufe herausgreifen, so hat da der Mensch einen Astralkörper, der zum Teil seine eigene Arbeit ist. Was so seine eigene Arbeit ist, lebt aber im Ätherkörper und im physischen Körper. Im physischen Körper lebt, was der Mensch aus sich gemacht hat, und durch den physischen Körper lebt es in der physischen Welt. Er würde nicht zu Begriffen von der physischen Welt kommen können, wenn er nicht durch seine Organe in ihr arbeitete. Was der Mensch im Astralkörper erlebt, arbeitet er in sich hinein. Bei dem, was er in der physischen Welt beobachtet, sind seine drei Hüllen tätig. Wenn er zum Beispiel eine Rose sieht, sind alle drei Hüllen daran beteiligt. Er sieht zunächst rot. Daran ist der physische Körper beteiligt. In einer Camera obscura macht die Rose denselben Eindruck. Zweitens wird aber diese Rose vom Menschen aufgefaßt im Ätherkörper als lebendige Vorstellung. Drittens erfreut die Rose den Menschen, und daran ist sein Astralkörper beteiligt. Das sind die drei Stufen menschlicher Beobachtung. Es arbeitet das Innerste des Menschen durch die drei Körper in die äußere Welt. Was der Mensch von der Außenwelt aufnimmt, nimmt er durch diese drei Körper auf.

Allen diesen Dingen, die sich auf die Tätigkeit des Menschen oder Karma beziehen, liegt die Begierde zugrunde. Der Mensch brauchte sich nicht zu betätigen, wenn er keine Begierde hätte. Er hat aber die Begierde, teilzunehmen an der Umwelt. Daher nennen wir seinen Astralkörper auch seinen Begierdenkörper.

Es besteht ein innerer Zusammenhang zwischen der Tätigkeit des Menschen und seinen Organen. Für die niedrigsten und höchsten Triebe braucht der Mensch seine Organe. Auch in der Kunst braucht er sie. Wenn der Mensch einmal alles aus der Welt gleichsam herausgesogen hat, braucht er keine Organe mehr. Zwischen Geburt und Tod gewöhnt sich der Mensch, die Welt durch seine Organe anzuschauen. Diese Gewöhnung muß er nach dem Tode langsam abstreifen. Will er auch dann noch seine Organe zum Anschauen der

Welt gebrauchen, so befindet er sich in dem Zustand, den man Kamaloka nennt. Es ist ein Zustand, in welchem noch Begierde da ist, durch die Organe zu schauen, die aber nicht mehr da sind. Wenn der Mensch sich nach dem Tode sagen könnte, daß er keine Organe mehr brauchen wolle, so würde es für ihn kein Kamaloka mehr geben. Im Devachan nun wird alles dasjenige von innen angeschaut, ohne Organe, was der Mensch vorher im Leben durch seine Organe ringsherum wahrgenommen hat.

Karma, die Tätigkeit des Menschen durch den Astralkörper, ist etwas Unausgeglichenes. Indem die Tätigkeit aber nach und nach in einen Zustand des Gleichgewichts kommt, ergibt sich eine Ausgleichung. Wenn man ein Pendel anschlägt, geht es nach und nach ins Gleichgewicht über. Jede unausgeglichene Tätigkeit geht zuletzt über in etwas Ruhendes. Wenige Unregelmäßigkeiten lassen sich beobachten, aber wenn die Unregelmäßigkeiten unendlich zahlreich sind, gleichen sie sich wieder aus. Man kann zum Beispiel durch ein Instrument die Unregelmäßigkeiten beobachten, welche in einer Stadt durch das Fahren der elektrischen Bahnen verursacht werden. In einer kleinen Stadt, wo die Bahnen nicht so viel in Bewegung sind, zeigt das Instrument fortwährend starke Schwankungen, aber in einer großen Stadt, wo die Bewegung viel stärker und häufiger ist, ist das Instrument viel mehr in Ruhe, weil die vielen Unregelmäßigkeiten sich ausgleichen. So ist es auch im Devachan mit einer jeden Unregelmäßigkeit.

Im Devachan sieht der Mensch in sich hinein. Er beobachtet, was er aufgenommen hat; so lange muß er es beobachten, bis es in einen rhythmischen Zustand gelangt ist.

Ein Schlag ruft einen Gegenschlag hervor; aber durch viele Vermittlungen kommt erst der Gegenschlag zurück. Die Wirkung dauert aber in der Zwischenzeit fort. Wie Schlag und Gegenschlag zusammenhängen, das wird im Devachan zur Weisheit umgearbeitet. Was der Mensch zur Weisheit umgearbeitet hat, verwandelt sich beim Menschen in Rhythmus, im Gegensatz zur Tätigkeit. Was sich in Rhythmus verwandelt hat, das geht über in den Ätherkörper. Man ist nach dem Devachan weiser und besser geworden, weil man alle Erfahrungen im Devachan verarbeitet hat. Was von dem Astralkörper an Vibrationen in den Ätherkörper hineingearbeitet worden ist, das ist unsterblich. Wenn der Mensch stirbt, bleibt erhalten, was er von dem Astralkörper umgearbeitet hat, und von dem Ätherkörper das kleine Stückchen, das er bearbeitet hat; der übrige Teil des Ätherkörpers löst sich auf im Weltenäther. Soweit der Mensch dieses kleine Stückchen Ätherkörper bearbeitet hat, ist sein Ätherkörper unsterblich. Darum findet er dann bei seinem Wiederkommen dieses Stückchen Ätherkörper wieder. Was er braucht, um dieses Stückchen Ätherkörper zu ergänzen, das bestimmt die Dauer seines Aufenthaltes im Devachan.

Wenn ein Mensch soweit ist, daß er seinen ganzen Ätherkörper so umgewandelt hat, dann braucht er kein Devachan mehr. Dies ist bei dem ausgebildeten Geheimschüler der Fall, der seinen Ätherkörper so umgewandelt hat, daß der ganze Ätherkörper nach dem Tode verbleibt und nicht durch das Devachan hindurchzugehen braucht. Das nennt man das Verzichtleisten auf Devachan. Man kann einen Menschen am Ätherkörper arbeiten lassen, wenn man sicher ist, daß er nichts Übles mehr in die übrige Welt hineinbringt; er würde sonst seine schlechten Instinkte in die Welt hineinarbeiten. In der Hypnose kann es sein, daß der Hypnotisierte die schlechten Instinkte des Hypnotiseurs in die Welt hineinarbeitet. Beim normalen Menschen verhindert der physische Körper, daß man den Ätherkörper nach allen Richtungen zerren und ziehen kann. Wenn sich der physische Körper aber in Lethargie befindet, kann man in den Ätherkörper hineinarbeiten. Wenn man einen Menschen hypnotisiert und schlechte Instinkte in ihn hineinarbeitet, so bleiben diese auch nach dem Tode vorhanden. Viele Praktiken der schwarzen Magier bestanden darin, daß sie auf diese Weise sich willige Diener schufen. Regel der weißen Magier ist, niemanden in anderem Maße in seinen Ätherleib hineinarbeiten zu lassen, als seine Instinkte schon durch die Katharsis hindurchgegangen sind. Im Ätherkörper herrscht Ruhe und Weisheit. Wenn etwas Schlechtes hineinkommt, kommt dieses Schlechte zur Ruhe und bleibt dadurch.

Bevor der Mensch als Schüler bis zu dem Punkte geführt wird, daß er willkürlich an seinem Ätherkörper arbeiten kann, muß er wenigstens teilweise in die Lage kommen, das Karma zu beurteilen, Selbsterkenntnis zu erlangen. Darum darf Meditation nicht ohne fortwährende Selbsterkenntnis, Selbstschau vorgenommen werden. Dadurch wird erreicht, daß der Mensch im rechten Augenblick den Hüter der Schwelle sieht: das Karma, das er noch abzutragen hat. Wenn man diese Stufe in normalem Zustande erreicht, bedeutet das nichts anderes als die Erkenntnis des noch vorhandenen Karmas. Fange ich an, in den Ätherkörper hineinzuarbeiten, muß ich mir vorsetzen, das Karma, das noch da ist, auszugleichen. Es kann vorkommen, daß der Hüter der Schwelle auf abnorme Weise auftritt. Das geschieht, wenn der Mensch eine so starke Anziehung hat zu dem einen Leben zwischen Geburt und Tod, daß er wegen des geringen Maßes an innerer Tätigkeit nicht lange genug im Devachan bleiben kann. Wenn der Mensch sich zu sehr gewöhnt hat, nach außen zu schauen, hat er im Inneren nichts zu sehen. Er kommt dann bald ins physische Leben zurück. Seine Begierden bleiben dann vorhanden, das kurze Devachan ist bald vorüber; und wenn er zurückkehrt, ist das Gebilde seiner früheren Begierden noch im Kamaloka vorhanden; er trifft es dann noch an. Er verkörpert sich. Da mischt sich zu seinem neuen Astralkörper der alte hinzu; das ist das vorhergehende Karma, der Hüter der Schwelle. Er hat dann sein früheres Karma fortwährend vor sich, dies wird eine eigentümliche Art von Doppelgänger.

Viele von den Päpsten der berüchtigten Päpstezeit, wie zum Beispiel *Alexander VI.*, haben solche Doppelgänger in der nächsten Inkarnation gehabt. Es gibt Menschen, und zwar jetzt gar nicht selten, die ihre frühere niedere Natur fortwährend neben sich haben. Das ist eine spezifische Art von Wahnsinn. Das wird immer stärker und heftiger werden, weil das Leben im Materiellen sich immer mehr ausbreitet. Viele Menschen, die jetzt ganz im materiellen Leben aufgehen, werden in der nächsten Inkarnation die abnorme Form des Hüters der Schwelle neben sich haben. Würde nicht der spirituelle Einfluß jetzt sehr stark ausgeübt, so würde eine Art epidemischen Sehens des Hüters der Schwelle eintreten als Folge der materialistischen

Kultur. Ein Vorbote ist die Nervosität unseres Jahrhunderts. Sie ist eine Art Aufgehen in der Peripherie. Alle Nervösen von heute werden gehetzt sein durch den Hüter der Schwelle in der nächsten Inkarnation. Sie werden gehetzt werden in eine zu frühe Inkarnation, eine Art kosmischer Frühgeburt. Was wir mit der Theosophie anzustreben haben, ist eine genügend lange Devachanzeit, um solche zu frühe Inkarnationen zu vermeiden.

Von diesem Gesichtspunkte aus ist der Eintritt Christi in die Weltgeschichte zu betrachten. Vorher wurde jeder, der zu einem Leben in Christo kommen wollte, dahin gebracht, daß er ins Mysterium eintreten mußte. Der physische Leib wurde dort lethargisch gemacht, und nur von der reinen Priesterschaft wurde dem Astralleib zugefügt, was noch an seiner Reinigung fehlte. Das war die Einweihung.

Dadurch aber, daß Christus in die Welt kam, geschah es, daß der, der sich zu ihm hingezogen fühlte, von ihm einen Ersatz [für diese alte Art der Einweihung] bekommen kann. Es ist immer möglich, daß man durch die Verbindung mit Christus seinen Astralkörper so weit gereinigt erhält, daß man ihn ohne Schaden für die Welt in seinen Ätherkörper hineinarbeiten kann. Wenn man das bedenkt, bekommt das Wort von dem stellvertretenden Sühnetod eine ganz andere Bedeutung. Es ist dies gemeint unter dem Sühnetod Christi. Den Tod in den Mysterien hatte zuvor jeder erleiden müssen, der die Reinigung erlangen wollte. Nun hat ihn der Eine erlitten für alle, so daß durch die welthistorische Einweihung Ersatz geschaffen ist für die alte Einweihung. Durch das Christentum ist vieles Gemeinschaftliche geschaffen worden, was früher nicht gemeinschaftlich war. Die wirksame Kraft drückt sich dadurch aus, daß durch Innenschau, durch wahre Mystik, die Gemeinschaft mit Christus möglich ist. Das wurde auch in die Sprache hineingelegt. Der erste christliche Eingeweihte Europas, *Ulfilas,* hat es in die deutsche Sprache selbst hineingelegt, daß der Mensch in der Sprache das «Ich» fand. Andere Sprachen drücken diese Beziehung zum Ich durch eine besondere Form des Zeitwortes aus, zum Beispiel im Lateinischen «amo», aber die deutsche Sprache setzt das Ich hinzu. «Ich» ist: J.Ch. = Jesus

Christus. Das ist mit Absicht in die deutsche Sprache hineingelegt, es ist nicht Zufall. Es sind die Eingeweihten, welche die Sprache geschaffen haben. So wie man im Sanskrit das AUM für die Trinität hat, haben wir für das Innere des Menschen das Zeichen «ICH». Dadurch war ein Mittelpunkt geschaffen worden, durch den die Leidenschaften der Welt sich in Rhythmus verwandeln können. Sie müssen sich durch das Ich rhythmisieren. Dieser Mittelpunkt ist wörtlich der Christus.

Alle westlichen Nationen haben die Tätigkeit, die Leidenschaften entwickelt. Ein Impuls vom Osten muß kommen, um in dieselben Ruhe hineinzubringen. Ein Vorbote davon ist schon *Tolstojs* Buch «Über das Nichtstun». In der Tätigkeit des Westens finden wir vielfach ein Chaos. Das vermehrt sich immer noch. Die Spiritualität des Ostens soll in das Chaos des Westens einen Mittelpunkt bringen. Was lange Zeit hindurch geübt wird als Karma, das geht in Weisheit über. Weisheit ist die Tochter von Karma. Alles Karma findet seinen Ausgleich in Weisheit. Ein Weiser, der auf einer bestimmten Stufe angekommen ist, heißt ein Sonnenheld, weil sein Inneres rhythmisch geworden ist. Sein Leben ist ein Abbild der Sonne, die in rhythmischen Bahnen den Himmel durchwandert.

Das Wort «AUM» ist der Atem. Der Atem verhält sich zum Wort, wie der Heilige Geist zu Christus, wie das Atma zu dem Ich.

III

Berlin, 28. September 1905*

Es gibt in der Entwickelung drei Dinge, die man unterscheiden muß: Form, Leben und Bewußtsein. Heute wollen wir über die Bewußtseinsformen sprechen.

Wir können Pflanzen und niedere Tiere so ansehen, als ob höhere Wesen durch sie ihre Sinne in die Welt hinausstreckten, um die Welt

* Siehe Hinweis auf Seite 268.

durch sie anzuschauen. Gehen wir zunächst aus von den Sinnesorganen der Pflanzen. Wenn man von Sinnesorganen der Pflanzen spricht, so muß man sich darüber klar sein, daß man es nicht nur mit den Sinnesorganen der einzelnen Pflanzen zu tun hat, sondern mit Wesenheiten in höheren Welten. Die Pflanzen sind gleichsam nur die Fühlhörner, die die höheren Wesen ausstrecken. Das höhere Wesen informiert sich durch die Pflanzen.

Alle Pflanzen haben, namentlich an den Wurzelspitzen, doch auch an anderen Stellen, Zellen, in denen sich Stärkekörner befinden. Auch bei sonst nicht stärkehaltigen Pflanzen sind diese Stärkekörner an der Wurzelspitze. Die Liliengewächse zum Beispiel, die sonst keine Stärke haben, besitzen in den Zellen an der Wurzelspitze diese Stärkekörner. Diese Stärkekörner sind lose, beweglich, und es kommt darauf an, ob die Körner an der einen oder der anderen Stelle liegen.

Sobald sich die Pflanze ein bißchen wendet, fällt das eine Stärkekorn nach der anderen Seite. Das kann die Pflanze nicht vertragen. Sie wendet sich dann wieder so, daß die Stärkekörner an die richtige Stelle zu liegen kommen. Und zwar liegen diese Stärkekörner symmetrisch zur Schwerkraftlinie der Erde. Die Pflanze wächst aufrecht, weil sie die Richtung der Schwerkraft spürt. Die Stärkekörner spüren die Schwerkraft. Bei der Beobachtung der Stärkekörner an den Wurzelspitzen lernen wir eine Art von Sinnesorgan kennen. Es ist für die Pflanze der Sinn für die Schwerkraft. Dieser Sinn gehört nicht nur zur Pflanze, sondern zur Seele der ganzen Erde, die nach diesem Sinn die ganze Pflanze wachsen läßt.

Das hat zunächst eine elementare Bedeutung. Die Pflanze richtet sich nach der Schwerkraft. Nimmt man nun ein Rad, zum Beispiel ein Wasserrad, in das man Pflanzen hineinsetzen kann, und dreht das Rad mitsamt den Pflanzen, so kommt zur Schwerkraft eine andere Kraft hinzu: die Kraft der Umdrehung. Die ist dann in jedem Punkt der Pflanzen, und es wachsen die Wurzeln der Pflanze und die Stengel in der Richtung der Tangente des Rades, in der Richtung der Tangentialkraft, und nicht der Schwerkraft. Darnach richten sich dann auch die Stärkekörner in ihrer Lage.

Betrachten wir nun das menschliche Ohr. Da haben wir zunächst den äußeren Gehörgang, dann das Trommelfell, und im inneren Ohr die Gehörknöchelchen: Hammer, Amboß und Steigbügel – ganz winzig kleine Knöchelchen. Das Hören beruht darauf, daß durch diese kleinen Knöchelchen die anderen Organe in Schwingung geraten. Innen finden wir weiter drei halbkreisförmige, häutige Kanäle in den Richtungen der drei Dimensionen angeordnet. Diese sind mit einer Flüssigkeit angefüllt. Dann finden wir weiter im Ohr das Labyrinth, ein schneckenförmiges Gebilde, angefüllt mit ganz feinen Härchen. Jedes ist wie die Saite in einem Klavier auf einen bestimmten Ton gestimmt. Das Labyrinth steht in Verbindung mit dem Hörnerv, der nach dem Gehirn geht.

Uns interessieren hauptsächlich die drei halbkreisförmigen Kanäle. Sie stehen zueinander in den drei Richtungen des Raumes. Sie sind angefüllt mit ähnlichen Dingen wie die Stärkekörner der Pflanze, mit Hörsteinchen. Wenn diese zerstört sind, kann der Mensch sich nicht aufrechthalten oder aufrechtgehen. Bei einer Ohnmacht kann durch Andrang des Blutes nach dem Kopfe der Organismus in den drei Kanälen gestört werden. Auf den drei halbkreisförmigen Kanälen beruht der Orientierungssinn des Menschen. Das ist derselbe Sinn, der sich bei der Pflanze als Gleichgewichtssinn an der Wurzelspitze befindet. Was dort an der Wurzelspitze sich befindet, ist beim Menschen oben am Kopfe ausgebildet.

Wenn man die ganze Evolution überschaut, Pflanze, Tier, Mensch, so findet man bestimmte Beziehungen zwischen ihnen. Die Pflanze ist der umgekehrte Mensch. Das Tier steht mitten drinnen. Die Pflanze hat ihre Wurzeln in den Boden gesenkt und richtet die Organe der Sexualität zur Sonne empor. Kehrt man die Pflanze halb um, so hat man das Tier. Kehrt man sie ganz um, so hat man den Menschen. Das ist die ursprüngliche Bedeutung des Kreuzzeichens: Pflanzenreich, Tierreich, Menschenreich. Die Pflanze senkt ihre Wurzeln in den Boden. Das Tier ist die halb umgekehrte Pflanze. Der Mensch ist die ganz umgekehrte Pflanze. Darum sagt *Plato:* Die Weltenseele ist an das Kreuz des Weltenleibes gespannt.

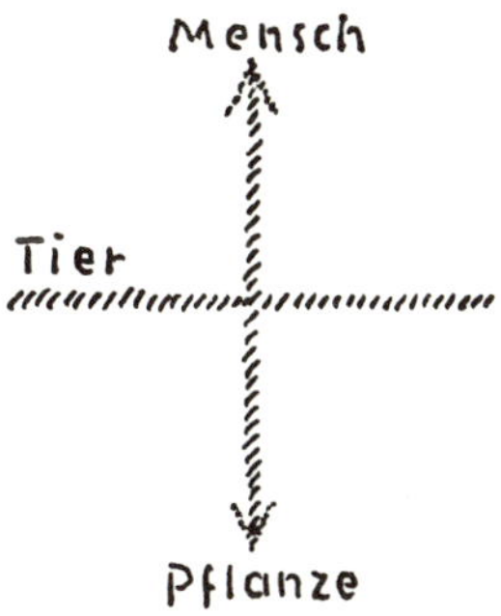

Bei der Pflanze liegt das Richtungsorgan in der Wurzelspitze, beim Menschen im Kopf. Was bei dem Menschen der Kopf ist, ist bei der Pflanze die Wurzel. Warum nun beim Menschen der Richtungssinn zusammenhängt mit dem Gehörsinn, hängt damit zusammen, daß der Gehörsinn derjenige Sinn ist, der den Menschen in ein höheres Reich erhebt. Die letzte Fähigkeit, die der Mensch errungen hat, ist die Fähigkeit des Sprechens. Das Sprechen hängt wiederum zusammen mit dem aufrechten Gang, der ohne den Richtungs- oder Gleichgewichtssinn nicht möglich wäre. Der Ton, den der Mensch durch das Sprechen hervorbringt, ist die aktive Ergänzung zu dem passiven Hören. Was bei der Pflanze bloßer Orientierungssinn ist, ist bei dem Menschen Gehörsinn geworden, der den alten Orientierungssinn in sich trägt in den drei halbkreisförmigen Kanälen, die sich nach den drei Raumesdimensionen richten.

Jedes Wesen hat ein Bewußtsein. Auch die Pflanze hat ein solches; aber dieses Bewußtsein liegt auf dem Devachanplan, auf dem mentalen Plan. Wenn man das Bewußtsein der Pflanze aufzeichnen wollte, müßte man es in folgender Weise zeichnen:

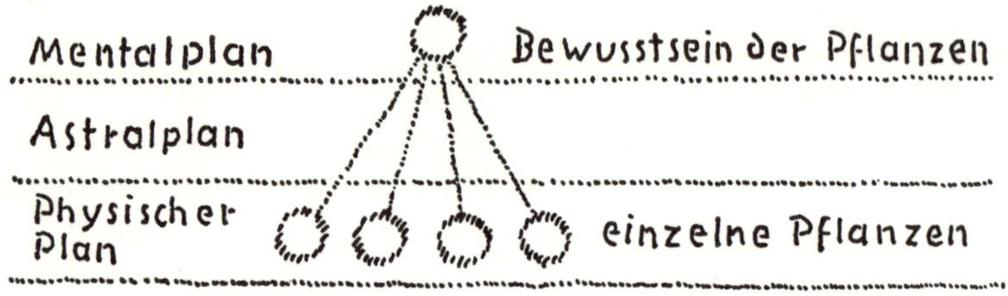

Die Pflanze kann uns auch Rede und Antwort stehen, nur muß man lernen, sie auf dem Mentalplan zu beobachten. Da sagt die Pflanze uns ihren eigenen Namen.

Bei dem Menschen reicht das Bewußtsein bis auf den physischen Plan herunter. Das Bewußtsein des Menschen hier hängt mit demselben Organ zusammen, mit dem die Pflanze in der Erde befestigt ist. Den Menschen lernen wir erst wahrhaft kennen, wenn wir sehen, wie er die Sprache hervorbringt und in ihr das Wort «Ich» ausspricht. Dieses Ich wurzelt auf dem Mentalplan. Ohne die Fähigkeit, das Wörtchen «Ich» zu sprechen, würden wir die Gestalt des Menschen auch für ein Tier halten können.

Die Pflanze wurzelt im Mentalplan, und der Mensch wird gerade durch das Gehörorgan ein Bewohner des Mentalplanes. Daher verbinden wir das «Es denkt» mit der Sprache. Das Ohr ist eine höhere Ausbildung des Richtungssinnes. Weil der Mensch sich im Verhältnis zur Pflanze umgewendet und dann wiederum dem Geist zugewendet hat, hat er im Gehörorgan das alte Überbleibsel des Richtungssinnes. Er gibt sich selbst die Richtung. Es sind also zwei entgegengesetzte Bewußtseinsarten: Das Bewußtsein der Pflanze auf dem Mentalplan und das Bewußtsein des Menschen hier, der sein Wesen von der Mentalwelt in die physische Welt hinunterträgt. Dieses irdische Bewußtsein des Menschen nennt man das kama-manasische.

Unsere Sinnesorgane haben nun auch alle für sich ein Bewußtsein. Diese verschiedenen Bewußtseine: das Bewußtsein des Sichtbaren, Hörbaren, Riechbaren und so weiter werden in der Seele zusammengefaßt. Manasisch wird das Bewußtsein erst dadurch, daß die einzelnen Bewußtseine zusammengefaßt werden in dem Seelenzentrum. Ohne dieses Zusammenfassen würde der Mensch zerfallen in seine Organbewußtseine. Diese sind ursprünglich ausgebildet worden durch das Sonnengeflecht, durch das sympathische Nervensystem. Als der Mensch selbst noch eine Art Pflanze war, da hatte er auch noch nicht das Bewußtsein auf dem physischen Plan. Da bildete das höhere Bewußtsein erst die Organe aus.

Im tiefen Trancezustand schweigt das zentrale Bewußtsein. Dann sind die einzelnen Organe bewußt und der Mensch fängt an, mit der Magengrube, mit dem Sonnengeflecht zu sehen. Solch ein Bewußtsein hatte die Seherin von Prevorst. Sie beschreibt richtige Lichtgestalten, die aber nur von dem Organbewußtsein beobachtet werden. Das unterste Bewußtsein ist dasjenige des Minerals. Ein etwas zentrierteres Bewußtsein, etwas mehr dem Bewußtsein des jetzigen Menschen ähnlich, ist das astrale Bewußtsein. Daß sich das Bewußtwerden im ganzen Astralkörper gebildet hat, hat seinen Ausdruck im Rückenmark. Da nimmt der Mensch die Welt analog den Traumbildern wahr. Solch ein Bewußtsein haben nur Menschen, deren physisches Gehirn nicht zur Tätigkeit kommt. Idioten zum Beispiel sehen die Welt in Bildern; ihr Seelenleben ist analog dem Traumleben. Sie können nur sagen, daß sie nichts wissen von dem, was um sie her vorgeht. Auch andere Wesen in der Welt haben ein ähnliches Bewußtsein.

Wenn der Mensch das astrale Bewußtsein entwickelt, so daß er die Träume bewußt erlebt, dann kann er folgendes vornehmen: Wir nehmen an, wir sind imstande, dieses Bewußtsein auszubilden und stellen uns dann der Blume «Venusfliegenfalle» gegenüber. Wenn wir sie lange genug anschauen und sie ganz allein auf uns wirken lassen, dann bekommt man in einem bestimmten Moment das Gefühl, daß der Mittelpunkt des Bewußtseins sich vom Kopf herabsenkt und in die Pflanze hineinkriecht.* Man ist dann bewußt in der Pflanze und sieht durch die Pflanze die Welt. Man muß sein Bewußtsein in die Pflanze hineinverlegen. Dann wird man sich klar darüber, wie es in

* Siehe Hinweis auf Seite 268.

diesem Wesen seelisch aussieht. Man erlebt dann diese Seele. Bei einer sensitiven Pflanze ist das Bewußtsein ganz ähnlich dem Bewußtsein eines Idioten; nicht ein bloß mentales Bewußtsein. Sie hat das Bewußtsein bis zum astralen Plan heruntergebracht. Es gibt demnach zweierlei Arten von Pflanzen: solche, die nur auf dem mentalen Plan bewußt sind, und solche, die es auch auf dem astralen Plan sind.

Gewisse Tierarten haben auch ein Bewußtsein auf dem astralen Plan, der auch der Plan des Idiotenbewußtseins ist. *Helena Petrowna Blavatsky* weist besonders auf indische Nachtinsekten, Nachtfalter hin. Zum Beispiel haben auch die Spinnen ein astrales Bewußtsein; die feinen Spinnennetze werden eigentlich vom Astralplan herein gesponnen. Die Spinnen sind bloß die Werkzeuge für die astrale Tätigkeit. Die Fäden werden vom Astralplan herein gesponnen. Auch die Ameisen haben, ähnlich wie die Spinnen, ein Bewußtsein auf dem Astralplan. Dort hat der Ameisenhaufen seine Seele. Daher sind die Handlungen der Ameisen so geordnet.*

Ein Bewußtsein haben auch die Mineralien. Das liegt auf dem höheren Mentalplan, auf höheren Partien als dasjenige der Pflanzen. Blavatsky nennt es kama-pranisches Bewußtsein. Der Mensch kann später auch dieses Bewußtsein erlangen mit Aufrechterhaltung seines jetzigen Bewußtseinszustandes. Er braucht dann nicht mehr in einen physischen Körper hineinzukommen, nicht mehr inkarniert zu werden. Die Steine sind unten auf dem physischen Plan und ihr Bewußtsein ist in den oberen Partien des Mentalplanes. Von oben ordnet es die Kristalle an. Wenn der Mensch sein Bewußtsein einmal da hinauftragen kann, dann bildet er sich aus den Mineralien der Welt selbst seinen physischen Leib.

Die drei Teile des Gehirns müssen später ganz getrennt werden (Denken, Fühlen, Wollen). Da muß das Bewußtsein des Menschen über sein Gehirn herrschen, wie beim Ameisenhaufen das höhere Bewußtsein herrscht. Wie man da Arbeiter, Männchen und Weibchen unterscheiden kann, so findet später auch im Gehirn eine genaue Unterscheidung in drei Teile statt. Dann ist der Mensch planetarischer Geist, ein Schöpfer, der die Dinge selbst schafft. Wie der Erdengeist

* Siehe Hinweis auf Seite 269.

die Erdkruste baut, so wird dann der Mensch auch einen Planeten bauen. Dazu muß er ein kama-pranisches Bewußtsein haben. Heute hat er nur ein kama-manasisches Bewußtsein. Das besteht darin, daß das Organbewußtsein mit dem Verstand (Manas) durchtränkt, durchsetzt wird. Das Bewußtsein wird, wie Blavatsky sagt, rationalisiert. Der Prozeß der Rationalisierung vollzieht sich vom Tier bis zum Menschen. Das bloße Organbewußtsein kann die Ziele erkennen, kennt aber nicht die Mittel zur Erreichung der Ziele. Das rationalisierte Bewußtsein kann die Mittel dirigieren. Blavatsky sagt ganz richtig: «Zum Beispiel hat ein in einem Zimmer eingeschlossener Hund den Instinkt, herauszukommen, aber er kann nicht, weil sein Instinkt nicht genügend vernünftig geworden ist, um die notwendigen Mittel zu ergreifen, während der Mensch sofort die Situation erfaßt und sich frei macht.»

Wir unterscheiden also mit Blavatsky:

1. Das Organbewußtsein, das unsere Organe haben.
2. Das astrale Bewußtsein der Tiere und gewisser Pflanzen und auch der Idioten.
3. Das kama-pranische Bewußtsein der Steine, das sich auch der Mensch später erwirbt.
4. Das kama-manasische Bewußtsein, das Verstandesmäßige.

Auf diese Weise muß man das Kreuz des Weltendaseins auseinandergliedern.

Der eigentliche Sinn des Kreuzes liegt unendlich tief. Auch die alten Sagen sind aus solchen Tiefen heraufgeholte Bilder. Der Menschenseele wurde ein großer Dienst erwiesen durch die Sagen, solange der Mensch früher die Wahrheiten der Sagen gefühlsmäßig verstehen konnte. Zum Beispiel ist da die alte Sphinxsage. Die Sphinx gab das Rätsel auf: Am Morgen geht es auf vieren, am Mittag auf zweien und am Abend auf dreien? Was ist das? – Es ist der Mensch! Zuerst, am Morgen der Erde, ging der Mensch auf vieren, in seinem tierischen Zustand. Die vorderen Gliedmaßen waren damals auch noch Bewegungsorgane. Dann hat er sich aufgerichtet. Die Gliedmaßen traten in zweierlei Arten auseinander und die Organe teilten sich in die physisch-sinnlichen und die geistigen

Organe. Er ging dann auf zweien. In ferner Zukunft werden die unteren Organe abfallen und die rechte Hand. Nur die linke Hand und die zweiblättrige Lotusblume bleiben. Dann geht er auf dreien. Darum hinkt auch der Vulkan. Seine Beine sind in der Rückbildung begriffen, sie hören auf, etwas zu sein. Am Ende der Evolution, in der Vulkanmetamorphose der Erde, wird der Mensch das dreigliedrige Wesen sein, das die Sage als Ideal andeutet.

IV

Berlin, 29. September 1905

Wir haben von dem Bewußtsein der verschiedenen Naturreiche gesprochen. Die Organe des Menschen haben ein Organbewußtsein; abnorm findet sich dieses Bewußtsein bei den Idioten. Es ist das astrale Bewußtsein, welches auch nächtliche Insekten, Ameisen, Spinnen und so weiter, besitzen. Ein ganz andersgeartetes Bewußtsein treffen wir bei den Bienen an. Wir wollen das Beispiel der Bienen benutzen, um zu zeigen, wie man zu solchen Wahrheiten kommt und sie dann zur Orientierung in der Welt benutzt.

Eine okkulte Schulung ist etwas ganz anderes als unsere gewöhnliche Schulung; sie geht nicht wie diese darauf aus, viel Lehrstoff in den Schüler hineinzupfropfen. In einer strengen okkulten Schulung bekommt der Schüler gar keinen Lehrstoff, sondern einen markigen Satz mit innerer Kraft. So war es auch in früheren Zeiten. Den Satz mußte der Schüler meditieren bei vollständiger innerer Windstille. Das hatte die Wirkung, daß er zuletzt innerlich ganz licht, ganz durchleuchtet wurde. Wenn nun der Mensch dazu gelangt ist, sich selbst zu durchschauen, kann er sein Bewußtsein in andere Wesen hineinversenken. Dazu muß man genau den Punkt hinter der Augenmitte erfaßt haben, dann von dort das Bewußtsein hinunterführen bis ins Herz. Dann kann man sein Bewußtsein in andere Dinge versetzen, zum Beispiel kann man dann ergründen, was in einem Ameisenhaufen lebt.

Dann kann man auch das Leben in einem Bienenstock wahrnehmen. Dabei stellt sich aber eine Erscheinung ein, die man sonst nicht auf der Erde erlebt. Im Treiben des Bienenstockes erlebt man etwas, was über unser irdisches Dasein hinausgeht, was sonst auf der Erde nicht wieder existiert. Was auf den anderen Planeten vorgeht, kann nicht ausgedacht werden. Man kann zum Beispiel nicht erfahren, was auf der Sonne oder auf der Venus vorgeht, wenn man nicht die Prozedur vornehmen kann, sich in das Leben und Treiben einer Bienengenossenschaft hineinzuversetzen. Die Biene hat nicht den ganzen Evolutionsweg durchgemacht wie wir. Sie ist in ihren Anfängen nicht mit derselben Evolutionskette verknüpft wie die anderen Tiere und die Menschen. Das Bewußtsein des Bienenstockes, nicht der einzelnen Bienen, ist ein ungeheuer hohes. Die Weisheit dieses Bewußtseins wird der Mensch erst im Venusdasein erreichen. Dann wird er das Bewußtsein haben, welches notwendig ist, um aus sich heraus zu bauen mit einem Stoff, den er aus sich heraus erzeugt. Die Ameisen bauen den Ameisenhaufen aus allem möglichen zusammen, aber bauen noch keine Zellen. Das Zellenbauen ist auf den höheren Planen etwas ganz anderes. Man lernt durch das Versetzen des Bewußtseins in den Bienenstock hinein, durch Annahme des Venusbewußtseins, etwas ganz anderes als sonst auf der Erde ist, man lernt etwas vorausnehmen von dem, was bei unserem Venusdasein eintreten wird, das absolute Zurücktreten des Sexuellen. Bei den Bienen ist das Sexuelle nur der einen Königin zuerteilt. Das Kamisch-Sexuelle ist fast vollständig ausgeschaltet; die Drohnen werden getötet. Was sich tatsächlich vollzieht in der späteren Menschheit, haben wir hier vorgebildet, und die Arbeit ist das höchste Prinzip. Man kann nur durch den Impuls des Geistes befähigt werden, sich in den Bienenstaat hineinzuversetzen.

Wir wollen nun, um weiterzukommen, den wahren Begriff der Alchimie entwickeln. Noch im 18. Jahrhundert konnte man im deutschen «Reichsanzeiger» Artikel über Alchimie lesen. *Kortum,* der Dichter der «Jobsiade», war einer der bedeutendsten Alchimisten des 18. Jahrhunderts. In einigen Artikeln ist damals die Rede von der sogenannten Urmaterie, die mit dem Stein der Weisen zusammengebracht wird. Kortum, der in der Sache tief darinnen stand, sagte damals: Den Stein der Weisen suchen, ist sehr schwer, aber er ist überall, denn ihr begegnet ihm jeden Tag, kennt ihn sehr gut, habt ihn jeden Tag in der Hand, wißt aber nicht, daß dies der Stein der Weisen ist. – Dies ist eine treffende Beschreibung.

In der Natur ist alles unendlich weise eingerichtet, mit einer unendlich weisen Ökonomie. Alle kamisch lebenden Wesen – Tiere und Menschen – und alle pranisch lebenden Wesen – Pflanzen – stehen in einer Wechselbeziehung. Wir atmen Sauerstoff ein und Kohlensäure aus. Das tun die Tiere auch. Würde das nun einfach fortdauern, so würde die Luft bald ganz voller Kohlensäure sein. Aber die Pflanzen assimilieren Kohlensäure und atmen Sauerstoff aus. Tiere und Menschen können nicht ohne Pflanzen leben. Nun besteht Kohlensäure aus Kohlenstoff und Sauerstoff. Den Kohlenstoff behalten die Pflanzen in sich und den Sauerstoff atmen sie aus. Der Mensch dagegen nimmt den Sauerstoff auf und verwandelt ihn durch seinen Lebensprozeß, indem er ihn mit dem Kohlenstoff verbindet, zur Kohlensäure. Die Pflanzen bauen aus dem zurückbehaltenen Kohlenstoff ihren Körper auf.

In früheren Zeiten sah die Erde anders aus als jetzt. Da wuchsen auch in den hiesigen Gegenden Wälder von riesigen Farnkräutern und Schachtelhalmen. Diese sind untergegangen. Zunächst überzog sich dann die Erde mit einer Torfschicht, die von den Pflanzenleichnamen übrigblieb; dann verwandelten sich die früheren Wälder aus Farnkräutern und Schachtelhalmen in die riesigen Kohlenlager der Erde. Das Gestein der Erde ist so nach und nach aus dem Pflanzenreich oder aus dem Tierreich entstanden. Wenn man eine Steinkohle anschaut, kann man sich sagen, diese war einstmals Pflanze. Wenn man weiter zurückginge, könnte man auch die Pflanzen finden, aus denen Bergkristalle, Malachit und so weiter entstanden sind. Der mittlere Gürtel der Alpen ist vor der Steinkohle aus den uralten Pflanzen entstanden. Ein Diamant ist genau dasselbe wie eine Steinkohle. Die Natur hat aus einer noch älteren Kohle als die jetzige den Diamant geschaffen. So ist auch der Bergkristall aus Pflanzen entstanden.

Das Kalkgestein ist aus Tieren abgesondert. Der Jura ist zum Beispiel eine solche Kalkansammlung. Er war früher von Meer bedeckt und ist von Meertieren, von ihren abgesonderten Schalen und Gehäusen gebildet worden. So ist also das jüngere Kalkgebirge aus Tieren, das Urgestein aus Pflanzen entstanden. Das Pflanzenreich geht allmählich ins Gesteinreich über. Alles Feste auf der Erde ist aus einer Pflanzenerde geworden. Diesen Mineralisierungsprozeß kann man studieren bei der Entstehung der Kohle durch die Pflanzen.

Das Mineralreich, wie es jetzt abgesondert wird, ist nur während der vierten Runde vorhanden. Nach derselben wird das ganze Mineralreich vom Menschen durchgeistigt sein. Er ackert es mit seinem Geiste um. Alles was der Mensch heute tut, die ganze Industrie, ist Umarbeitung des Mineralreiches. Wenn einer einen Felsen abträgt, um die Steine bei einem Hausbau zu verwenden, wenn er einen Dom baut, alles ist Artifizierung des Mineralreiches. In der vierten Runde kann der Mensch das Mineralreich künstlich verarbeiten. Mit der Pflanze dagegen kann der Mensch jetzt nichts anfangen. Das ganze Mineralreich wird der Mensch durcharbeiten. Im großen Maße geschieht das durch die schwingende Elektrizität, die keinen Draht mehr braucht. Da arbeitet man bis in die Moleküle und Atome hinein. Am Ende der vierten Runde wird der Mensch das ganze Mineralreich durchgearbeitet haben.

Von der fünften Runde an wird der Mensch dasselbe tun mit dem Pflanzenreich. Er wird bewußt den Prozeß durchmachen können, den die Pflanze jetzt durchmacht. Wie die Pflanze Kohlensäure aufnimmt und aus dem Kohlenstoff den Körper aufbaut, wird der Mensch der fünften Runde auch aus den Stoffen seiner Umgebung sich seinen Körper selbst schaffen. In der fünften Runde wird die Geschlechtlichkeit aufgehört haben. Der Mensch muß dann selbst an seinem Körper arbeiten, ihn selbst herstellen. Denselben Prozeß, den Kohlenstoff zu verarbeiten, den die Pflanze jetzt unbewußt durchmacht, wird der Mensch dann bewußt machen. Er wird den Stoff verwandeln, wie heute die Pflanze die Luft in Kohlenstoff verwandelt. Das ist die wahre Alchimie. Kohle ist der Stein der Weisen. Der Mann, der im 18. Jahrhundert darauf hindeutete, wies hin auf den Prozeß der Umwandlung, den die Pflanzen jetzt vollziehen und der vom Menschen später vollzogen wird.

Wenn man auf den höheren Planen das Bewußtsein studiert, wie es im Bienenstock arbeitet, so lernt man, wie der Mensch später selbst Materie hervorbringen wird. Der Körper des Menschen wird in Zukunft auch aus Kohlenstoff aufgebaut sein; er wird dann sein wie ein weicher Diamant. Man wird dann den Körper nicht von innen bewohnen, sondern ihn vor sich haben als äußeren Körper. So sind heute die Planeten von den Planetengeistern aufgebaut. Von einem Wesen, das einen Körper braucht, der von anderen hergestellt wird, schafft man sich um zu einem emanierenden, offenbarenden Wesen. Der Mensch wird dann ein Wesen mit drei Gliedmaßen sein: der Mensch am Abend, der auf dreien geht, wie die Sphinx sagt. Die ursprünglichen vier Organe haben sich differenziert. Zuerst waren die Hände auch Bewegungsorgane. Dann wurden sie Organe für das Geistige. Später werden nur noch drei Organe da sein: Das Herz als Buddhiorgan, die zweiblättrige Lotusblume in der Augenmitte und die linke Hand als Bewegungsorgan. Auf diese Zukunft bezieht sich auch die Angabe *Blavatskys* [von einer zweiten Wirbelsäule]. Die Zirbeldrüse und die Schleimdrüse organisieren eine zweite Wirbelsäule, die sich später mit der anderen vereinigt. Die zweite Wirbelsäule wird vom Kopf vorn heruntergehen.

Um solche Leitfäden zu erhalten, muß man das Bewußtsein hineinbringen in eine Wesenheit, die höher steht als wir jetzt in unserem gewöhnlichen irdischen Entwickelungsverlauf stehen.

Dies alles wurde in den Geheimschulen gelehrt und in einem gewissen Sinne praktisch geübt. Man muß sich daran gewöhnen, die Denkweise in diese Richtung zu bringen. Dann wird man eine Empfindung in sich entwickeln, nichts wertlos zu finden, sondern bei jedem Ding den Wert herauszuerkennen. Es gibt nichts in der ganzen Natur, was wir wegdenken könnten, ohne daß die ganze Natur dadurch zerstört würde.

Auch der Ameisenhaufen hat ein viel höheres Bewußtsein als der gegenwärtige Mensch. Das Bewußtsein des Ameisenhaufens befindet sich auf den oberen Partien des Mentalplanes. Das Bienenbewußtsein befindet sich dagegen auf den oberen Partien des Buddhiplanes. Wodurch ist nun das Ameisenbewußtsein hineingekommen in unsere

Erde? Das geschah durch Wesen, die höher stehen als wir, die den Prozeß schon durchgemacht hatten, sich selbst ihren Körper zu schaffen. Männchen, Weibchen und Arbeiter, die drei Glieder des Ameisenhaufens sind der Körper eines höheren geistigen Wesens. Der Menschengeist kommt allmählich auch dahin, sich in drei Teile zu spalten. Wille, Gefühl und Denken werden beim Geheimschüler getrennt. Die Gehirnmoleküle gehen in drei Gruppen auseinander. Der Geheimschüler muß dann von sich aus ein bestimmtes Gefühl mit einer Vorstellung verbinden. Wenn er Elend sieht, muß er, um Mitleid zu empfinden, dieses Gefühl bewußt hinzufügen. Vorne am Kopfe liegt die Denkpartie, oben die Partie des Fühlens, am Hinterkopf die des Wollens. Der Geheimschüler lernt diese bewußt in Verbindung zu setzen. Später gehen diese drei Teile ganz auseinander. Er muß die drei Partien dann so dirigieren, wie ein Ameisenhaufen die Männchen, Weibchen und Arbeiter.

Nun kann man fragen, warum höhere Wesen sich manifestieren in einem Ameisenhaufen. Aber wenn die Ameisensäure nicht erzeugt würde, so würde die ganze Erde anders sein. Die vorausschauende Weisheit höherer Intelligenzen gehörte dazu, den Moment vorauszusehen, wann die Ameisensäure in die Erde hineinkommen mußte.

So kann man die ganze Erde umfassen mit dem Bewußtsein, so daß man weiß und erkennt, was da drinnen lebt und ist. So war es bei *Paracelsus,* der sich darnach seine Vorstellungen bildete, wie die Dinge als Heilmittel verwendet werden können, weil er wußte, in welchen Beziehungen sie zum Menschen und seinen Organen standen. So hängt tatsächlich Digitalis purpurea mit dem Herzen zusammen und kann daher immer noch mit Recht dafür verwendet werden. Jetzt sucht man nach neuen Heilmitteln durch Experimentieren, indem man ihre Wirkung an einer Anzahl Menschen ausprobiert. Damals suchte man Heilmittel durch Intuition, weil man die inneren Zusammenhänge beobachtete. Die so gefundenen Heilmittel behalten immer ihre Wirkung, während sich bei den anderen gewöhnlich im Laufe der Zeit Nachteile zeigen, die bei der ersten Beobachtung dem Experimentierenden entgangen sind.

V

Berlin, 30. September 1905

Es wird immer betont, daß man, um okkult vorwärtszukommen, möglichst positiv und möglichst wenig negativ sein soll, daß man weniger sprechen soll von dem, was nicht ist, als von dem, was ist. Wenn das im gewöhnlichen Leben gefördert wird, so ist das eine Vorbereitung für die Arbeit im Okkulten. Der Okkultist muß nicht fragen: Hat der Stein Leben? –, sondern: Wo ist das Leben des Steins, wo ist das Bewußtsein des Mineralreiches zu finden? – Das ist die höchste Form des Nichtkritisierens. Gerade den höchsten Fragen gegenüber muß man diese Gesinnung ausbilden.

Im gewöhnlichen Leben unterscheidet man drei Zustände der Körper: das Feste, das Flüssige und das Gas- oder Luftförmige. Fest muß man unterscheiden von mineralisch. Auch Luft und Wasser sind mineralisch. In den theosophischen Schriften rechnet man noch vier andere feinere Stoffarten dazu. Das nächste nämlich, was feiner ist als die Luft, ist dasjenige Element, das sie ausdehnt, sie dem Rauminhalt nach immer größer macht. Was die Luft so auseinandertreibt, ist die Wärme; es ist eigentlich ein feiner ätherischer Stoff, der erste Äthergrad, der Wärmeäther. Nun folgt als zweite Ätherart der Lichtäther. Körper, die leuchten, senden einen Stoff aus, den man in der Theosophie als Lichtäther bezeichnet. Die dritte Ätherart ist der Träger alles dessen, was die feinsten Stoffe formt, der formende Äther, auch chemischer Äther genannt. Daß sich Sauerstoff und Wasserstoff verbinden, bewirkt dieser Äther. Und der allerfeinste Äther ist der, der das Leben bildet: Prana oder Lebensäther.

Die Wissenschaft wirft alle vier Ätherarten zusammen. Aber sie wird sie allmählich doch in dieser Weise herausfinden. Unsere Bezeichnung ist die im Sinne der Rosenkreuzer, während die indische Literatur von vier verschiedenen Graden des Äthers spricht.

Nehmen wir zunächst alles das, was fest ist. Was fest ist, hat scheinbar kein Leben. Wenn man sich mit dem Leben in das Feste hineinversetzt, was dadurch geschieht, daß man wach in dem Zustand lebt, den man als Traumwelt bezeichnet und dann das Feste aufsucht, zum Beispiel sich in eine felsige Gebirgslandschaft hineinversetzt, dann fühlt man in sich selbst das eigene Leben verändert, man fühlt sich von einem Leben durchrieselt. Man ist nicht mit dem Bewußtsein dort, sondern mit dem eigenen Leben, dem Ätherkörper; man ist dann an einem Ort, in einem Zustande, den man den Mahaparinirvanaplan nennt. Auf diesem Mahaparinirvanaplan ist das Leben des Festen. Dieser Plan ist der andere Pol des Festen. Daß man dann mit dem Leben auf dem Mahaparinirvanaplan war, kann man aus anderen Wirkungen wahrnehmen. Wenn man von dort zurückkommt, hat man die Einwirkung von Wesen im Mahaparinirvana-Zustande erfahren. Dort hat der feste Stein sein Leben.

Als zweites folgt das Flüssige, das Wasser. Wenn man sich im Traumzustand ins Meer versetzt, als ob man selbst Meer wäre, dann versetzt man sich mit dem Leben des Flüssigen auf den Parinirvanaplan. Durch diese Prozedur weiß man etwas von den verschiedenen Planen.

Drittens, wenn man sich in das Luftförmige versetzt im Traum, so befindet man sich auf dem Nirvanaplan. Nirvana heißt wörtlich «verlöschen», in Luft verlöschen, so wie man ein Feuer auslöscht. Wenn man darin das Leben sucht, ist man mit dem eigenen Leben auf dem Nirvanaplan. Der Mensch atmet Luft ein. Wenn er das Leben der Luft in sich erlebt, dann ist das der Weg, um auf den Nirvanaplan zu kommen. Daher die Atemübungen der Jogis. Niemand kann den Nirvanaplan erreichen, wenn er nicht wirklich Atemübungen macht. Es sind nur dann Hathajoga-Übungen, wenn sie auf der falschen Stufe gemacht werden. Sonst sind sie Rajajoga-Übungen. Man atmet tatsächlich das Leben ein, den Nirvanaplan.

Viertens: Unter dem Nirvanaplan ist der Buddhi- oder Shushuptiplan. Da hat die Wärme das Leben. Wenn Buddhi im Menschen entwickelt wird, wird alles Kama in Selbstlosigkeit, in Liebe umgewandelt. Diejenigen Tiere, welche keine Wärme entwickeln, sind auch leidenschaftslos. Auf höheren Stufen muß der Mensch diese Leidenschaftslosigkeit wieder erreichen, weil er sein Leben auf dem Shushuptiplan hat.

Fünftens kommt der Devachan- oder Mentalplan. Da hat der Lichtäther sein Leben. Das Sonnenlicht lebt auf dem Devachanplan; daher die innere Beziehung zwischen Weisheit und Licht. Wenn man das Licht im Traumbewußtsein erlebt, so erlebt man darin die Weisheit. Immer, wenn Gott sich im Lichte offenbarte, ist das der Fall gewesen. Im brennenden Dornbusch, das heißt im Licht, erschien Jehova dem *Moses,* um die Weisheit zu offenbaren.

Der sechste ist der Astralplan. Auf dem lebt der chemische Äther. Wenn man somnambul ist, nimmt man auf dem Astralplan die Eigenschaften der Chemikalien, die chemischen Eigenschaften wahr, weil auf dem Astralplan der chemische Äther wirklich sein Leben hat.

Der siebente ist der physische Plan. Da lebt der Lebensäther in seinem eigentlichen Elemente. Beim Lebensäther nimmt man das Leben wahr. Der Lebensäther wird auch atomistischer Äther genannt, weil er auf diesem Plan sein eigenes Leben, seinen eigenen Mittelpunkt hat. Was auf demselben Plan lebt, hat auf demselben Plan seinen Mittelpunkt.

Tatsächlich enthält alles, was wir um uns haben, die sieben Plane. Sie sind tatsächlich um uns. Man muß nur fragen: Wo hat das Feste, wo das Gasförmige sein Leben? – und so weiter.

Wir haben nun gehört, daß die Wärme ihr eigenes Leben auf dem Buddhi- oder Shushuptiplan hat. So bestehen bestimmte Beziehungen zwischen allen Dingen. Auffällig ist die Beziehung zwischen dem Ohr und dem Sprechen. Das Ohr war in der Evolution viel früher vorhanden als das Sprechen. Das Ohr ist das Aufnahmeorgan, die Sprache ist das Hervorbringungsorgan für den Ton. Diese zwei Dinge, Ohr und Sprache, gehören im wesentlichen zusammen. Der Ton, wie er erscheint, ist die Wiedergabe von Schwingungen in der Luft, und ein jeder Ton entspringt einer besonderen Schwingung. Die Pythagoreer sagten: Wenn ihr studiert, was draußen, außer euch im Ton ist, dann studiert ihr die Arithmetik der Luft. – Der gleichförmige Raum wäre ein tonloser, der arithmetisch durchorganisierte ist ein tönender Raum. Da hat man ein Beispiel, wie man hineinblicken kann in die Akasha-Chronik. Kann man sich aufschwingen, die innere Arithmetik, die vom Ton im Raume bleibt, wahrzunehmen, so kann

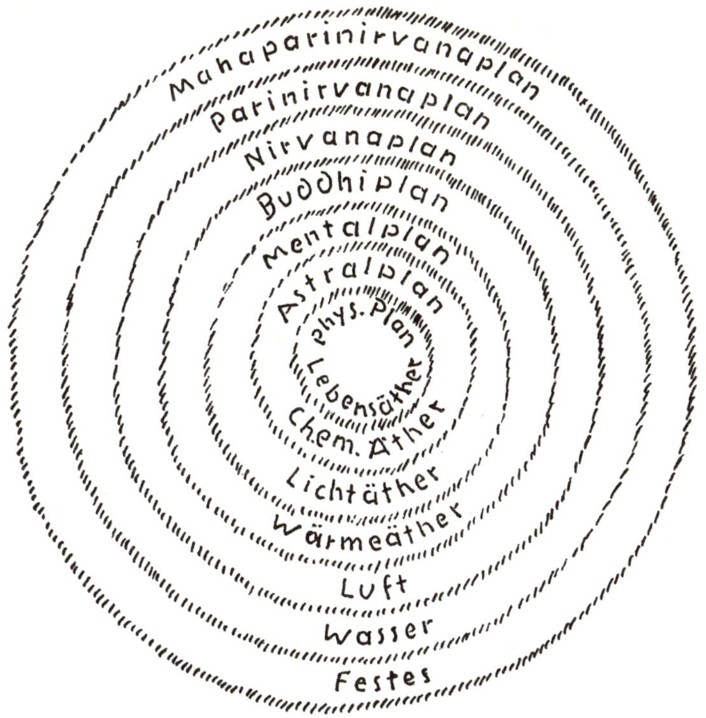

man jederzeit einen Ton wiederhören, den ein Mensch gesprochen hat. Zum Beispiel kann man hören, was *Cäsar* beim Übergang über den Rubikon gesprochen hat. Die innere Arithmetik des Tones bleibt vorhanden in der Akasha-Chronik. Dem Ton entspricht etwas von dem, was man Manas nennt. Was dem Ohr Ton ist, ist Weisheit der Welt. Man hört die Weisheit der Welt, indem man den Ton wahrnimmt. Man bringt die Weisheit der Welt hervor, indem man selber spricht. Das, was in unserem Sprechen arithmetisch ist, bleibt in der Akasha-Chronik vorhanden. Der Mensch drückt sich unmittelbar in der Weisheit aus, wenn er hört oder spricht. Das Denken ist die Form, in der der Mensch jetzt seinen Willen in der Sprache zum Ausdruck bringen kann. Nur im Denken können wir jetzt den Willen entfalten. Erst später kann der Mensch über das Denken hinaus seinen Willen im Wort entfalten.

Die nächste Stufe hängt zusammen mit der Wärme. Die Aktivität des Menschen haben wir zu suchen in dem, was er als innere Wärme ausstrahlt. Aus dem, was aus der Wärme folgt: Leidenschaften, Triebe, Instinkte, Begierden, Wünsche und so weiter, entsteht das Karma. Wie nun das Parallelorgan zum Ohr das Sprechorgan ist, so ist zu der Wärme des Herzens das Parallelorgan der Schleimkörper, die Hypophyse. Das Herz nimmt von außen die Wärme auf, wie das Ohr den Ton. Dadurch nimmt es die Wärme der Welt wahr. Das entsprechende Organ, das wir haben müssen, damit wir bewußt die Wärme hervorbringen können, ist der Schleimkörper im Kopfe, der jetzt nur am Anfange seiner Entwickelung steht. So wie man mit dem Ohr wahrnimmt und mit dem Kehlkopfe hervorbringt, nimmt man die Wärme der Welt auf im Herzen und strömt sie wieder aus durch den Schleimkörper im Gehirn. Ist diese Fähigkeit erworben, dann ist das Herz zu dem Organ geworden, wozu es eigentlich werden soll. Darauf beziehen sich die Worte in «Licht auf den Weg»: «Eh' vor den Meistern stehen kann die Seele, muß ihres Herzens Blut die Füße netzen.» Dann strömt unser Herzblut aus, wie jetzt unsere Worte die Welt überfluten. Später wird die Seelenwärme die Menschen überfluten.

Etwas tiefer in der Evolution als das Wärmeorgan, steht das Sehorgan. In der Entwickelung folgten aufeinander Hörorgan, Wärmeorgan, Sehorgan. Das Sehorgan ist noch ganz auf der Stufe, daß es nur aufnehmen kann. Das Ohr nimmt schon aus dem Ton, zum Beispiel aus dem Glockenton, das innerste Wesen wahr. Die Wärme muß uns von dem Wesen selbst zuströmen. Das Auge hat nur ein Bild, das Ohr hat die Wahrnehmung des innersten Wesens. Das Wahrnehmen der Wärme ist ein Aufnehmen einer Ausstrahlung. Ein Organ wird nun auch das aktive Organ zum Auge werden. Das ist heute veranlagt in der Zirbeldrüse, Epiphyse, welches Organ den Bildern, die das Auge heute erzeugt, Wirklichkeit verleihen wird. Diese beiden Organe, Zirbeldrüse und Schleimkörper, müssen sich als aktive Organe zum Sehorgan (Auge) und Wärmeorgan (Herz) hinzuentwikkeln. Die Phantasie ist heute die Anlage zu dem späteren Schaffen. Jetzt hat der Mensch höchstens die Imagination. Später wird er magische Kraft haben. Das ist die Kriyashakti. Diese Kraft entwickelt sich in demselben Maße, in dem sich physisch die Zirbeldrüse entwickelt.

In dem gegenseitigen Verhältnis von Ohr und Kehlkopf haben wir ein Vorbild. Das Denken wird dann später durchdrungen von der Wärme, und noch später lernt der Mensch selbst schaffen. Zuerst lernt er ein Bild schaffen; dann Ausstrahlung schaffen, hinaussenden; dann Wesenheiten schaffen. Die Freimaurerei nennt diese drei Kräfte: Weisheit, Schein (Schönheit) und Gewalt. (Siehe Goethes «Märchen».)

Die Wärme hat ihr Leben auf dem Shushuptiplan. Diese in bewußter Weise zu verwerten, ist dem möglich, der das Leben der Wärme kennt und beherrscht, wie der Mensch heute das Leben der Luft in gewisser Weise beherrscht. In der Entwickelung muß sich der Mensch jetzt nähern den Kräften des Shushuptiplanes (Buddhi-Manas). Die fünfte Unterrasse (Kulturperiode) hat hauptsächlich die Aufgabe, Kama-Manas zu entwickeln. Manas findet man in allem, was in den Dienst des Menschengeistes gestellt ist. Doch im Grunde genommen steht alles dies jetzt im Dienste von Kama. Die höchsten Errungenschaften des Geistes sind in den Dienst von Kama gestellt. Unsere Zeit hat die höchsten Kräfte in den Dienst dieser Bedürfnisse gestellt, die das Tier auch ohne diese Errungenschaften befriedigt.

Jetzt muß aber auch schon Buddhi-Manas entwickelt werden. Der Mensch muß etwas mehr lernen als Sprechen. Es muß sich mit dem Sprechen eine andere Kraft verbinden, wie wir das in den Schriften von *Tolstoj* finden. Es kommt dabei nicht so sehr auf das an, was er sagt, sondern daß hinter dem, was er sagt, eine elementare Kraft steht, die etwas von dem Buddhi-Manas hat, das in unsere Kultur hineinkommen muß. Tolstojs Schriften wirken deshalb so stark, weil sie in bewußtem Gegensatz zu westeuropäischer Kultur etwas Neues, Elementares enthalten. Die Art Barbarei, die noch darin liegt, wird später ausgeglichen werden. Tolstoj ist bloß ein ganz kleines Werkzeug einer höheren geistigen Kraft, die auch hinter dem gotischen Initiierten *Ulfilas* stand. Diese geistige Kraft gebraucht Tolstoj als ihr Werkzeug.

VI

Berlin, 1. Oktober 1905

Wir wollen uns heute die Stufenfolge der Wesenheiten, zu denen der Mensch gehört, vorführen. Der Mensch ist eben, so wie er jetzt ist, ein Wesen, das geworden ist, das nicht immer so war wie jetzt. Er hat nicht nur andere Stufen vor und hinter sich, sondern auch neben sich, so wie das Kind heute den Greis neben sich hat als andere Entwickelungsstufe. Wir wollen uns heute sieben Stufen von Wesenheiten vorführen. Dazu müssen wir uns erst den Unterschied klarmachen zwischen empfangenden und schöpferischen Wesenheiten.

Mit unserem Auge nehmen wir zum Beispiel eine Farbe, Rot oder Grün wahr. Insofern sind wir empfangende Wesen. Die Farbe muß aber erst hervorgebracht werden, damit wir sie wahrnehmen können; es steht uns also ein Wesen gegenüber, welches die Farbe, zum Beispiel das Rot hervorbringt. Hierdurch erkennt man die Stufenfolge der Wesenheiten. Wenn man alles, was unseren Sinnen entgegentritt, zusammenfaßt, so muß die Seele da sein, damit es empfangen werden kann; aber es muß auch das Gegenteilige davon da sein, damit es uns entgegengebracht werden kann. Es gibt Wesenheiten, die offenbaren können. Diese haben einen mehr göttlichen oder Devacharakter. Wesenheiten, die mehr zum Empfangen geeignet sind, haben einen mehr elementaren Charakter. Göttliche Wesenheiten sind offenbarender Natur. Elementarwesen sind empfangender Natur.

Hier haben wir auf diesem Gebiete die schöpferische Weisheit, die draußen schafft, und die Weisheit, die empfangen wird von der menschlichen Seele. Im Lichte ist Weisheit und in allen Sinneswahrnehmungen enthüllt sie sich. Hinter dem, was sich offenbart, muß man die Offenbarer vermuten, Wesen mit Willensnatur; die Weisheit ist das, was sich offenbart.

Der Mensch ist ein dazwischenstehendes Wesen. Auf der einen Seite, zum Beispiel hinsichtlich aller Sinneseindrücke, ist er ein empfangendes Wesen, hinsichtlich des Denkens aber ist er ein schaffendes Wesen. Nichts gibt ihm den Gedanken, wenn er ihn nicht zum Wahrnehmen hinzu schafft.* So ist er also auf der einen Seite ein empfangendes, und auf der anderen Seite ein schaffendes Wesen. Das ist ein wichtiger Unterschied. Stellen wir uns vor, daß der Mensch imstande wäre, ebenso wie er heute Gedanken schafft, alles, was er wahrnimmt, Töne, Farben und so weiter zu schaffen. Heute ist er nur auf *einem* Gebiete, im Denken schaffend und braucht, um Sinneswahrnehmungen zu haben, schöpferische Wesen um sich herum. Auf dem Gebiete der Hervorbringung seiner eigenen Wesenheit ist er schaffend gewesen im Anfange dieser Entwickelung. Er hat sich damals selbst seinen Organismus geschaffen. Jetzt braucht er andere Wesen dazu. Der Mensch muß sich jetzt in einer leiblichen Gestalt inkarnieren, die von außen her bestimmt ist. Er neigt da noch mehr den elementaren Wesenheiten zu als auf dem Gebiete des Wahrnehmens und des Denkens.

Denken wir uns nun, daß der Mensch auch Töne, Farben und andere Sinneswahrnehmungen und seine eigene Wesenheit hervorbringen könnte. Dann haben wir den Menschen, der vor der lemurischen Rasse da war und den man den «reinen» Menschen nennt. Unrein wird der Mensch dadurch, daß er nicht sein ganzes Wesen selbst erzeugt, sondern anderes in seine Wesenheit hineingliedert. Dieser reine Mensch ist Adam Kadmon genannt worden. Wenn die Bibel anfangs vom Menschen spricht, spricht sie von diesem reinen Menschen. Dieser reine Mensch hatte noch nichts Kamisches in sich. Die Begierde kam erst, nachdem er anderes in sich eingegliedert hatte. So entstand die zweite Stufe der Menschheit, der kamarupische Mensch. Nur eine Unterabteilung desselben ist das höhere Tier. Ohne warmes Blut gibt es kein selbständiges Kamarupa in den Wesenheiten. Die nicht warmblütigen Tiere werden von anderen Wesenheiten dirigiert. Alle warmblütigen Tiere stammen vom Menschen ab.

Zuerst haben wir also den reinen Menschen, der tatsächlich bis zur lemurischen Zeit ein übersinnliches Dasein führte, und alles, was an ihm ist und lebt, aus sich selbst hervorbrachte.

* Siehe Hinweis auf Seite 271.

Die heutigen kaltblütigen Tiere und die Pflanzen haben sich in einer anderen Weise entwickelt als die warmblütigen Tiere. Die heute da sind, sind Überbleibsel von mächtigen, riesengroßen, merkwürdigen Wesenheiten. Einige von diesen kann die Wissenschaft nachweisen. Das sind dekadente, herabgekommene Tiere, die von denen abstammen, die der reine Mensch benutzt hat, um sich in ihnen zu verkörpern, damit er einen Körper hatte für das Kamische. Zuerst hatte der reine Mensch noch keine Verkörperung gefunden auf der Erde. Er schwebte noch über den Verkörperungen. Von diesen großen, gewaltigen Wesenheiten (Tieren) benutzte der Mensch die vollkommensten, um sich in ihnen zu inkarnieren. Er hat sich diese Wesenheiten angegliedert, und dadurch war er imstande, eigenes Kama hineinzubringen. Einige dieser Wesenheiten entwickelten sich weiter und wurden nun zu den Atlantiern und zu der gegenwärtigen Menschheit. Doch nicht allen ist es gelungen sich anzupassen. Diese wurden die niederen Wirbeltiere; zum Beispiel Känguruhs sind solche mißlungenen Bildungen auf dem Wege [zum Menschen], wie Töpferwaren, die man zurückläßt.

Nun wurden vom Menschen Versuche gemacht, das Kama in die Tiergestalten hineinzubringen. Das Kama ist eigentlich erst in der jetzigen menschlichen Gestalt darinnen, und zwar im Herzen, in der Blutwärme, im Blutkreislauf. Immer wieder wurden Versuche gemacht, und so ging es höher hinauf von Stufe zu Stufe. Mißlungene Versuche sehen wir zum Beispiel in den Faultieren, den Känguruhs, den Raubtieren, den Affen und Halbaffen. Diese alle blieben auf der Strecke zurück. Die warmblütigen Tiere sind mißlungene Versuche menschlicher Kamabildung. Alles was an Kama in ihnen ist, könnte der Mensch auch in sich haben; aber er hat es in ihnen abgeladen, denn diese Art Kama konnte er nicht brauchen.

Es gibt einen wichtigen okkulten Grundsatz: Jede Eigenschaft hat zwei entgegengesetzte Pole. So finden wir, wie positive und negative Elektrizität sich gegenseitig ergänzen, oder Wärme und Kälte, Tag und Nacht, Licht und Finsternis und so weiter. So hat auch jede Kamaeigenschaft zwei entgegengesetzte Seiten. Zum Beispiel hat der Mensch im Löwen die Wut aus sich herausgesetzt, die auf der anderen

Seite, wenn er sie veredelt, die Kraft ist, die ihn zu seinem höheren Selbst hinaufführen kann. Die Leidenschaft soll nicht vernichtet, sondern geläutert werden. Der negative Pol muß hinaufgeführt werden zu einer höheren Stufe. Dieses Läutern der Leidenschaft, dieses Hinaufführen ihres negativen Poles nannte man bei den Pythagoreern die Katharsis. Zuerst hatte der Mensch in sich die Wut des Löwen und die List des Fuchses. Die Wut wurde von ihm dann sozusagen im Löwen fixiert und die List im Fuchse. So ist also das warmblütige Tierreich ein Bilderbogen von Kamaeigenschaften. Heute ist vielfach die Ansicht verbreitet, daß das «Tat tvam asi», das «Das bist du», als etwas unbestimmt Allgemeines aufzufassen sei, aber man muß sich etwas Bestimmtes darunter denken. Zum Beispiel beim Löwen muß der Mensch sich sagen: Das bist du! – So haben wir im warmblütigen Tierreich den kamarupischen Menschen vor uns ausgebreitet. Vorher bestand nur der reine Mensch: Adam Kadmon.

Der Naturphilosoph *Oken,* der in der ersten Hälfte des 19. Jahrhunderts Professor in Jena war, hat diese Ideen alle erkannt und sie grotesk ausgesprochen, um die Menschen daraufzustoßen. Es findet sich bei ihm ein Beispiel, welches auf ein noch früheres Stadium des Menschen hinweist, ehe er das kaltblütige Tierreich abgegliedert hatte. Oken hat den Tintenfisch mit der menschlichen Zunge in Beziehung gebracht. Wenn man auf die Analogie der Zunge mit dem Tintenfisch eingeht, dann hat das eine okkulte Bedeutung. Nun haben wir auch Wesenheiten, die jetzt erst anfangen, gleichsam als Nebenprodukte erzeugt zu werden. Der Mensch hat die List des Fuchses herausgesetzt und behält den Gegenpol dazu zurück. In der List des Fuchses beginnt aber auch ein Keim von etwas anderem sich herauszubilden; zum Beispiel ähnlich wie der schwarze Schatten eines Gegenstandes durch das von außen hereintretende Licht einen Halbschatten hat. Wir gliederten in dem Fuchse die List aus unserem Inneren ab. Nun wird ihm von der Peripherie Geist zugeführt. Die Wesenheiten, die auf diese Weise von der Peripherie aus im Kamischen wirken, sind die Elementarwesen. Das was der Fuchs von uns bekommen hat, ist in ihm Tier; was von außen her an ihn angegliedert wird vom Geiste, ist Elementarwesen. Er ist auf der einen Seite durch den Geist der Menschheit, und auf der anderen Seite durch ein Elementarwesen entstanden.

Wir unterscheiden also: erstens Elementarwesen, zweitens den kamarupischen Menschen, drittens den reinen Menschen, viertens den Menschen, der in einer gewissen Beziehung den reinen Menschen überwunden hat, der das, was außen um ihn herum ist, aufgenommen hat und schöpferisch tätig ist. Er hat alles, was es im Erdendasein um ihn herum gibt, berührt und aufgenommen. Das bringt ihm die Pläne, die Vorschriften, die Gesetze, die das Leben schaffen. Einst war der Mensch vollkommen, und er wird es auch wieder werden. Aber es ist ein großer Unterschied zwischen dem, was er war und dem, was er sein wird. Was außen um ihn herum ist, wird später sein geistiges Eigentum geworden sein. Was auf der Erde von ihm erworben worden ist, wird später Fähigkeit des Menschen, schöpferisch tätig zu sein. Das ist dann sein innerstes Wesen geworden. Einer, der die ganzen irdischen Erfahrungen aufgenommen hat, so daß er von einem jeglichen Dinge weiß, wie es verwertet werden kann und so ein Schöpfer geworden ist, wird ein Bodhisattva genannt, das heißt ein Mensch, der Bodhi, die Buddhi der Erde, genugsam in sich aufgenommen hat. Dann ist er reif, aus den innersten Impulsen heraus zu wirken. Die Weisen der Erde sind noch nicht Bodhisattvas. Auch für einen Weisen gibt es immer noch Dinge, in denen er noch nicht vermag sich zurechtzufinden. Erst wenn man das gesamte Wissen der Erde in sich aufgenommen hat, um schaffen zu können, ist man ein Bodhisattva. Buddha, Zarathustra zum Beispiel, waren Bodhisattvas.

Wenn der Mensch sich noch weiter hinaufentwickelt, so daß er nicht nur ein Schöpfer auf der Erde ist, sondern Kräfte hat, die über die Erde hinausgehen, dann steht es ihm frei, diese höheren Kräfte zu gebrauchen oder weiter auf der Erde zu wirken. Er kann dann von fremden Welten etwas auf die Erde hereinbringen. Eine solche Zeit war da, bevor der Mensch sich zu inkarnieren begann, in dem letzten Drittel der lemurischen Zeit. Der Mensch hatte den physischen Körper, den Äther- und den Astralkörper ausgebildet. Diese Teile seines Wesens hatte er sich aus der früheren Erdenentwickelung mitgebracht. Die zwei nächsten Impulse, Kama und Manas, hätte er nicht auf der Erde finden können; sie liegen nicht in der Entwickelungskette der Erde. Der erste neue Anstoß (Kama) war nur als Kraft auf dem Mars zu finden. Kurz bevor der Mensch sich inkarnierte, kam er hinzu. Der zweite Anstoß (Manas) kam vom Merkur in der fünften Unterrasse der Atlantier, bei den Ursemiten. Diese neuen Antriebe mußten durch noch höhere Wesenheiten, durch die Nirmanakayas von anderen Planeten auf die Erde gebracht werden. Vom Mars brachten sie Kama, vom Merkur Manas hinzu. Die Nirmanakayas sind noch eine Stufe höher als die Bodhisattvas. Diese können die fortdauernde Entwickelung regeln; etwas Fremdes aber können sie nicht hineinbringen, das können nur die Nirmanakayas. Noch um eine Stufe höher als die Nirmanakayas stehen diejenigen Wesenheiten, welche man Pitris nennt. Pitris = Väter. Denn die Nirmanakayas können wohl etwas Fremdes in die Entwickelung hineinbringen, aber sie können nicht sich selbst hinopfern, sich hinopfern als Substanz, so daß sie auf dem nächsten Planeten einen neuen Zyklus hervorbringen können. Das können die Pitris, die Wesenheiten, die sich auf dem Monde ausgebildet hatten und nun herübergekommen waren; sie sind der Anstoß zur Erdenentwickelung geworden. Wenn der Mensch durch alles hindurchgegangen ist, dann ist er imstande, ein Pitri zu werden. Die nächste, noch höhere Stufe, die man nur noch nennen kann, sind die eigentlichen Götter.

So haben wir also sieben Stufen von Wesenheiten: Erstens die Götter, zweitens Pitris, drittens Nirmanakayas, viertens Bodhisattvas, fünftens reine Menschen, sechstens Menschen, siebentens Elementarwesen. Das ist die Reihenfolge, von der *Helena Petrowna Blavatsky* spricht.

Hier können wir noch die Frage anschließen, was für ein Organ es ist, das den Menschen kamarupisch gemacht hat. Es ist das Herz mit den Adern und dem Blut, das durch den Körper pulsiert. Das Herz hat einen physischen Teil, einen ätherischen Teil – *Aristoteles* spricht von diesem, da man früher nur den Äthermenschen für wichtig hielt – und einen astralen Teil. Das ätherische Herz steht in Verbindung mit der zwölfblätterigen Lotusblüte. Von den physischen Organen haben nicht alle auch astrale Teile, so ist zum Beispiel die Galle nur physisch und ätherisch, das Astrale fehlt.

VII

Berlin, 2. Oktober 1905

Helena Petrowna Blavatsky hat in der «Geheimlehre» Jehova einen Mondgott genannt. Das hat einen tieferen Grund. Um das zu verstehen, müssen wir uns die Weiterentwickelung des Menschen klarmachen. So wie der Mensch jetzt ist, sind seine höheren Kräfte durcheinandergemischt. Seine Höherentwickelung besteht darin, daß das höhere Selbst aus den niederen Kräften und Organen herausgeschält wird.

Das Gehirn zerfällt in drei wirkliche Teile: in ein Denk-, Gefühls- und Willensgehirn. Diese drei Partien werden später wie die drei Teile eines Ameisenhaufens von außen vom Menschen dirigiert werden. Die Teile nun, aus denen das Höhere herausgeschält wird, bleiben aber dann nicht so, wie sie heute sind, sondern sie steigen dann noch um eine Stufe herunter. Das ist der Grund, warum manche Menschen bei einer einseitigen geistigen Entwickelung moralisch schlechter werden. Bei der abendländischen Geisteskultur ist dafür weniger Gefahr vorhanden, denn die abendländische Wissenschaft zwingt noch nicht aus dem unteren Körper das höhere Geistige herauf. Mit der Theosophie dagegen nimmt der Mensch tatsächlich eine Weisheit auf, durch die das Ich zum Teil herausgerissen wird aus der gewohnten Organumgebung. Wenn ein Mensch, der theosophische Lehren aufnimmt, bis dahin nur durch das ihn umgebende Konventionelle ein anständiger Mensch war, so kann der schlechtere Mensch, der bis dahin verborgen blieb, dann tatsächlich herauskommen. Solche Erscheinungen kann man beobachten. Oft kommt die schlimme Natur gerade dadurch heraus, daß man sich mit Geistigem beschäftigt, ohne gleichzeitig das Moralische zu stärken. Diese Tatsache bringt eine gewisse Tragik mit sich. Die Theosophische Gesellschaft hatte tatsächlich auch zu leiden in dieser Beziehung. Einige Gelehrte, die auf dem Gebiete des abendländischen Wissens ganz tüchtige Menschen gewesen waren, haben darunter gelitten, daß sie in die Theosophische Gesellschaft kamen; bei ihnen ist die niedere Natur herausgekommen, ohne von der höheren beherrscht zu werden.

Dasselbe Gesetz findet man auch in größerem Maßstabe. Die Wesenheiten, die wir auf dem alten Monde antreffen, hatten ihre Denkkraft noch nicht in einem physischen Gehirn. Die Denkkraft der Mond-Nirmanakayas, Bodhisattvas, Pitris und reinen Menschen arbeitete noch nicht in einem physischen Gehirn, sondern in der Äthermasse um sie her. Auf dem alten Monde war in der Umgebung nicht bloß Luft, sondern Äther, der mit Weisheit erfüllt ist. Die Gedanken waren auf dem alten Monde nicht in den einzelnen Wesenheiten, sondern sie schwirrten im Äther herum. Man nennt daher im Okkultismus den Mond auch den Kosmos der Weisheit. Wärmeäther und andere Ätherformen umgaben den Mond. Darin lebten Verstand und Vernunft, wie sie jetzt im Gehirn des Menschen leben. Dieser Zustand aber unterlag einer Entwickelung. Im Anfange der Mondenentwickelung prägte sich die Weisheit noch in schönen Gestalten aus. Die Wesenheiten, die nur die unteren Teile des Menschen, den physischen Körper, den Ätherkörper und den Astralkörper hatten, wurden von den Weisheitsströmen dirigiert. Bei der Weiterentwickelung stiegen nun die drei unteren Körper tiefer herunter. Als die Mondenentwickelung zu Ende war, waren die Wesenheiten, die weise waren, aber die Weisheit nicht in einem Gehirn hatten, so weit gekommen, daß sie diese niederen Körper ganz verlassen konnten. Diese Wesen, die nun Pitris geworden waren, die nicht mehr in solche physische, Äther- und Astralkörper hineinzugehen brauchten, waren die Scharen der Elohim mit verschiedenen Graden. Die unterste Rangstufe dieser Elohim ist die Jehova-Stufe. Also ist Jehova eine wirkliche Mondengottheit, die auf dem Monde durch die physische Entwickelung hindurchgegangen ist. Er hat aber auf dem Monde die physische Umgebung niemals denkerisch durch ein Gehirn verarbeiten können. Nur sein physischer, Äther- und Astralkörper hatten die physische Umgebung verarbeitet. Aber als Bilder hatte er sie verarbeitet. Das Denken schwebte darüber. Der Name Jehova bezeichnet nicht ein einzelnes Wesen, sondern eine Rangordnung in der Hierarchie. Viele Wesen können den Jehova-Rang einnehmen oder in ihn hineinrücken. *Eliphas Levi* hat wiederholt betont, daß man es bei den Bezeichnungen wie Jehova, Archangeloi, Angeloi und so weiter mit Rangordnungen zu tun hat.

Die ersten, die als Menschen auf der Erde unterrichtet wurden, bekamen diesen Unterricht von Jehova in Bildern. Daher ist die Genesis eine Summe von großen Bildern; die Bilder, die Jehova auf dem Monde erlebt hatte.

Während sich auf dem Monde einerseits nur die niedere Wesenheit des Menschen, physischer, Äther- und Astralkörper, ausbildete, ist andererseits die obere Trinität gehegt und gepflegt worden. Diese war auch herangereift, nachdem auf dem alten Saturn Atma, auf der alten Sonne Buddhi, auf dem alten Monde Manas veranlagt wurden. Diese konnten sich dann auf der Erde weiterentwickeln. Was vom physischen, Äther- und Astralkörper herüberkam vom alten Monde auf die Erde, das sind die grotesken Tiere, in die sich das Atma-Buddhi-Manas nach und nach einhüllen konnte. Die Mondpitris hatten den schlechteren Teil übriggelassen, hatten dafür aber Atma, Buddhi, Manas gehegt und gepflegt in objektiver Weise. Sie brachten es durch ihre Pflege fertig, daß dadurch auf der Erde ein Denker entstehen konnte. Wenn man die äußeren Geschöpfe auf dem Monde ansieht, so sind das die Hüllen, welche den Menschen umgeben haben, nicht die Menschen selbst. Die Hüllen waren deshalb zu brauchen, weil aus ihnen das herausgegangen war, was notwendig war... (Lücke im Text.) Nun konnte sich die übrige Materie zusammenballen zu dem Gehirn. Der Anlage nach war der Stoff zum Gehirn da, konnte sich aber erst kondensieren, nachdem die Pitris heraus waren.

Der Prozeß vor der lemurischen Zeit ist ein vorbereitender. Der Menschenleib wird so ausgearbeitet, daß sich das Atma-Buddhi-Manas hineinsenken kann. Dieses hat sich mit Kamamasse umgeben.

Denken wir uns nun eine schleimige, gallertartige Wesenheit, die sich aus dem, was von dem Monde gekommen ist, herausringt. Das ist eine physische Grundlage. Außerdem ist vorhanden Atma-Buddhi-Manas und ein Astralkörper, den diese um sich herum organisiert haben. Diese Prinzipien bearbeiten nun die gallertartige Masse von außen, bis sie von dieser Masse von innen heraus Besitz ergreifen können. Das Geistige durchdringt schließlich das Physische. Jetzt haben sich eigentlich zwei verschiedenartige Wesenheiten vereinigt. In dem Augenblick, als das Gehirn gebildet ist, gehen sie ineinander auf. Dadurch kamen nun auch Geburt und Tod in die Erdenentwickelung. Früher hatten die Menschen den physischen Leib selbst aufgebaut; später wird es wieder so sein. Weil sich aber zwei Wesenheiten vereinigt haben, die nun annähernd zusammenpassen, haben wir Geburt und Tod, und jeder Zeitraum zwischen Geburt und Tod ist ein fortwährender Versuch, diese zwei verschiedenen Wesenheiten einander besser anzugleichen; ein Hinundherpendeln, bis endlich ein rhythmischer Zustand eintritt.

Bis in die Mitte der sechsten Wurzelrasse (Hauptzeitalter) wird das fortdauern, bis dieser rhythmische Zustand erreicht ist und das eine Wesen dem anderen ganz angepaßt sein wird. Und Karma ist nichts anderes als das Maß des Ausgleiches, zu dem es der Mensch schon gebracht hat. In einer jeden Inkarnation erreicht man einen bestimmten Grad der Anpassung. Man muß nach jeder Inkarnation wieder zum Devachan aufsteigen, um zu überschauen, was man noch zu tun hat. Erst wenn der Ausgleich erreicht ist, ist Karma überwunden und der Mensch kann etwas Neues, die wahre Weisheit, Buddhi, aufnehmen; die muß bis dahin gehegt und gepflegt werden.

Die zukünftige Entwickelung muß vorbereitet werden. Was der Mensch jetzt schon von sich gibt als Vorbereitung des zukünftigen Menschen, ist das Wort, die Sprache. Was der Mensch spricht, bleibt in der Akasha-Chronik. Es ist die erste Anlage für den zukünftigen Menschen. Die Sprache ist die Hälfte des früheren Fortpflanzungsvermögens. Durch die Sprache pflanzt der Mensch sich geistig fort. Damit hängt beim Manne die Änderung der Stimme zusammen. Die Hälfte des Sexuellen ist auf die Sprache übertragen worden. Die Stimme ist das spätere Fortpflanzungsorgan. Im Althebräischen hat man dasselbe Wort für das Sexuelle und die Sprache. Jetzt denkt der Mensch, und der Gedanke geht durch den Kehlkopf nach außen. Die nächste Stufe ist, daß das Gefühl nach außen geht, die Wärme. Dann wird das Wort der Ausdruck der inneren Körperwärme sein. Das kann geschehen, wenn der Schleimkörper (die Hypophyse) im Gehirn entwickelt sein wird. Die darauffolgende Stufe tritt ein, wenn die Zirbeldrüse (Epiphyse) entwickelt ist. Dann wird nicht nur das durchwärmte Wort nach außen gehen, sondern das Wort wird bleiben, wird gestaltet sein durch den Willen, der dann darin lebt. Wenn man dann das Wort sagt, wird es zu einem wirklichen Wesen.

Damit hängt zusammen das: «Ich denke, ich fühle, ich bin» (Wille). Das Wort in dieser Weise ist «das Wort», das sich verwandelt vom Gedanken in Gefühl, dann in Willen. Das ist ein dreifacher Prozeß: Zuerst ist das Wort «Bewußtsein» (im Denken), dann «Leben» (das durchwärmte Wort), und zuletzt «Form», das durch den Willen gestaltete Wort. Dieses letztere ist das objektiv gewordene Wort. So folgen auch hier aufeinander: Bewußtsein, Leben, Form. Alles was heute Form ist, ist von früher her durch solch einen Prozeß entstanden. Der physische Körper, die Form, ist der reifste Körper; weniger reif sind der Ätherkörper, das Leben, und der Astralkörper, das Bewußtsein.

VIII

Berlin, 3. Oktober 1905

Die verschiedenen Reinkarnationen der menschlichen Individualität sind eine Art Hin- und Herpendeln, bis eine rhythmische Ruhe eingetreten ist, und der höhere Teil des Menschen in dem Physischen einen passenden Ausdruck, ein geeignetes Werkzeug gefunden hat. Ungefähr seitdem es Reinkarnationen des Menschen gibt, ist die Stellung von Sonne, Mond und Erde, so wie es sie jetzt gibt, vorhanden. Wir müssen begreifen, daß der Mensch zu dem großen kosmischen Organismus dazugehört. In den Zeiten, in denen im Leben der Menschheit große Veränderungen eintreten, geschehen auch im Kosmos gewaltige Veränderungen. Früher, ehe es die Reinkarnation gab, waren Sonne, Mond und Erde noch nicht getrennt wie jetzt. *Kant* und *Laplace* haben nur vom physischen Plan aus beobachtet, und insofern ist ihre Theorie ganz richtig. Sie kannten aber nicht den Zusammenhang mit geistigen Kräften. Als aus dem ursprünglichen Feuernebel Sonne, Mond und Erde als getrennte Körper entstanden, begann auch der Mensch sich zu inkarnieren. Wenn die Inkarnationen des Menschen wieder aufhören werden, wird auch die Sonne wieder mit der Erde verbunden sein. Im Großen wie im Einzelnen muß man diese Beziehungen des Menschen zum Universum berücksichtigen.

Sie werden oft gehört haben, daß der Mensch sich gewöhnlich nach einer Periode von etwa zweitausend Jahren reinkarniert. Man kann prüfen, wann etwa die Menschen, die gegenwärtig leben, früher inkarniert waren. In der Regel findet man die Seelen, die jetzt inkarniert sind, um 300 bis 400 nach Christi Geburt. Daneben finden sich andere, die zu verschiedenen Zeiten inkarniert waren, einige vorher, einige später. Doch gibt es einen anderen Weg, die Inkarnationen zu bestimmen, einen Weg, der sicherer zum Ziele führt. Man kann sagen: Würden die Menschen, die heute sterben, in kurzer Zeit wiederkehren, so würden sie fast dieselben Verhältnisse antreffen wie jetzt. Aber es soll der Mensch möglichst viel auf der Erde lernen. Das kann nur stattfinden, wenn er bei der nächsten Inkarnation etwas Neues vorfindet, das wesentlich anders ist als die früheren Verhältnisse.

Man versetze sich einmal zurück in die Zeit um 600 bis 800 vor Christus, das ist ungefähr die Zeit, in der die Ilias und Odyssee entstanden sind. Bei den vorgeschrittenen Völkern der damaligen Zeit gab es ganz andere Lebensverhältnisse als jetzt. Man würde zum Beispiel erstaunt sein zu sehen, mit welchen komischen Instrumenten man aß. Damals lernten die Menschen auch noch nicht schreiben. Die großen Dichtungen wurden mündlich überliefert. Wenn ein Mensch aus der damaligen Zeit heute reinkarniert wird, so muß er als Kind ganz andere Dinge lernen als damals. Er muß jetzt als Kind schreiben lernen. Der Strom der Kultur ist inzwischen weitergegangen. Man muß den Strom der Kultur von der Entwickelung der einzelnen Seele unterscheiden. Als Kind muß man die Kultur nachholen, und aus dem Grunde muß man als Kind wiedergeboren werden.

Wir müssen nun fragen: Wodurch treten auf der Erde so durchaus neue Verhältnisse auf? – Das hängt mit dem Fortschreiten des Frühlingspunktes der Sonne zusammen. Ungefähr 800 vor Christus fing die Sonne an, im Frühling im Sternbild des Widders, des Lammes aufzugehen. Jedes Jahr rückt sie ein Stückchen weiter mit dem Frühlingspunkt. Dadurch verändern sich die Verhältnisse auf der Erde immer ein klein wenig. In dem Sternbild des Widders stand die Sonne um 800 vor Christus. Noch früher stand sie im Sternbild des Stiers, noch früher in dem der Zwillinge und noch früher in dem des Krebses. Jetzt geht sie schon seit einigen Jahrhunderten im Sternbild der Fische auf. Nachher kommt der Wassermann. Mit dem Vorrücken der Sonne von einem Sternbild zum anderen hängt auch das Fortschreiten der Kulturen zusammen.

In der Zeit, als die Sonne im Sternbild des Krebses stand, erreichte die alte Vedenkultur der Inder, die Kultur der Rishis, ihren Höhepunkt. Die Rishis, diese noch halbgöttlichen Wesenheiten unterrichteten die Menschen. Die atlantische Kultur war zugrunde gegangen; ein neuer Einschlag kam. Dies nennt man im Okkultismus einen «Wirbel». Darum setzt man auch für das Tierkreisbild, in dem in der damaligen Zeit die Sonne stand, das Zeichen des Krebses:

Der Krebs bedeutet einen neuen Einschlag, einen Wirbel.

Die zweite Kultur wird bezeichnet mit dem Sternbild der Zwillinge. Begriffen wurde damals die Zwillingsnatur der Welt, die

Gegensätze in der Welt, Ormuzd und Ahriman, das Gute und das Böse. Daher reden die Perser auch von den Zwillingen.

Die dritte Kultur ist die der Sumerer in Vorderasien und der alten Ägypter. Das Sternbild des Stiers entspricht ihr. Daher wird in Asien der Stier verehrt und in Ägypten der Apis. Die sumerische Sprache war damals in Babylonien, Assyrien und so weiter, die Sprache der Weisheit. Dann geriet der Stier in Dekadenz und es tauchte der Widder auf. Der erste Hinweis darauf ist die Sage vom Goldenen Vlies.

Die vierte Kultur ist die des Widders oder Lammes; Christus steht in dem Zeichen des Widders oder Lammes, darum nennt er sich das Lamm Gottes.

Als fünfte Kultur folgte die äußerlich materielle Kultur im Sternbild der Fische. Diese entwickelte sich hauptsächlich vom 12. Jahrhundert an und erreichte ihre Höhe um das Jahr 1800. Dies ist die Kultur der fünften Unterrasse, der Gegenwart.

Im Sternbild des Wassermanns wird in der Zukunft das neue Christentum verkündet werden. «Wassermann» ist auch derjenige, der es bringen wird, der auch schon da war: Johannes der Täufer. Er wird auch später Christus vorangehen, wenn die sechste, die spirituelle Unterrasse gegründet werden wird. Die theosophische Bewegung soll die Vorbereitung sein für jenen Zeitpunkt.

Im Neuen Testament wird der Ausdruck «auf dem Berge» verschiedene Male gebraucht. «Auf dem Berge» heißt: Im Mysterium, im Inneren, im Intimen. – Auch die Bergpredigt ist nicht als eine Volkspredigt aufzufassen, sondern als eine Belehrung der Jünger im Intimen. Die Verklärung auf dem Berge hat man auch in diesem Sinne zu verstehen. Jesus ging mit den drei Jüngern Petrus, Jakobus und Johannes auf den Berg. Da heißt es, die Jünger waren entrückt; da erschienen Moses und Elias neben Jesus. Für einen Moment waren Raum und Zeit ausgelöscht; sie befanden sich mit ihrem Bewußtsein auf dem Mentalplan. Die physisch nicht mehr da waren, Moses und Elias, erschienen. Als wirkliche Erscheinung hatten sie vor sich das: «Ich bin der Weg, die Wahrheit und das Leben.» Der Weg = Elias, Moses = die Wahrheit, Christus = das

Leben. Das erschien hier den Jüngern in wesenhafter Form. Jesus sagte auch einmal zu ihnen: «Elias ist wieder erschienen; Johannes war Elias, man hat ihn nur nicht erkannt.» – Aber er sagte weiter: «Saget es niemandem, bis ich wieder erscheine.» – Das Christentum sollte durch zwei Jahrtausende hindurch nicht die Reinkarnation lehren. Nicht aus Willkür, sondern aus einem Erziehungsgrund sollten die Menschen zwei Jahrtausende lang nichts davon wissen. Im Johannes-Evangelium wird darauf hingedeutet durch das Wunder bei der Hochzeit von Kana, wo Wasser in Wein verwandelt wird. In den alten Mysterien wird nur Wasser verabreicht, in den christlichen Mysterien aber Wein. Denn bei der Priesterschaft sollte durch den Weingenuß das Wissen von der Reinkarnation ausgelöscht werden. Wer Wein genießt, kann zu keiner wahren Erkenntnis von Manas, Buddhi, Atma kommen. Er kann niemals die Reinkarnation begreifen. Unter dem Wiederkommen meint Christus das Wiedererscheinen in der sechsten Unterrasse, wo er uns verkündet wird vom «Wassermann». Die Theosophie führt tatsächlich das Testament des Christentums aus und arbeitet diesem Zeitpunkt vor.

Jedesmal wenn die Sonne von einem Tierkreisbild in ein anderes vorrückt, gehen einschneidende Veränderungen in der Kultur vor sich. Dazwischen vergeht ein Zeitraum von ungefähr zweitausendsechshundert Jahren. Nehmen wir den Zeitpunkt, als die Sonne in das Zeichen des Widders oder Lammes trat, um 800 vor Christus und 1800 nach Christus, so sind es zweitausendsechshundert Jahre. Ungefähr um 1800 traten wir in das Zeichen der Fische ein. Damit kam die materielle Kultur auf die Höhe. Sie bereitete sich vor im Mittelalter, jetzt hat sie begonnen wieder abzufluten. Um das Jahr 4400 tritt die Menschheit in das Zeichen der spirituellen Kultur, des Wassermannes. Das bereitet sich aber auch schon früher vor.

Mit der Konstellation verändern sich also auch die Verhältnisse. Mit dem Vorrücken von einem Sternbild zum anderen treten auch neue Verhältnisse ein, so daß das Wiedergeborenwerden einen Sinn hat. Ungefähr alle zweitausendsechshundert Jahre wird der Mensch wiedergeboren. Aber die Erfahrungen, die er als Mann und als Frau macht, sind so grundverschieden, daß man zwei solcher Inkarnationen, als Mann und als Frau, als *eine* zählt. Es vergehen ungefähr eintausenddreihundert Jahre zwischen zwei Inkarnationen als Mann oder als Frau, und ungefähr zweitausendsechshundert Jahre zwischen solchen doppelten Inkarnationen, wenn man beide als eine rechnet. Der Mensch ist eigentlich nur dem physischen Leibe nach Mann oder Frau. Während der physische Körper männlich ist, ist der Ätherkörper weiblich und umgekehrt, während der physische Körper weiblich ist, ist der Ätherkörper männlich. Erst der Astralkörper ist männlich und weiblich zugleich. Der Mensch trägt das entgegengesetzte Geschlecht als Ätherkörper in sich. Also ist der Mann ätherisch weiblich, die Frau ist ätherisch männlich. Die physische Frau hat daher auch viele verborgene Männereigenschaften, die physische Inkarnation ist nur exoterisch vorhanden. So macht der Mensch jedesmal ein Sternbild durch als Mann und als Frau. Daher sagte der Meister auch zu *Sinnett,* daß der Mensch in einer Unterrasse ungefähr zweimal inkarniert wird. Okkult werden die beiden Inkarnationen als eine zusammen gerechnet. Es muß eine Zeit kommen, in der die Frau sich tatsächlich der Manneskultur annähert. In der jetzigen Frauenbewegung ist die Vorbereitung zu einer ganz anderen späteren Frauenbewegung zu erkennen. Die Zweigeschlechtlichkeit wird in Zukunft einmal ganz überwunden werden.

Daß die Reinkarnationslehre während etwa zwei Jahrtausenden ganz unterdrückt wurde, hatte einen besonderen Grund. Der Mensch sollte die Wichtigkeit des *einen* Lebens kennen und schätzen lernen. Jeder Sklave im alten Ägypten war noch überzeugt davon, daß er wiederkommen werde, daß er einmal Herrscher sein werde statt Sklave, daß er aber Karma abzutragen habe. Darum war ihm das eine Leben nicht so wichtig. Die Menschen sollten aber nun lernen, festen Boden unter den Füßen zu gewinnen, darum sollte während einer Inkarnation die Reinkarnation unbekannt bleiben. Christus hat deshalb geradezu verboten, daß etwas von Reinkarnation gelehrt werden solle. Aber von 800 vor Christus bis ungefähr um 1800 nach Christus war der Zeitraum vergangen, da fast alle Menschen durch die eine Inkarnation hindurchgegangen waren, ohne von Reinkarnation etwas zu erfahren. Die großen Meister haben die Aufgabe, nicht immer gleich die ganze Wahrheit zu lehren, sondern nur das, was die Menschen brauchen. Das Nichtbewußtsein von der Reinkarnation kam in diesem Zeitraum poetisch zum Ausdruck in *Dantes* «Göttlicher Komödie». Innerhalb der Mönchsesoterik ist die Reinkarnation dagegen wohl noch gelegentlich gelehrt worden. Die Trappisten müssen durch eine Inkarnation hindurch schweigen, damit sie in der nächsten gute Redner würden. Sie werden mit Absicht auf diese Weise zu guten Rednern erzogen, denn die Kirche kann diese brauchen. Als der heilige *Augustinus* die Prädestinationslehre aufstellte, war er durchaus konsequent. Weil im Zeitalter des Materialismus nicht die Reinkarnation gelehrt werden sollte, mußte die Augustinische Prädestinationslehre aufkommen. Nur auf diese Weise konnten die verschiedenen Verhältnisse unter den Menschen erklärt werden.

Hiermit hängt nun wiederum das tief Materialistische des [traditionellen] Christentums zusammen, das darin liegt, daß das Jenseits von einem physischen Dasein abhängig gemacht wurde. Diese materialistische Lehre des Christentums hat gleichsam ihre Früchte getragen. Heute hat man überhaupt kein Bewußtsein mehr vom Jenseits. Die Sozialdemokratie ist die letzte Konsequenz des traditionellen Christentums. Jetzt muß aber ein neuer Einschlag in die Welt kommen. Wenn ein Zyklus aufhört, kommt ein neuer Einschlag. Das Christentum hat dem nach und nach aufdämmernden materialistischen Zeitalter vorgearbeitet. Um die materialistische Kultur herbeizuführen, mußten die Menschen durch eintausenddreihundert Jahre hindurch eine solche Lehre haben, wie das Christentum sie brachte, daß der Mensch von dem *einen* Erdenleben die ganze Ewigkeit abhängig macht. Das städtische Bürgertum ist dann der eigentliche Begründer des materialistischen Zeitalters. Das Spirituelle mußte schon zur Zeit Christi von dem rein Materiellen verraten werden. Judas Ischarioth mußte Christus verraten. Aber man kann sagen: Hätte es keinen Judas gegeben, so gäbe es auch kein Christentum. Judas ist der erste, der am Gelde hängt, das heißt an der materiellen Kultur. In Judas inkarniert sich die ganze materielle Zeit. Diese materielle Zeit hat das Spirituelle verdunkelt und verdüstert. Christus wird durch seinen Tod der Erlöser der materiellen Zeit.

IX

Berlin, 4. Oktober 1905

Wir wollen versuchen, den physischen Körper etwas genauer zu verstehen. Bei der Zusammensetzung des Menschen unterscheiden wir gegenwärtig vier Glieder: den physischen Körper, den Ätherkörper, den Astralkörper und das Ich. Bei dem Studium des physischen Körpers müssen wir jetzt auf Einzelheiten eingehen. Der Mensch war schon etwas, als er von einem sehr weit zurückliegenden Dasein zum Saturndasein herüberkam. Der physische Körper ist das älteste und vollkommenste Glied, das der Mensch heute hat. Der physische Körper ist vierteilig, das sind die anderen Körper nicht. Er war schon auf dem Saturn in der Anlage entwickelt. Der Ätherkörper kam erst auf der Sonne hinzu. Da entwickelte sich der physische Körper zu größerer Vollkommenheit. Der Astralkörper kam auf dem Monde dazu; da machte der physische Körper noch eine weitere Stufe durch. Auf der Erde kam nun noch das Ich hinzu, und der physische Körper machte eine vierte Stufe durch. So ist der physische Körper sozusagen schon in der vierten Schulklasse, während der Ätherkörper in der dritten, der Astralkörper in der zweiten und das Ich in der ersten Klasse sind.

Daher hat nur der physische Körper als solcher ein Selbstbewußtsein, die anderen drei Körper nicht. In dem Augenblick, wo der Mensch seine physischen Sinnesorgane schließt, wenn er schläft, hört das Selbstbewußtsein auf; wenn er sie nach außen aufschließt, hat er Selbstbewußtsein. Selbstbewußtsein gewinnt man dadurch, daß man mit seinen Organen die Umgebung beobachten kann. Nur der physische Körper ist so weit, daß er seine Organe nach außen aufschließen kann. Wenn der Äther- und der Astralkörper mit ihren Organen die Umgebung beobachten könnten, würde der Mensch auch in ihnen Selbstbewußtsein erlangen. Aber dazu gehören Organe. Der physische Körper hat sein Selbstbewußtsein auch nur durch seine Organe. Diese Organe des physischen Körpers sind die Sinne.

Wir wollen die Sinne in ihrer Stufenfolge betrachten. In Wahrheit gibt es zwölf Sinne. Davon sind fünf schon physisch und zwei andere werden während der weiteren Entwickelung auf der Erde noch physisch werden. Die fünf Sinne, die wir schon haben, sind Geruch, Geschmack, Sehen, Tasten, Hören. Zwei andere Sinne wird der Mensch nach und nach noch zu richtigen physischen Sinnen entwickeln. Diese zwei sind veranlagt im Schleimkörper (Hypophyse) und in der Zirbeldrüse (Epiphyse). Diese werden die zwei künftigen Sinne noch herausbilden in dem physischen Körper. Sieben Sinne kommen in Betracht für den physischen Körper. Um die Sinne in ihrer Stufenfolge zu verstehen, müssen wir uns klarmachen, daß der Mensch, sofern er ein selbstbewußtes Wesen ist, auf einem absteigenden Bogen ist. Wenn auch der Körper auf dem aufsteigenden Bogen ist, so sind doch die Sinne auf dem absteigenden.

Von den oberen Grundteilen des Menschen entwickelte sich auf dem Saturn Atma, auf der Sonne Buddhi und auf dem Monde Manas. Die Monade hat sich einst auch stückweise zusammengefügt und zog dann in der lemurischen Zeit in das selbstgezimmerte Haus ein. Jetzt ist die Monade heruntergestiegen auf die vierte Stufe: Atma, Buddhi, Manas, Kama-Manas. Der absteigende Bogen drückt sich in der Sinnesentwickelung aus. Eigentlich war anfangs auf dem Saturn nur ein Sinn vorhanden, der Geruchssinn. Die später entstehenden Sinne müssen von höheren zu immer tieferen Regionen herabsteigen.

In der Natur unterscheiden wir das Feste, das Flüssige, das Luftförmige, den Wärmeäther, den Lichtäther, den chemischen Äther und den Lebensäther. Das sind die sieben Stufen des Stofflichen. Beim Heruntersteigen hat der Mensch diese Stufen von oben nach unten durchgemacht. Als die Entwickelung begann, konnte der erste menschliche Lebenskeim sich erst im Lebensätherischen äußern. Dem entspricht als Sinn der Geruch. Da hatte der Mensch den ersten Sinn, den Geruchssinn, von dem jetzt nur noch ein Nachklang vorhanden ist. Das Feste hat, wie wir vor einigen Tagen gesehen haben, sein Leben eigentlich auf dem Mahaparinirvanaplan, das Flüssige auf dem Parinirvanaplan, das Luftförmige auf dem Nirvanaplan, das Wärmeätherische auf dem Buddhiplan, das Lichtätherische auf dem Mentalplan, das Chemischätherische auf dem Astralplan, das

Lebensätherische auf dem physischen Plan; daher können wir da auch von dem atomistischen Äther sprechen.

Verhältnisse der Plane	*Stoffzustände und*	*Sinne*
1. Physischer Plan	Lebensätherisches	Geruch
2. Astralplan	Chemischätherisches	Geschmack
3. Mentalplan	Lichtätherisches	Sehen
4. Buddhi- oder Shushuptiplan	Wärmeätherisches	Tasten
5. Nirvanaplan	Gasartiges, Luft	Hören
6. Parinirvanaplan	Flüssiges	Schleimkörper
7. Mahaparinirvanaplan	Festes	Zirbeldrüse

Ein Körper kann nur dann gerochen werden, wenn er bis an das Geruchsorgan herantritt, mit ihm in Berührung kommt. Das Geruchsorgan muß sich mit dem Stoffe selbst vereinigen. Riechen heißt, mit einem Sinn wahrnehmen, der mit dem Stoffe selbst eine Verwandtschaft eingeht.

Als zweite Stufe haben wir das Chemischätherische. Da entwickelte sich der Geschmackssinn. Der beruht darauf, daß das, was man schmecken soll, sich auflöst. Da haben wir es nicht mit dem Stoff selbst zu tun, sondern mit dem, was aus dem Stoff gemacht wird. Es ist dies ein chemisch-physischer Prozeß, durch den erst etwas anderes aus dem Stoffe gemacht wird. Die Zunge kann das vornehmen, sie kann erst auflösen und dann schmecken.

Die dritte Stufe befindet sich im Lichtätherischen. Dort entwickelt sich das Sehen. Da nehmen wir nicht wahr, was chemisch-physisch zerlegt ist, sondern wir nehmen wahr ein Bild des Gegenstandes, welches durch das äußere Licht zubereitet wird.

Das vierte ist das Wärmeätherische. In dem entwickelt sich der Tastsinn. Da nimmt man nicht mehr ein Bild wahr, sondern weniger als ein Bild. Die Wärme ist ein am Körper vorübergehender Zustand, ein dem Körper nur in dem Momente eigener Zustand. Vom Tastsinn sprechen wir hier als Wärme und Kälte empfindend, er ist eigentlich «Wärmesinn».

Fünftens haben wir das Luftförmige. Das entspricht dem Gehörsinn. Da nehmen wir nicht mehr einen Zustand des betreffenden Körpers wahr, sondern was uns der Körper sagt. Da gehen wir in das Innere des Körpers hinein. Beim Ton der Glocke interessiert uns diese selbst nicht mehr, nicht das Äußere der Glocke, der Stoff, sondern was sie von ihrem Inneren zu verraten hat. Das Hören ist ein Sich-Verbinden mit dem, was sich als das Geistige im Stofflichen ankündigt. Auf dieser Stufe geht die Sinnestätigkeit vom Passiven ins Aktive über. Der passiv aufgenommene Ton wird im Menschen aktiv in der Sprache. Darin gibt der Mensch das Seelische von sich.

Als sechstes haben wir das Flüssige. Der Sinn für das Flüssige ist der Schleimkörper. Dieser ist im Gehirn lokalisiert, in einem länglich zylindrischen Körper.

Als siebentes folgt das Feste. Die Zirbeldrüse ist der Sinn für das Feste.

Später wird der Mensch, so wie er jetzt spricht und auf die Luft Einfluß hat, auch auf das Flüssige einen Einfluß gewinnen. Das «ich denke» und der Gedanke überhaupt bringt sich in der Luft zum Ausdruck, und zwar in Formen wie zum Beispiel ein Kristall. Auf der nächsten Stufe wirkt auch das Gefühl in dem Gedanken mit. Die Entwickelung geht zurück. Die Wärme des Herzens drückt sich dann in Schwingungen aus und fließt mit dem Gedanken zusammen nach außen. Und die letzte Stufe hat der Mensch erreicht, wenn er wirkliche Wesen schafft, die bleibend sind; wenn er durch das Wort den Willen hinausbringt. Das Gefühl hinauszubringen, ist ein bloßer Übergang. Wenn der Mensch durch den Willen schaffend wird, dann werden die Wesen, die er hervorbringt, wirklich da sein.

Der Mensch wird später in die Umgebung hinausbringen, was er fühlt. Das wird sich dem Element des Flüssigen mitteilen. Das ganze Flüssige des nächstfolgenden Planeten (des Jupiter) wird ein Ausdruck dessen werden, was die Menschen fühlen. Heute sendet der Mensch die Worte hinaus; sie sind im Akasha eingeschrieben. Da bleiben sie, wenn auch die Luftwellen zerrinnen. Daraus wird später der Jupiter geformt. Wenn also der Mensch heute heillose Reden führt, so werden auf dem Jupiter heillose Baugerüste aufgeführt werden! Darum muß so viel geachtet werden auf das, was man spricht, darum muß so viel Wert darauf gelegt werden, daß der Mensch seine Rede beherrscht. Später wird der Mensch auch sein Gefühl hinaussenden; der Zustand der Jupiterflüssigkeit wird ein Ergebnis der Gefühle auf Erden sein. Was der Mensch heute spricht, wird dem Jupiter die Gestalt geben; was er fühlt, wird ihm die innere Wärme geben. Was nun der Mensch heute in seinen Willen hineinlegt, das werden die einzelnen Wesen sein, die den Jupiter bewohnen werden. Der Jupiter wird aufgebaut werden von den Grundkräften der menschlichen Seele.

Wie wir heute das Felsengerüst der Erde ableiten können aus früheren Zuständen, so wird das Felsengerüst des Jupiter das Ergebnis unserer Worte sein. Das Meer des Jupiters, die Wärme des Jupiters entsteht aus den Gefühlen der jetzigen Menschen. Die Wesen des Jupiters entstehen aus dem menschlichen Willen. So schafft der Bewohner des vorhergehenden Planeten tatsächlich die Grundlage für den nächstfolgenden. Und Wesen, die heute noch über... (Lücke im Text) schweben, wie einstmals die Monade über unserer Erde, werden sich auf dem Jupiter darin verkörpern. Es wird dann eine Art jupiterlemurische Rasse geben. Dann werden die Wesen da sein, die wir als die Pitris geschaffen haben. So wie wir die grotesken Gestalten vom Monde bezogen haben, werden diese Wesen dann die Gestalten bewohnen, die wir mit unserer Zirbeldrüse entwickeln.

Wir bauen weiter an dem Hause für nachfolgende, zukünftige Monaden. Eine ganz ähnliche Prozedur lag zugrunde, als der Mensch vom Monde sich zur Erde herüberentwickelte. Das wird so recht anschaulich machen, wie alles Äußere im Grunde genommen von innen heraus geschaffen wird.

Der bloß physische Körper ist schwer zu sondern von dem, was sich durch des Menschen Verirrungen gebildet hat. Ein Buckliger hat seinen Buckel dem Astralen, dem Karma zu verdanken. Die äußere Gestalt, die Physiognomie und so weiter sind vom Karma abhängig. Was den physischen Körper modifiziert, ist also von den höheren Körpern abhängig. Wenn man alles abzieht, was von dem Karma abhängt, so ist der physische Körper tatsächlich weise eingerichtet. Alles was krank ist, sind Verirrungen, die sich im physischen Körper ausdrücken. Alle Krankheiten sind Unrechte in der Vergangenheit gewesen; alles Unrecht wird Krankheit in der Zukunft sein. Wenn die Menschen würdig sein werden, werden sie die festen Wesen, die sie schaffen werden, auch zu ebensolchen weisheitsvollen Körpern schaffen.

Alle Weisheit, Gefühl und Wille werden in der nächsten Evolution wirklich als Gestalt und Wesen da sein. In allen alten Religionen wird der physische Körper, da er so weisheitsvoll aufgebaut ist, ein Tempel genannt. Es ist nicht recht, vom physischen Körper als von der niederen Natur zu sprechen, denn das Niedrige im Menschen liegt eigentlich in den höheren Körpern, die heute noch babyhaft sind.

Hier können wir auch einen wichtigen karmischen Zusammenhang betrachten. Wir leben in einer materialistischen Zeit und sie ist die Folge einer vorhergehenden Zeit. Diese materialistische Zeit hat nicht nur äußerlich, sondern auch innerlich viel geleistet. Man denke zum Beispiel an so etwas wie die Abnahme der Sterblichkeit durch hygienische Maßnahmen. Das ist in der Tat ein Fortschritt, durch die äußeren hygienischen Einrichtungen hervorgebracht. Ein solcher äußerer Fortschritt ist immer eine karmische Wirkung der Fortschritte, die früher im Inneren gemacht wurden. Diese physischen Fortschritte sind die Folge der innerlichen Fortschritte des Mittelalters. Es wird deshalb heute sehr zu Unrecht auf das «finstere» Mittelalter zurückgeblickt. Unsere bedeutendsten Materialisten sind zuerst idealistisch erzogen worden, zum Beispiel *Haeckel, Büchner, Moleschott*. Daher sind ihre Systeme gedanklich so schön geschlossen, aber das verdanken sie ihrer idealistischen Erziehung. Der heutige Materialismus ist in der Tat der äußere Ausdruck der vorhergehenden idealistischen Periode.

Man muß auch jetzt für die Zukunft vorarbeiten. Als die karmische Wirkung der früheren idealistischen Periode im Materialismus eintrat, da mußte auch ein neuer Anfang des Idealismus und des Spiritualismus gemacht werden. Nach diesem Gesetz richteten sich die führenden Individualitäten, als sie die theosophische Bewegung ins Leben riefen.

Im 14. Jahrhundert stand man mitten in der Zeit der Städtegründung. In wenigen Jahrhunderten waren in allen europäischen Kulturländern selbständige Städte entstanden. Der Bürger ist nun der Begründer des Materialismus im praktischen Leben. Im Mythus von Lohengrin wurde dies zum Ausdruck gebracht. Lohengrin, der Abgesandte der Gralsloge, war der weise Führer, der im Mittelalter eingriff und die Städtegründung vorbereitet hat. Er hat den Schwan bei sich als Symbol; der Initiierte des dritten Grades ist der Schwan. Das Bewußtsein wird immer als etwas Weibliches dargestellt. Elsa von Brabant repräsentiert das Bewußtsein des materialistischen Städtesinns. Das spirituelle Leben aber muß gerettet werden; das geschieht dadurch, daß *Christian Rosenkreutz* den Rosenkreuzerorden begründete. Das spirituelle Leben blieb in den Geheimschulen. Heute nun ist der Materialismus auf die Spitze getrieben. Darum mußte in unserer Zeit ein neuer Einschlag kommen. Dieselbe Bewegung griff damals ein, die heute durch die Theosophie die elementaren Lehren des spirituellen Lebens populär macht, um wieder ein neues Inneres zu schaffen, das sich später im Äußeren zeigen kann. Das Innere drückt sich immer später im Äußeren aus. Eine Krankheit ist die karmische Folge einer früheren verkehrten Tat, zum Beispiel einer Lüge. Wenn eine solche real wird, so wird sie eine Krankheit. Seuchen gehen auf weit zurückliegendes Unrecht der Völker zurück. Sie sind etwas Unvollkommenes, das von innen nach außen gerückt ist.

Der sechste Sinn ist das Kundalinilicht im ausstrahlenden Wärmegefühl; der siebente ist der synthetische Sinn.

X

Berlin, 5. Oktober 1905

Wenn man den Menschen in seiner ganzen Wesenheit nimmt, sieht man zunächst den physischen Körper, dann den Äther- und den Astralkörper. Den physischen Körper des Menschen kann jeder sehen. Der Ätherkörper wird sichtbar, wenn man sich den physischen Körper durch einen scharfen Willensakt absuggeriert. Dann bleibt der Raum des physischen Körpers ausgefüllt mit dem Ätherkörper. Den Ätherkörper betrachtet der Okkultist eigentlich als den untersten Körper. Es ist der Körper, nach dem der physische Mensch gebildet ist. Nach der absteigenden Linie ist der Ätherkörper dem physischen Körper entgegengesetzt gebildet; nur nach der aufsteigenden Linie sind sich beide gleich. Das Weib hat einen männlichen Ätherkörper und der Mann einen weiblichen Ätherkörper.

Um den Ätherkörper herum tritt der Astralkörper auf. Der Astralkörper ist die äußere Form für alle seelischen Inhalte; für Leidenschaften, Affekte, Triebe, Begierden, Lust und Unlustgefühle, Enthusiasmus und so weiter. Er manifestiert sich in den mannigfaltigsten Formen. Ringsherum zeigen sich Wolkenbildungen; er erstrahlt in den verschiedensten Farben. Manchmal hängen einzelne Gebilde wie Fetzen daran. Die Formen und Farben sind verschieden und wechseln. Grün zeigt Sympathie und Mitleid mit den Mitmenschen an. Die unteren Schichten der Bevölkerung zeigen viel Rot im Astralkörper, Braunrot, Ziegelrot, Blutrot. Besonders bei Droschkenkutschern ist eine solche rote, auf die niederen Leidenschaften hinweisende Farbe häufig zu beobachten.

Das ganze Gewoge des Astralkörpers nun ist bei jedem Menschen eingeschlossen in eine eiförmige Umhüllung. Diese hat eine blaue Grundfärbung und zeigt im wesentlichen in der Mitte des Gehirns eine dunkelviolette Stelle. Diese eiförmige Umhüllung nennt *Helena Petrowna Blavatsky* das aurische Ei. Bei kleinen Kindern ist das aurische Ei vorherrschend; bei ihnen treten darin viel helle, lichte Farbenwolken auf. In den unteren Partien haben aber auch kleine

Kinder oft dunkle Wolken, die auf Niedriges deuten. Das ist das vererbte Karma, das sie mit ihren Voreltern gemeinsam haben. Das sind die Sünden der Väter. Bis zur siebenten Generation vererben sich diese Sünden der Väter. Die Eigenschaften der Menschen können zusammenhängen bis zum siebenten Urgroßvater. Nach der siebenten Generation löscht sich die Vererbung aus. Man rechnet drei Generationen während eines Jahrhunderts. Der Mensch von heute zeigt also immer noch etwas Gutes oder Schlechtes von den guten oder schlechten Eigenschaften der Vorfahren des 17. Jahrhunderts. So kann man durch zweihundert Jahre oder noch etwas mehr einen Blick werfen auf die Voreltern.

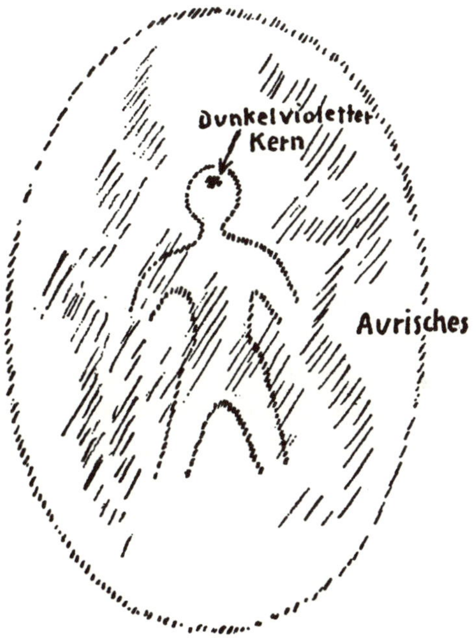

Um zu sehen, wie das aurische Ei sich gebildet hat, müssen wir die Entwickelung eines Weltenkörpers betrachten. Den Zustand der Erde, der unserer Betrachtung am nächsten liegt, nennen wir den physischen Zustand. Man nennt in der theosophischen Literatur einen Formzustand einen Globus und spricht daher vom physischen Globus. Als physischer Globus ist die Erde der vierte Globus in einer Entwickelung von sieben Zuständen. Es gingen dem physischen Globus drei andere Zustände voran und drei weitere folgen noch. Bevor die Erde physisch wurde, war sie astral. Alles was auf der Erde lebte, war damals nur astral vorhanden. Wenn der Mensch durch die sechste und siebente Wurzelrasse (Hauptzeitalter) gegangen sein wird, wird er so vergeistigt sein, daß er wieder eine astrale Form haben wird. In diesem zukünftigen astralen Formzustand wird aber alle Frucht der Entwickelung enthalten sein.

Sieben Formzustände bilden zusammen eine Runde. Die Erde macht jetzt ihre vierte Runde durch, und diese ist die mineralische. Die Aufgabe des Menschen ist es, während dieser Zeit das Mineralreich zu verarbeiten. Es ist schon Arbeit am Mineralreich, wenn der Mensch einen Feuerstein nimmt und einen Keil zurechthämmert, mit dem er andere Dinge bearbeitet. Wenn er Felsen abträgt und aus den Steinen Pyramiden baut, wenn er aus Metallen Werkzeuge macht, wenn er den elektrischen Strom in einem Netz über die Erde führt, bearbeitet der Mensch das Mineralreich. So verwendet der Mensch das ganze Mineralreich in seinem Dienst. Er macht die Erde vollständig zu einem Kunstwerk. Wenn der Maler Farben nach seinem Manas kombiniert, bearbeitet er auch das Mineralreich. Wir sind jetzt in der Mitte dieser Tätigkeit und in den nächsten Rassen (Hauptzeitaltern) wird es ganz umgearbeitet werden, so daß zuletzt kein Atom mehr auf der Erde sein wird, das nicht vom Menschen bearbeitet worden ist. Früher haben sich diese Atome immer mehr verfestigt; jetzt aber treten sie wieder immer mehr auseinander. Die Radioaktivität hat es früher gar nicht gegeben, daher konnte man sie früher gar nicht entdecken. Die gibt es erst seit einigen Jahrtausenden, weil jetzt die Atome sich immer mehr zersplittern.

Wenn die vierte Runde zu Ende sein wird, wird das ganze Mineralreich durch die Hand des Menschen gegangen sein. Wenn er das Mineralreich ganz durchgearbeitet hat, muß, damit die Frucht dieser Arbeit erscheinen kann, die Erde übergehen in einen astralen Zustand. Darin können sich die Formen entfalten. Darnach geht die Erde über in einen mentalen Globus und dann in den höheren mentalen Zustand, den arupischen. Dann verschwindet die Erde überhaupt aus diesen Zuständen in einem kleineren Pralaya. Sie geht dann wieder in einen neuen arupischen Zustand der nächsten, der fünften Runde über, dann in einen rupamentalen, dann in einen astralen Zustand; darnach erscheint sie wieder physisch. Alles was der Mensch in der vierten Runde in das Mineralreich hineingearbeitet hat, erscheint dann wieder und wächst in der fünften Runde als Pflanzenreich auf; zum Beispiel der Kölner Dom wächst in der nächsten Runde als Pflanze auf.

Zwischen dem letzten arupischen Zustande der vierten Runde und dem ersten arupischen Zustande der fünften Runde geht die Erde durch ein Pralaya hindurch. In der fünften Runde erscheint dann das frühere Mineralreich in all seinen Formen als Pflanzenreich. In dem arupischen Zustand der fünften Runde ist alles enthalten, was der Mensch verarbeitet hat in der mineralischen Runde. Das erscheint wieder zunächst im arupischen Zustande, im reinen Akasha. Man nennt diesen Zustand eben «Akasha». Zuerst befindet sich am Anfang jeder neuen Runde alles im Akasha. Später sind nur Abdrücke im Akasha. So haben wir also in diesen Abdrücken im Akasha die ganze Erde mit all ihren Wesen. Beim Übergang von der dritten zur vierten Runde erschienen auch alle Wesen, die in der dritten Runde entstanden waren, am Anfange der vierten Runde im Akasha wieder.

Bei der weiteren Entwickelung aus dem Akasha muß sich das ganze verdichten, es muß eine dichtere Form annehmen. Das geschieht im Rupazustand der Erde. Diese mehr materielle Form nennt man im Okkultismus, zum Beispiel auch an einigen Stellen bei H. P. Blavatsky, den Äther. In dieser Äthererde ist alles nur in Gedanken enthalten. Alle Wesen waren in Gedanken enthalten in dieser Äthererde. Aber dahinter bleibt doch das Akasha als eine Grundlage bestehen. Der Äther verdichtet sich wieder weiter zum Astrallicht. Im Astrallicht strahlt der dritte Globus (Formzustand), die Astralerde auf; sie strahlt ganz im reinsten Astrallicht, und zwar ist dieses Astrallicht ganz von demselben Stoff, in dem später das aurische Ei des Menschen erstrahlt. Namentlich findet es sich in dieser Weise bei ganz jungen Kindern, die erst wenige Monate alt sind. Darauf geht die Erde über in ihren jetzigen, den physischen Zustand. Dann wird sie die eigentliche Erde und wird dabei immer physischer und physischer. In demselben Maße aber, in dem sie immer physischer und physischer wird, gliedert sie die einzelnen aurischen Eier für die Menschheit ab. Die gliedern sich so ab, als wenn in einem gefüllten Wassergefäß das Wasser einerseits zu Eis gefriert und andererseits in Tropfen verperlt. So gliedert sich auf der einen Seite die physische Erde ab, und auf der anderen Seite verperlen die aurischen Eier für die Menschenentwickelung.

Zunächst tritt das aurische Ei als Undifferenziertes auf. Es ist aber in Wahrheit nicht undifferenziert. Es verhält sich damit ähnlich wie mit folgendem: Haben wir eine Kochsalzlösung, so ist das eine gleichmäßige gräuliche Masse; lassen wir sie stehen, so gliedern sich die schönen Kochsalzwürfel heraus. Im aurischen Ei sind die Kräfte veranlagt gewesen, die der Ätherleib, der Linga sharira, herausarbeitet. Aus dem, was feste Erde geworden ist, kommt dann später auch das heraus, was schon früher auf dem Monde eine Entwickelung durchgemacht hatte. Das hat die Anlage zu den niederen Reichen bis zu den ersten Wirbeltieren, bis zur Schlange. Was an Tieren darauf folgt bei den Wirbeltieren, das war auf dem Monde noch nicht da, das kam erst auf der Erde hinzu. Die wirbellosen Tiere kamen also aus der Erde heraus, als sie sich zur physischen Erde verdichtete, auch die Pflanzen und das Steinreich.

Zu der Zeit, als sich das alles herausgegliedert hatte, waren die Menschen in die lemurische Zeit gekommen. Der immer dichter werdende Mensch entwickelte sich von der ersten, der polarischen Rasse hinüber zur zweiten, der Rasse der Hyperboräer. Darauf folgte die lemurische Zeit; da setzt die Entwickelung der Wirbeltiere ein, die sich erst von da an entwickelt haben.

So unterscheiden wir: Erstens Akasha, zweitens Äther, drittens Astrallicht, viertens Erde, fünftens Aurisches Ei.

Das nennt man einen Wirbel. Bis zur Erde, dem vierten Formzustand, wurde die Erde immer dichter. Um den Preis, daß sie sich so immer mehr verdichtete, individualisierte sich das Astrallicht, nachdem das Feste sich herausgeschoben hatte. Die aurischen Eier der Menschen sind das individualisierte Astrallicht. Daher kann man in dem Astrallicht lesen; nicht die Handlungen, aber die Emotionen, die damit verbunden sind, kann man in dem Astrallicht lesen. Zum Beispiel hat *Cäsar* den Gedanken gefaßt, über den Rubikon zu gehen, was sich bei ihm verknüpfte mit bestimmten Gefühlen und Leidenschaften. Die damalige Handlung entspricht einer Summe von astralischen Impulsen. Die physischen Handlungen auf dem physischen Plane sind für alle Ewigkeit vergangen. Das Ausschreiten des Cäsars kann man im Astrallicht nicht mehr sehen; aber der Impuls, der ihn dazu trieb, ist in dem Astrallicht geblieben. Die kamischen (astralen) Korrelate von dem, was auf dem physischen Plan vorgeht, bleiben im Astrallicht. Man muß sich daran gewöhnen, von allen physischen Wahrnehmungen abzusehen und nur die kamischen Impulse zu sehen. Diese muß man festhalten und bewußt ins Physische zurückübersetzen. Es hat keinen Sinn, nach etwas zu suchen, was so aussehen würde, wie wenn man die Sachen photographiert hätte.

Die größten Impulse der Weltgeschichte kann man aber im Astrallicht nicht mehr lesen, denn die Impulse der großen Eingeweihten waren leidenschaftslos. Wer daher nur im Astrallichte liest, für den ist das ganze Werk der Initiierten nicht da; zum Beispiel der Inhalt des Buches «Les grands Initiés» von *Edouard Schuré* hätte im Astrallicht nicht gefunden werden können. Solche Eindrücke sind nur im Äther aufgeschrieben. Was man von dem, was die großen Eingeweihten getan haben, im Astrallicht lesen kann, beruht auf einer Täuschung, weil man nur die Folge des Auftretens der großen Eingeweihten lesen kann aus den Impulsen ihrer Schüler. Schüler und ganze Völker haben lebhaft und leidenschaftlich empfunden bei den Handlungen der großen Initiierten, und dies ist im Astrallicht geblieben. Es ist aber so schwer, die innersten Motive der großen Eingeweihten zu studieren, weil sie nur im Äther vorhanden sind.

Die kosmischen Ereignisse – solche Umwandlungen wie die von Atlantis – stehen nun noch höher, nicht mehr im Äther, sondern im eigentlichen Akasha. Das ist die Akasha-Chronik. Diese hängt aber in gewisser Weise trotzdem mit den untersten Angelegenheiten der Menschen zusammen. Denn der Mensch steht in Verbindung mit den großen Ereignissen des Kosmos. Jeder einzelne Mensch ist mit allgemeinen Strichen in der Akasha-Chronik zu finden. Was dort ist, setzt sich fort und fungiert hinein in den Äther und in das Astrallicht. Der einzelne Mensch wird immer klarer erkennbar, je mehr man ihn in den niedrigeren Gebieten sucht. Und man muß alle diese Gebiete studieren, um den eigentlichen Mechanismus des Karma zu verstehen.

XI

Berlin, 6. Oktober 1905

Wie Karma wirkt, wollen wir uns heute veranschaulichen und uns klarmachen, wie es sich in den sogenannten drei Welten verhält. Alle anderen Welten außer diesen drei, kommen für die menschliche Entwickelung wenig in Betracht, wohl aber die physische, astrale und mentale Welt. Während des Zustandes des Tagwachens sind wir in der physischen Welt; da haben wir in einer gewissen Beziehung die physische Welt rein vor uns. Wir müssen nur unsere Sinne hinausrichten, um die physische Welt rein vor uns zu haben. Aber in dem Augenblick, da wir die physische Welt mit Interesse ansehen, ihr mit unserer Empfindung entgegentreten, sind wir schon zum Teil in der astralischen Welt und nur zum Teil wirklich in der physischen Welt. Nur die Anfänge zu einem rein in der physischen Welt leben, sind im Menschenleben vorhanden; zum Beispiel wenn man ein Kunstwerk, ohne den Wunsch, es besitzen zu wollen, rein kontemplativ betrachtet. Solche Betrachtung eines Kunstwerkes ist ein wichtiger seelischer Akt, wenn man, sich selbst vergessend, daran rein als an einer mentalen Aufgabe arbeitet. Dieses reine, sich selbst vergessende in der physischen Welt leben, ist sehr selten. Der Mensch betrachtet die Natur nur selten in reiner Kontemplation, sondern empfindet noch vieles andere dabei. Dennoch ist das selbstlose Leben in der physischen Natur das Allerwichtigste, denn nur dadurch kann er ein Selbstbewußtsein haben; in allen anderen Welten ist der gewöhnliche Mensch jetzt noch in eine Welt des Unbewußten getaucht.

In der physischen Welt ist der Mensch nicht nur selbstbewußt, er kann in ihr auch selbstlos werden. Sein Tagesbewußtsein ist aber noch nicht selbstlos, wenn er sich nicht selbst vergißt. Daran hindert ihn nicht die physische Welt, sondern das Hereinspielen der Astral- und Mentalwelt. Wenn er aber sich selbst vergißt, dann ist die Sonderheit verschwunden und er findet sein Selbst draußen ausgebreitet. Der Mensch kann gegenwärtig aber nur im physischen Leben dieses Selbstbewußtsein ohne Sonderheit ausbilden. Das Selbstbewußtsein nennen wir das Ich. Der Mensch kann nur selbstbewußt werden an der Umgebung. Erst wenn er Sinne gewinnt für eine Welt, dann wird er in der betreffenden Welt selbstbewußt. Jetzt hat er nur Sinne für die physische Welt, aber die anderen Welten spielen fortwährend in das Selbstbewußtsein hinein und trüben es. Wenn die Empfindungen hineinspielen, so ist das die astrale Welt; wenn der Mensch denkt, so spielt die mentale Welt in das Bewußtsein hinein.

Die Gedanken der meisten Menschen sind nichts anderes als Spiegelbilder der Umgebung. In den wenigsten Fällen hat der Mensch Gedanken, die nicht mit seiner Umgebung zusammenhängen. Nur dann hat er solche höheren Gedanken, wenn ihm die Sinne erwachen für die mentale Welt, so daß er nicht nur die Gedanken denkt, sondern sie als Wesen um sich herum sieht. Dann hat er das Selbstbewußtsein der mentalen Welt, wie es der Chela, der Eingeweihte besitzt. Wenn der Mensch versucht, um sich her erst die physische Welt, dann alle Triebe, Leidenschaften, Gemütsbewegungen und so weiter verschwinden zu lassen, dann bleibt bei den meisten kein Gedanke übrig. Versuchen wir uns nur vorzustellen, was alles den Menschen beeinflußt, insofern er in Raum und Zeit lebt. Man versuche alles das sich vor die Seele zu rufen, was mit dem Orte, an dem wir leben, und mit der Zeit, in der wir leben, zusammenhängt. All das, was die Seele fortwährend an Gedanken hat, hängt ab von Raum und Zeit. Das hat alles einen vergänglichen Wert. Deshalb muß der Mensch von dem bloßen Abspiegeln des Sinnlichen dazu übergehen, einen ewigen Gedankeninhalt in sich leben zu lassen, um allmählich devachanische Sinne zu entwickeln. Ein Satz, wie der aus «Licht auf den Weg»: «Bevor das Auge sehen kann, muß es der Tränen sich entwöhnen», gilt für alle Zeiten und an allen Orten. Wenn man einen solchen Satz in sich leben läßt, dann lebt in uns etwas, das jenseits von Raum und Zeit liegt. Das ist ein Mittel, eine Kraft, die devachanischen Sinne nach und nach in der Seele erwachen zu lassen und die Sinne zu erwecken für das Ewige in der Welt.

So verhält sich der Anteil des Menschen an den drei Welten. Der Mensch ist aber erst allmählich in diese Lage gekommen. Er war nicht immer in der physischen Welt, er ist erst nach und nach physisch geworden, hat erst nach und nach Sinne bekommen. Vorher war er auf den höheren Planen. In die physische Welt kam er vom Astralplan herunter und vorher von dem Mentalplan. Diesen teilen wir ein in zwei Abteilungen, den unteren Mentalplan oder Rupaplan, wo schon alles differenziert ist, und in den oberen Mental- oder Arupaplan, wo noch alles undifferenziert, samenhaft ist. Der Mensch ist heruntergestiegen von dem Arupaplan durch den Rupaplan und den Astralplan zum physischen Plan. Erst auf dem physischen Plan ist der Mensch selbstbewußt geworden. Auf dem Astralplan ist er jetzt noch nicht selbstbewußt, und auf dem Rupa- und Arupaplan ist er es noch weniger. Auf dem physischen Plan traten dem Menschen zum erstenmal Gegenstände von außen entgegen, unmittelbar in seiner Umgebung. Wenn überhaupt einem Wesen Gegenstände von außen entgegentreten, dann ist der Anfang zum Selbstbewußtsein gemacht. Auf den oberen Planen war das Leben noch ganz im Inneren beschlossen. Als der Mensch auf dem Astralplan lebte, hatte er nur eine Wirklichkeit, die aus seinem eigenen inneren Leben aufstieg. Ein richtiges Bilderbewußtsein hatte er da. Wenn dies auch lebhaft war, so waren es in Wirklichkeit doch nur Bilder, die in seinem Inneren aufstiegen. Die heutigen Träume sind ein schwacher Rest davon. Wenn zum Beispiel ein astraler Mensch sich etwa Salz genähert hätte, so hätte das Salz unbewußt auf ihn gewirkt und es wäre ein Bild davon in ihm aufgestiegen. Das Bild des salzigen Geschmackes wäre in seinem Inneren aufgestiegen. Wenn er auf einen anderen Menschen zugegangen wäre, der ihm sympathisch gewesen wäre, so hätte er ihn nicht von außen gesehen, sondern es wäre in ihm ein Gefühl der Sympathie aufgestiegen. Es war dieses Leben im Astralen ein Leben vollständiger Selbstheit und Sonderheit. Erst auf dem physischen Plane kann der Mensch seine Sonderheit aufgeben, indem er mittels der Sinnesorgane Gegenstände wahrnimmt, zusammenschmilzt mit der Umwelt, mit dem Nicht-Ich. Darin liegt die Wichtigkeit des physischen Planes. Ohne daß der Mensch den physischen Plan betreten hätte, wäre er überhaupt nie dazu gekommen, die Sonderheit aufzugeben und seine Sinne nach außen zu kehren. Tatsächlich beginnt hier die Arbeit an der Selbstlosigkeit. Alles andere als die reine Kontemplation der äußeren physischen Dinge ist noch mehr dem Ego angehörend. Man muß sich gewöhnen, auf höheren Planen ebenso selbstlos zu leben, wie man es auf dem physischen Plane, wenn auch bis jetzt nur spärlich, angefangen hat. Die Gegenstände des physischen Planes zwingen den Menschen, selbstlos zu werden und dem Gegenstande, der nicht «Ich» ist, etwas zu geben. In bezug auf die Wünsche, auf das, was in der Seele liegt, richtet sich der Mensch noch nach seiner Begierde. Er muß auf dem physischen Plane lernen zu entsagen, seine Wünsche zu entselbsten. Das ist die erste Stufe.

Die nächste Stufe ist, sich nicht nach seinen eigenen Wünschen, sondern nach denen, die von außen kommen, zu richten. Wenn der Mensch sich ferner bewußt und aus dem eigenen Willen heraus nicht nach den Gedanken richtet, die in ihm aufsteigen, sondern sich bewußt fremden Gedanken hingibt, dann schwingt er sich auf zum Devachanplan.

Deshalb müssen wir in den höheren Welten etwas außer uns Liegendes aufsuchen, um uns ihm, wie in der physischen Welt den Gegenständen, hinzugeben. So muß man die Wünsche der Initiierten betrachten. Der Geheimschüler lernt die Wünsche, die die richtigen für die Menschheit sind, kennen, und er richtet sich nach ihnen, wie man sich durch den äußeren Zwang nach den sinnlichen Gegenständen richtet. Kultur und Erziehung der Wünsche führen uns auf den Astralplan.

Wenn man nun auch in Gedanken selbstlos wird und die ewigen Gedanken der Meister der Weisheit durch die Seele ziehen läßt – durch die Konzentration und Meditation über die Gedanken der Meister –, dann nehmen wir auch die Gedanken der Umwelt wahr. Der Geheimschüler kann schon auf dem Astralplan ein Meister sein, auf dem Mentalplan können das aber nur die höheren Meister.

Der Mensch steht zunächst als physische Natur vor uns. Er lebt gleichzeitig in der astralen und mentalen Welt, hat aber Selbstbewußtsein nur in der physischen Welt. Er muß die ganze physische Welt durchwandeln, bis er sein Selbstbewußtsein durchtränkt mit allem, was die physische Welt ihn lehren kann. Hier sagt der Mensch zu sich: Ich. – Sein Ich verbindet er mit den Dingen um sich herum, er lernt es erweitern durch die Kontemplation, es fließt hinaus und wird eins mit den Gegenständen, die es ganz und gar begriffen hat. Hätten wir schon die ganze physische Welt begriffen, so würden wir sie gar nicht mehr brauchen; dann hätten wir sie in uns. Nur einen Teil hat aber der Mensch von der physischen Welt jetzt schon in sich. Der Mensch, der als Lemurier geboren wird in seiner ersten Inkarnation, der sein Ich nur eben hinausrichtet auf die physische Welt, der weiß noch nicht viel von ihr. Wenn aber die letzte Inkarnation des Menschen kommt, muß er die ganze physische Welt mit seinem Ich vereinigt haben.

In der physischen Welt ist der Mensch sich selbst überlassen, da leitet ihn niemand, da ist er in Wahrheit gottverlassen. Als er aus der astralen Welt herauskam, da haben ihn die Götter verlassen. Er sollte lernen, in der physischen Welt sein eigener Herr zu werden. Daher kann er hier nur so leben, wie er tatsächlich lebt: zwischen Irrtum und Wahrheit hin- und herpendelnd. Er muß tappen und sich seinen Weg selbst suchen. Nun tappt er zum großen Teil im Finstern. Da ist sein Blick nach außen gewendet, er ist frei zwischen den Dingen, aber auch dem Irrtum ist er ausgesetzt. Auf dem Astralplan hatte der Mensch keine solche Freiheit; da wurde er von den hinter ihm stehenden Mächten gedrängt und getrieben. Wie eine Art Marionette hing er da noch an den Drähten der Götter; die mußten ihn da noch führen. Insofern der Mensch auch heute ein seelisches Wesen ist, leben die Götter noch in ihm. Da sind Freiheit und Unfreiheit noch stark gemischt. Die Wünsche wechseln fortwährend. Dieses Aufundabwogen der Wünsche kommt von innen heraus. Das sind die Götter, die in dem Menschen wirken.

Noch unfreier ist der Mensch auf dem Rupaplan der Mentalwelt, und noch unfreier auf dem Arupaplan der höheren Mentalwelt. Der Mensch wird allmählich frei auf dem physischen Plan, je mehr er durch Erkenntnis irrtumsunvermögend geworden ist.

In demselben Maß, in dem man den physischen Plan durchackert und erkennt, erlangt man die Fähigkeit, die Dinge, die man in der physischen Welt gelernt hat, auf den Arupaplan hinaufzutragen. Der Arupaplan ist an sich formlos, bekommt aber Formen durch das menschliche Leben. Der Mensch sammelt Lektionen auf dem physischen Plan und trägt diese, als in der Seele festgewordene Formen, auf den Arupaplan. In den griechischen Mysterien nannte man daher die Seele eine Biene, den Arupaplan einen Bienenkorb und die physische Erde ein Blumenfeld. Das wurde in den griechischen Mysterien gelehrt.

Was hat nun die Seele auf den physischen Plan hinuntergetrieben? Es ist der Wunsch, die Begierde; man kommt nie anders auf einen niedrigeren Plan herunter als durch den Wunsch. Vorher war die Seele in der astralen Welt; die astrale Welt ist die Wunscheswelt. Alles was die Götter in der astralen Welt in den Menschen hineingepflanzt haben, war die reine Wunschwelt. Das Hervorragendste an diesen vorlemurischen Wesen war der Wunsch nach Physischem. Der Mensch war damals ganz gierig nach dem Physischen; er hatte in sich eine unbewußte, blinde Gier nach Physischem. Diese Gier ist nur durch die Befriedigung zu stillen. Durch die Vorstellungen, durch die Erkenntnisse, die er gewinnt, durch das, was der Mensch von der physischen Welt erkannt hat, schwindet diese Gier nach Physischem.

Die Seele geht nach dem Tode auf den Astralplan und von dort auf den Rupa- und Arupaplan. Was sie erworben hat, lagert sie da ab. Was sie aus der physischen Welt noch nicht mitgebracht hat, was noch unerkannt ist, treibt sie wieder hinunter, das erzeugt die Gier nach neuen Inkarnationen. Wie lange sie auf dem Arupaplan bleibt, richtet sich nach dem Maß dessen, was der Mensch auf dem physischen Plane gewonnen hat. Bei dem Wilden ist das nur sehr wenig, daher findet bei ihm nur ein schwaches Aufblitzen auf dem Arupaplan statt. Dann geht er wieder herunter zur physischen Welt. Wer hier in der physischen Welt alles gelernt hat, braucht nicht mehr aus dem Arupaplan herauszugehen, braucht nicht mehr auf den physischen Plan zurückzukehren, denn er hat seine Pflicht in der physischen Welt getan.

Der Mensch ist seinem astralischen Wesen nach heute noch halb der astralen Welt angehörig. Halb ist die Haut des Astralen durchbrochen und er nimmt die Welt des Physischen durch die Sinne wahr. Wenn er dahin gelangt, auf dem Astralplan so zu leben wie jetzt auf dem physischen Plan, dort in ähnlicher Weise Beobachtungen machen lernt, dann trägt er auch die Wahrnehmungen des astralen Planes auf den Arupaplan hinauf. Was er dann da hinaufträgt vom Astralplan, fließt aber vom Arupaplan noch höher, hinüber auf den nächsthöheren, den Buddhiplan. Auch was er heute auf dem Rupaplan durch Meditation und Konzentration erreicht, nimmt er mit auf den Arupaplan und übergibt es dort noch höheren Planen.

Was am Menschen astral ist, ist halb nach der physischen Welt und halb nach höheren Welten geöffnet. Wo es nach der physischen Welt geöffnet ist, läßt er sich von den Wahrnehmungen der Sinneswelt bestimmen. Nach der anderen Seite wird er von oben her bestimmt. Ebenso ist es mit seinem Mentalkörper. Dieser wird auch zum Teil von außen, zum Teil von der inneren Welt durch die Götter, die Devas, bestimmt. Weil das so ist, darum muß der Mensch träumen und schlafen.

Jetzt können wir auch das Wesen des Schlafes und des Träumens verstehen. Träumen heißt, sich den inneren Devakräften zuwenden. Der Mensch träumt fast die ganze Nacht, nur erinnert er sich nicht daran. Der Mentalkörper wird während des Schlafes fortwährend von den Devas bestimmt. Der Mensch hat noch kein Selbstbewußtsein auf den höheren Planen, daher ist er im Traum nicht selbstbewußt. Auf dem Astralplan fängt er an, es zu werden. Im tiefen Schlaf befindet er sich auf dem Mentalplan. Da ist er noch gar nicht selbstbewußt. Nur auf dem physischen Plan wacht der Mensch. Da ist das Ich da, es lebt sich aus auf dem physischen Plan. Das astrale Ich kann sich auf dem physischen Plan noch nicht ausleben, daher muß das astrale Ich zeitweise aus dem Menschen heraus. Er muß schlafen, damit es heraus kann. Die Zustände des Träumens und Schlafens sind nur eine Wiederholung früherer Entwickelung. Auf dem astralen Plan hat der Mensch geträumt; auf dem mentalen hat er geschlafen. Diese Zustände wiederholt er heute jede Nacht. Erst wenn er sich auch Sinne für die anderen Plane erworben hat, dann träumt er nicht mehr und schläft nicht mehr, sondern er nimmt dort Wirklichkeiten wahr. Der Geheimschüler lernt solche Wirklichkeiten auf dem astralen Plan wahrnehmen. Er hat dann dort eine Wirklichkeit um sich. Wer sich noch höher entwickelt, hat auch im tiefen Schlaf eine Wirklichkeit um sich. Da tritt dann die Kontinuität des Bewußtseins ein.

Diese Reihe feiner Begriffe muß man verstehen, dann kann man begreifen, warum der Mensch, wenn er auf den höheren Planen gewesen ist, wieder herunterkommt. Das was er noch nicht weiß, was er noch nicht erkannt hat, was die Buddhisten Avidya, Unwissenheit, nennen, treibt ihn zurück ins physische Dasein. Avidya ist die erste der Karmakräfte. Nach der buddhistischen Lehre gibt es zwölf Karmakräfte, die den Menschen heruntertreiben. Diese heißen zusammen Nidanas. Wenn der Mensch allmählich heruntersteigt, zeigt sich, wie die karmischen Effekte eingreifen. Avidya ist der erste Effekt. Es ist der entgegengesetzte Pol von dem, daß der Mensch auf den physischen Plan kommt. Da er den physischen Plan betritt und sich dort mit etwas verbindet, so ruft dies eine Reaktion hervor. Immer ruft Aktion Reaktion hervor. Alle Dinge, die der Mensch in der physischen Welt tut, rufen auch eine Reaktion hervor und wirken zurück als Karma. Wirkung und Gegenwirkung ist die Technik, der Mechanismus von Karma.

XII

Berlin, 7. Oktober 1905

Wenn vom physischen Körper die Rede ist, haben die meisten eine sehr unklare, verworrene Vorstellung von dem, was eigentlich der physische Körper ist. Wir haben ja eigentlich nicht den rein physischen Körper, sondern eine Zusammensetzung von dem physischen Körper mit den höheren Kräften vor uns. Physisch ist auch ein Stück Bergkristall. Aber das ist dem Wesen nach etwas ganz anderes, als das menschliche Auge oder das Herz, die doch auch physisch sind. Das Auge und das Herz sind Teile des physischen Körpers, aber vermischt mit den höheren Gliedern des Menschen und dadurch wird im Physischen etwas ganz anderes bewirkt als beim übrigen Physischen. Sauerstoff und Wasserstoff haben wir auch im Wasser vor uns, aber sie sehen da ganz anders aus, als wenn wir sie beide für sich sehen oder für sich haben. Dann treten sie uns ganz anders entgegen. Im Wasser haben wir eine Mischung der beiden vor uns. Was uns nun im physischen Körper des Menschen entgegentritt, ist auch eine Mischung aus dem Physischen mit dem Äther- und dem Astralkörper.

Das physische menschliche Auge ist ähnlich einer photographischen Kamera, denn wie in der Kamera entsteht darin ein Bild der Umwelt. Wenn man nun von dem physischen Auge alles abzieht, was in der Kamera nicht entsteht, dann hat man erst das Spezifische des physischen Auges. So muß man auch von dem ganzen physischen Körper alles abziehen, was nicht rein physisch ist, dann hat man erst das, was man im Okkultismus den physischen Körper nennt. Dieser kann unmittelbar nicht leben, nicht denken, nicht fühlen. Da bleibt dann übrig ein sehr weise eingerichteter äußerst komplizierter Automat, ein rein physikalischer Apparat. Diesen ganz allein gab es nur auf der Saturnstufe des menschlichen Daseins. Damals waren die Augen nicht anders vorhanden denn als kleine Kameras. Was darin von der Umwelt als Bild entworfen wurde, kam zum Bewußtsein einer Devawesenheit. In der Mitte des Saturnkreislaufes waren die sogenannten Asuras (die Archai) reif, den Apparat zu benutzen. Diese waren dazumal auf der Stufe der Menschheit. Sie benutzten diesen Automaten und die Bilder, die darin entstanden. Sie selbst waren nicht darinnen, sondern außerhalb und benutzten nur die Bilder; ähnlich wie wir uns jetzt photographischer Apparate bedienen können, um Bilder einer Landschaft aufzunehmen. Der physische Körper des Menschen war also dazumal ein von außen aufgeführter, architektonischer Aufbau eines physikalischen Apparates. Das ist die erste Stufe des menschlichen Daseins.

Die zweite Stufe der Ausbildung war die Durcharbeitung dieses physikalischen Apparates mit dem Ätherleib. Da wurde er ein lebender Organismus. Das drückte sich dann auch aus in der Konfiguration des Körpers. Der Automat war aufgebaut aus einer ziemlich festen undifferenzierten Masse, ähnlich wie heute eine Geleemasse ist, wie ein weicher Kristall.* Im zweiten Kreislauf, in dem Sonnendasein, wurde der physische Automat nun von dem Ätherkörper durchzogen. In diesem Sonnenkreislauf entstand auch das Sonnengeflecht (Solarplexus), das darnach benannt ist, weil das ein wirkliches Organ ist, von dem heute nur noch Rudimente vorhanden sind. Es arbeitet sich ein Nervensystem in den physikalischen Apparat hinein. Bei den Pflanzen ist noch etwas Ähnliches vorhanden. Das ist die zweite Stufe.

Aber diese Stufen sind nicht abgeschlossen; die Entwickelung geht graduell weiter. Ein solches wirksames Agens ist das Sonnengeflecht auch noch heute bei den Tieren, die kein Rückenmark ausbilden. Alle wirbellosen Tiere sind noch einzelne Ausbildungen zurückgelassener Stufen desjenigen, was früher veranlagt war. Die Wirbeltiere hat der Mensch erst auf der Erde aus sich herausgesetzt. Früher war der Mensch noch ähnlich organisiert wie heute etwa der Krebs. Der Mensch ist heute über die damalige Stufe hinausgeschritten, während der Krebs stehengeblieben ist. Überraschend ist es, daß das ganze Innere des Krebses eine gewisse Ähnlichkeit mit dem menschlichen Gehirn hat. Es gibt tatsächlich eine Ähnlichkeit zwischen der inneren Krebsgestalt und dem menschlichen Gehirn. Auch der Krebs ist eingeschlossen in eine harte Schale wie das menschliche Gehirn. Nachdem

* Siehe Hinweis auf Seite 273.

der Mensch ein Rückenmark ausgebildet und die oberen Wirbel umgestaltet hatte, warf er die harte Schale ab. Der Krebs hat sich nicht weiter entwickelt. Er hat sich an die äußere Umgebung angepaßt durch eine harte Schale, die ihm das sein mußte, was dem Menschen die schützende Hülle der ganzen übrigen Körperlichkeit ist.

Die dritte Stufe ist die, auf der das Ganze umorganisiert wird von dem hineinarbeitenden Astralleib. Das Umorganisieren ist verknüpft mit der Ausbildung des Herzens und dem Durchströmen mit dem warmen Blut. Das Fischherz ist auf dem halben Wege stehengeblieben. Das Herz wird gleichmäßig in dem Maße ausgebildet als die innere Körperwärme zunimmt; das heißt nichts anderes als das Einziehen des Astralen in den Körper hinein.

Das Rückenmark mit dem Gehirn ist das Organ des Ich. Dieses ist von der dreifachen Schutzhülle des Astral-, Äther- und physischen Leibes umgeben. Nachdem das Organ des Ich (Rückenmark und Gehirn) vorbereitet worden ist, legt sich das Ich in das bereitgemachte Bett hinein und Rückenmark und Gehirn treten als Organe des Ich in dessen Dienst.

So setzt sich der vierfache Mensch zusammen. Das ist das Quadrat der Pythagoreer:

1. Das Rückenmark und das Gehirn sind das Organ des Ich.
2. Das warme Blut und das Herz sind das Organ des Kama (Astralleib).
3. Der Solarplexus (Sonnengeflecht) ist das Organ des Ätherkörpers.
4. Der eigentliche physische Körper ist ein komplizierter physikalischer Apparat.

So hat man den Menschen vierfach aufgebaut.

Was wir jetzt beschrieben haben, das nennt man im Okkultismus wieder einen Wirbel, etwas, das von außen hereinbaut und sich mit dem vereinigt, was innen sich aufbaut. Physischer Körper, Äther- und Astralkörper haben den Menschen aufgebaut. Dann macht sich der Punkt des Ich geltend, und dieses baut nun von innen heraus. Das sind die vier Teile des Menschen. So finden wir im Äußeren einen Abdruck des viergliedrigen Menschen. Alle Weiterentwickelung ist eine solche, daß der Mensch von diesem Punkt des Ich aus bewußt alles durchmacht, was er vorher schon unbewußt durchgemacht hat.

Um heute zu erkennen, daß das so ist, muß man zunächst erforschen, was geschehen ist, als sich unser Ich ausgebildet hat. Wir müssen da unseren Standpunkt sozusagen unterhalb eines gewissen Organes nehmen. Das ist außerordentlich geistreich ausgedrückt in der Buddha-Legende. Es heißt ja in der Legende, daß Buddha unter dem Bodhibaume verweilte, bis er zur Erleuchtung kam, um zu höheren Stufen, zum Nirvana zu gelangen. Buddha mußte dazu unter das Gehirn, unter das Organ des Bewußtseins kommen. Das heißt, die Wege, die er vorher unbewußt durchgemacht hatte, mußte er bewußt wieder durchmachen. Unter dem großen Gehirn sitzt mehr im Hinterkopf das baumförmig gebildete kleine Gehirn. Unter dieses hat sich Buddha gestellt. Das kleine Gehirn ist der Bodhibaum. Das zeigt, wie das, was so tiefe Legenden sagen, der menschlichen Entwickelung selbst entnommen ist.

Alle Dinge, die jetzt durch die Anatomie allein bekannt sind, wurden damals auf ganz andere Weise bekannt. Die okkulten Forscher untersuchten mit Hilfe des Kundalinilichtes. Ein Schüler wurde in folgender Weise darauf vorbereitet. Er kam zu einem Meister. Wurde er von diesem als zuverlässig erkannt, so bekam er als Unterricht nicht etwa eine Lehre – heute ist das anders geworden, heute muß der Mensch durch den Verstand und die Begriffe seinen Weg nehmen –, sondern der Meister sagte ihm etwa: Du mußt jeden Tag mehrere Stunden, zunächst etwa sechs Wochen lang, in Meditation verbringen und dich einem der ewigen Sätze hingeben, dich ganz in ihn vertiefen. – Heutzutage kann der Mensch das nicht, weil das Leben mit der heutigen Kultur zu viele Anforderungen an ihn stellt. Damals aber meditierte der Schüler sechs bis zehn Stunden täglich. Er kann das jetzt nicht, ohne sich aus der Kultur herauszuziehen. Damals brauchte der Schüler fast keine Zeit für die Kultur. Seine Nahrung fand er draußen. Er verwendete daher seine Zeit zur Meditation, vielleicht zehn Stunden ununterbrochen. Da kam er sehr bald dazu, daß er den damals noch nicht so dicht gewordenen Körper dahin brachte, daß im Inneren das Kundalinilicht erwachte. Dieses ist für das Innere, was für die Außenwelt das Sonnenlicht ist. In Wahrheit sehen wir auch draußen nicht Gegenstände, sondern das zurückgestrahlte Sonnenlicht. In dem Augenblicke, wo wir imstande sind, mit Hilfe des Kundalinilichtes die Seele zu beleuchten, wird die Seele so sichtbar, wie ein von der Sonne beschienener Gegenstand. So erleuchtet sich für den Jogaschüler allmählich der ganze innere Leib. Alle alten Anatomien sind von innen, durch innere Beleuchung gesehen. So redeten die [indischen] Mönche, die ihre Erfahrungen in Legenden umsetzten, von dem, was sie durch das Kundalinilicht geschaut hatten.

Wir müssen uns jetzt fragen, wie an den verschiedenen menschlichen Teilen gearbeitet wird. An dem, was zum Gehirn und zum Rückenmark gehört, arbeitet der Mensch erst auf dem physischen Plane bewußt durch das menschliche Ich... (Lücke im Text.) Auf anderes hat der Mensch zunächst keinen Einfluß. Er hat zum Beispiel keinen Einfluß auf den Umlauf des Blutkreislaufes. Nach und nach bilden sich erst solche Dinge heraus. Da arbeiten andere Geister, Devanaturen mit, so daß alle Wesen, sofern sie einen Blutkreislauf haben, darauf angewiesen sind, daß Devakräfte diesen regeln. Den Astralleib durchsetzen und bearbeiten äußere Devakräfte. Die niedrigsten arbeiten am Astralleibe. Höhere Kräfte arbeiten am Ätherleib und noch höhere Devas am physischen Körper, an dem vollkommensten, den der Mensch hat. Der Astralleib ist bedeutend weniger vollkommen als der physische Körper. Das physische Herz ist tatsächlich sehr gescheit, aber was dumm ist, ist der Astralkörper, der dem Herzen alle möglichen Herzgifte zuführt. Das Vollkommenste am Menschen ist der physische Leib, weniger vollkommen ist der Ätherleib, noch weniger vollkommen ist der Astralleib. Das was eben anfängt, das «Baby» im Menschen, ist das Ich. Das ist der viergliedrige Mensch, der in sich das Ich enthält, wie der Tempel die Statue eines Gottes.

Die ganze menschliche Kulturentwickelung ist nichts anderes als das Hineinarbeiten des Ich in den Astralleib, ein Ausbilden des Astralleibes. Erfüllt mit Begierden, Trieben und Leidenschaften tritt der Mensch in das Leben ein. Indem er diese Triebe, Begierden und

Leidenschaften überwindet, arbeitet er das Ich in den Astralleib hinein. Wenn die sechste Wurzelrasse, das sechste Hauptzeitalter vollendet sein wird, wird das Ich ganz in den Astralleib hineingearbeitet sein. Bis dahin ist der Astralleib immerfort darauf angewiesen, von den Devakräften unterstützt zu werden. Solange das Ich nicht den ganzen Astralleib durchsetzt hat, so lange müssen Devakräfte die Arbeit unterstützen.

Die zweite Entwickelung, die auf die Kulturentwickelung folgt, ist die Entwickelung des Geheimschülers. Der arbeitet das Ich bis in den Ätherleib hinein. Dadurch werden die Devakräfte auch im Ätherleib nach und nach abgelöst von der eigenen Arbeit des Ich. Da fängt der Mensch dann auch an, sich nach und nach selbst zu durchschauen.

Wir können nun fragen, was bedeutet der Astralleib, wozu hat der Mensch einen Astralleib? – Dazu, um dem Menschen auf dem Umwege über die Begierde Veranlassung zu geben, das zu tun, was er sonst nicht getan hätte: sich auf den physischen Plan zu begeben. Denn bevor der Mensch auf dem physischen Plane objektiv erkennen kann, muß er seine Wünsche und Begierden auf ihn richten. Ohne diese hätte er nicht eine objektive Weltbetrachtung, auch nicht Pflichten und Moral entwickeln können. Erst durch eine nach und nach erfolgende Umwandlung der Begierden werden diese in Pflichten oder Ideale umgewandelt. Diesen Weg mußte der Mensch machen durch die antreibende, die organisierende Kraft des Astralleibes.

Der Ätherleib ist der Träger der Gedanken. Was Gedanke im Inneren ist, ist Äther von außen, so wie die Begierde im Inneren Astrales von außen ist. Aber erst wenn das reine Denken beginnt, wird in die Astralimpulse Äthermaterie hineingestrahlt. Solange die Gedanken noch nicht rein sind, haben wir rings um die Ätherform herum Astralmaterie. Also was man Gedankenformen nennt, ist zusammengesetzt aus einem Kern von Äthermaterie, umringt von Astralmaterie. Längs der Nervenbahnen gehen die Ströme der sogenannten abstrakten Gedanken, die aber in Wirklichkeit die allerkonkretesten sind, denn sie sind Ätherkräfte. Sobald der Mensch überhaupt anfängt zu denken, arbeitet er schon das Ich in seinen Ätherkörper hinein. Wenn der Mensch stirbt, wird es klar, daß der physische Körper mit dem Ich nichts zu tun hat. Es ist jede Leitung von diesem zum Ich nach dem Tode unterbrochen. Die Leitung fand vorher indirekt durch die anderen Körper statt. Wenn diese fort sind, hat der Leichnam gar keine Beziehung mehr zum Ich. Da nehmen ihn die äußeren Devakräfte an sich, er wird wieder in die physische Umwelt hineinorganisiert. Das Wort «verwesen» bedeutet nicht nur vergehen, sondern zu dem Wesen werden, aus dem der Körper hervorgegangen ist. Das ist bezüglich des physischen Körpers zu sagen. Das holländische Wort «lichaam» bedeutet nicht Leichnam, sondern den mitherumgetragenen physischen Körper.

Auch der Ätherkörper ist zum großen Teil noch im gleichen Fall wie der physische Körper. Er wird ebenso nach dem Tode von den Devas aufgenommen und geht dann wieder in dem allgemeinen Kreislauf auf. Aber vom Ätherkörper bleibt, was der Mensch selber hineingearbeitet hat und löst sich nicht auf. Es ist das, was später bei der Wiederverkörperung einen Mittelpunkt bildet, um den das andere sich herumkristallisiert. Dieses Stückchen bleibt bei jedem Menschen vom Ätherkörper vorhanden. Ebenso bleibt vom Astralleib so viel vorhanden, als der Mensch hineingearbeitet hat. Erst während des letzten Drittels der sechsten Wurzelrasse wird bei allen normal sich entwickelnden Menschen der ganze Astralleib erhalten bleiben.

Die Entwickelung beginnt also damit, daß der Mensch bewußt den Astralleib bearbeitet. Die Arbeit des Chela, des Geheimschülers, ist ferner, den Ätherleib umzuarbeiten. Er ist mit der Chelaschaft fertig, wenn nach dem Tode der ganze Ätherleib erhalten bleibt. Der Aufenthalt im Devachan ist nötig, um die Organisation des Ätherleibes immer wieder neu möglich zu machen. Das kleine Stückchen des Ätherleibes, welches der Mensch anfangs ins Devachan trägt, kann sich zum völligen Ätherleib auswachsen, dadurch daß die Bedingungen dazu im Devachan geschaffen werden.

Dies macht begreiflich, wie es sich mit dem Aufenthalt im Devachan verhält. Wenn der Mensch am Beginn seiner Entwickelung steht und nur ganz wenig von seinem Ätherleib umgearbeitet hat, kann er nur ganz kurze Zeit im Devachan bleiben. Das fehlende Stück des Ätherleibes müssen ihm die äußeren Devas ersetzen. Wenn er sich weiter entwickelt, verweilt er immer länger im Devachan, dann nimmt die Dauer des Aufenthaltes dort zu. Die Zeit, die er dort verbringt, wächst also im Verhältnis zur eigenen Ausbildung. Weiter fortgeschrittene Menschen werden aber manchmal aus anderen Ursachen früher wieder inkarniert, zum Beispiel weil man sie in der Welt braucht.

Wenn der Chela stirbt, ist der ganze Ätherleib da. Also kann der Chela auf dieser Stufe auf Devachan verzichten, weil eben der Ätherleib vollständig ausgearbeitet ist. Dann tritt nach einer ganz kurzen Zeit eine Wiederverkörperung ein. Er wartet zunächst in der Astralwelt als in einer Übergangsstation, bis er von seinem Meister eine bestimmte Mission erhält. Dann kann er seinen Ätherleib wieder beziehen, um sich dann wieder zu verkörpern.

Bis dahin ist ein Zweifaches zur Entwickelung notwendig, nämlich daß die Dinge, die man nicht selbst im Inneren ausbilden kann, von außen hineingebaut werden. Von außen muß nachgeholfen werden. So wird im Devachan von äußeren Devamächten der Ätherleib wieder ergänzt. Gegensätze sind der physische Plan und das Devachan. Dazwischen liegt Kamaloka, eine Übergangsstation, eine Übergangsstufe, ein Zwischenzustand, der dadurch bewirkt wird, daß der Mensch zusammenhängt mit dem, worin er hineingearbeitet hat. Der Astralleib führt den Menschen auf den physischen Plan, auf dem er sich nach außen richtet. Die Begierden lernen dort an den äußeren Dingen Geschmack gewinnen. Ist der Mensch gestorben, so hört die Gier nach den äußeren Gegenständen nicht sogleich auf, obwohl er keine Organe mehr hat, um mit ihnen in Verbindung zu treten. Die Gier bleibt, aber die Organe fehlen. Dieses Begehren der äußeren Welt muß sich der Mensch im Kamaloka abgewöhnen. Das Kamaloka gehört eigentlich gar nicht zur normalen Entwickelung hinzu; es ist nur ein Abgewöhnungszustand. Weil der Mensch seine Wünsche nicht mehr physisch befriedigen kann, weil er keine Organe mehr für die physische Welt hat, deshalb tritt Kamaloka ein.

Wenn der Mensch Selbstmord begeht, hat er sein Ich mit dem physischen Körper identifiziert. Daher entsteht nachher um so heftiger die Gier nach dem physischen Körper. Er kommt sich dann vor wie ein ausgehöhlter Baum, wie einer, der sein Ich verloren hat. Er hat dann einen fortwährenden Durst nach sich selbst.

Wenn der Mensch gewaltsam getötet wird, ist er in einer ähnlichen Lage. Bei dem Menschen, der eines gewaltsamen Todes stirbt, bleibt bis zu der Zeit, zu der er sonst gestorben wäre, das Suchen nach seinem physischen Körper, nach seinem Selbst. Dieses Suchen kann sich in schlimmen Reaktionen geltend machen. Bei dem, der durch Gewalt getötet wird, ruft dies in gewissen Fällen eine ungeheure Wut hervor gegen die, die seinen Tod verursacht haben. So verwandelt sich bei dem Hingerichteten der Stoß in Gegenstoß. So haben von der Astralwelt aus die Seelen von Russen, die aus politischen Gründen hingerichtet worden waren, gegen die eigenen Landsleute gekämpft auf Seiten der Japaner. Das geschah im Russisch-Japanischen Krieg, es ist aber durchaus keine allgemeine Regel.

XIII

Berlin, 8. Oktober 1905

Dieser Vortrag soll ein zwischen die anderen geschobener sein, der auf manches in den anderen Vorträgen Licht werfen kann. Über das Wirken und die Wesenheit der Devas wollen wir heute sprechen.

Es ist in der Gegenwart sehr schwer, von Göttern oder Devas zu sprechen, aus dem Grunde, weil selbst die Menschen, die noch auf dem positiven religiösen Standpunkt stehen und noch einen Glauben an die Götter haben, doch kein lebendiges Verhältnis mehr zu den göttlich-geistigen Wesenheiten haben. Dieses lebendige Verhältnis zu Göttern, das heißt zu Wesenheiten, die hoch über dem Menschen stehen, ist eben im Laufe der Zeit des Materialismus verschwunden. Insbesondere im Laufe der materialistischen Entwickelung, welche sich in dem Zyklus von der Wende des 15. zum 16. Jahrhundert bis in unsere Zeit hinein abspielte, ist dieser lebendige Zusammenhang mit den Göttern geschwunden. Es macht da wenig Unterschied, ob ein Mensch auf dem darwinistisch-materialistischen Standpunkt steht, oder ob er noch mehr oder weniger religiös von den Göttern spricht. Es kommt viel mehr darauf an, das Bewußtsein in sich lebendig zu machen, daß man selbst von niederen Stufen des Daseins aufgestiegen ist und zu höheren Stufen noch aufsteigen wird. Man muß empfinden, daß man zu allem, zu dem was unter uns ist und zu dem was über uns ist, eine Verwandtschaft hat.

Die Lehre von den Göttern ist zuerst in ein System gebracht worden von dem Schüler des Apostels *Paulus, Dionysius dem Areopagiten.* Sie ist aber erst im 6. Jahrhundert aufgeschrieben worden. Die Gelehrten leugnen deshalb die Existenz des Dionysius Areopagita und sprechen von den Schriften des Pseudo-Dionysius, als ob man erst im 6. Jahrhundert alte Überlieferungen zusammengestellt habe. Der wahre Sachverhalt ist nur zu konstatieren durch das Lesen in der Akasha-Chronik. Die Akasha-Chronik aber lehrt, daß Dionysius wirklich in Athen gelebt hat, daß er von Paulus eingeweiht worden ist und von ihm den Auftrag erhalten hat, die Lehre von den höheren Geistwesen zu begründen und besonderen Eingeweihten zu erteilen. Gewisse hohe Lehren wurden damals niemals aufgeschrieben, sondern nur durch mündliche Tradition fortgepflanzt. Auch die Lehre von den Göttern wurde so von Dionysius seinen Schülern gegeben und von diesen wiederum weitergegeben. Der direkte Schüler wurde dann mit Absicht wieder Dionysius genannt, so daß der letzte, der die Lehre von den Göttern aufschrieb, einer in dieser Reihe war, die alle Dionysius genannt wurden.

Diese Lehre von den Göttern, wie sie Dionysius gegeben hat, umfaßt dreimal drei Glieder der göttlichen Wesenheiten. Die höchsten drei sind:

Seraphim, Cherubim, Throne.

Die nächste Stufe umfaßt die:

Herrschaften, Mächte, Gewalten.

Die dritte Stufe umfaßt die:

Urkräfte oder Anfänge, Erzengel und Engel.

Sooft in der Bibel steht «am Anfang», bezieht sich das auf die Urkräfte oder Anfänge. «Am Anfang schuf Gott Himmel und Erde», das heißt: Der Gott des Anfangs, der auf dieser Stufe steht, schuf Himmel und Erde. – Es war eine von den Urkräften der dritten Abteilung der Hierarchien.

Über den Seraphim stehen dann göttliche Wesenheiten von solcher Erhabenheit, daß das menschliche Fassungsvermögen nicht ausreicht, um sie zu begreifen. Nach der dritten Stufe folgt die vierte Hierarchie:

Der Mensch, als der zehnte in der ganzen Reihe.

Die Namen der Hierarchien sind keine Eigennamen, sondern Namen für gewisse Bewußtseinsstufen des großen Universums, und die Wesen rücken von einer Stufe zur anderen. *Eliphas Levi* hat das klar gesehen und betont, daß man es bei diesen Namen mit Rangstufen zu tun hat, mit Hierarchien.

Auf denselben Dionysius, der die Lehre von den Göttern zusammengestellt hat, geht auch das Prinzip der Kirchenorganisation zurück. Die kirchliche Hierarchie sollte nur ein äußeres Abbild sein für die innere Hierarchie der Welt. Dieser grandiose Gedanke wäre nur dann durchzuführen gewesen, wenn die Zeit dafür reif gewesen wäre, dies alles in seiner richtigen Gestalt zu verstehen. Dionysius hatte seinen Schülern eine solche Lehre über die Kirche hinterlassen, daß diese, wenn sie hätte veröffentlicht werden können, eine gewaltige, großartige Organisation dargestellt haben würde. Man hat damals versucht, die Lehren so fortzupflanzen, daß der Faden nie abriß von einem Lehrer zum anderen, der dann auch den Namen weiterführte. Darum ist es gar nicht so wunderbar, daß noch im 6. Jahrhundert ein Dionysius die Lehren niederschrieb. Ein allgemeines Verständnis konnten diese Lehren aber nicht finden, weil die Menschheit dazu noch nicht reif war. So sind sie wie eine Art Testament.

Je weiter wir zurückgehen, desto lebendigere Begriffe haben die Menschen gehabt von Wesenheiten, die über den Menschen stehen.

Nun wollen wir einen Begriff davon entwickeln, wie der Mensch – der gewöhnliche Mensch unserer heutigen Durchschnittskultur – den Göttern begegnet. Nach dem Tode macht der Mensch zunächst das Kamaloka durch, den Zustand, in dem er sich allmählich von den Gewohnheiten des Erdenlebens loslöst und von den Begierden frei wird. Der Aufenthalt im Kamaloka ist im wesentlichen nur in den ersten Zeiten manchmal furchtbar und gräßlich. Darauf macht der Mensch diejenige Kamalokazeit durch, wo er sich von den feineren Zusammenhängen mit der irdischen Welt zu läutern hat. Dieser Aufenthalt im Kamaloka ist nicht nur für den Menschen wichtig, sondern die Tätigkeit des Menschen in den höheren Kamalokazuständen kann, wie wir sehen werden, auch in der übrigen Welt gebraucht werden. Nach dem Kamaloka geht er in den Devachanzustand über, in dem er sich all das erarbeitet, was notwendig ist, um mit den Fähigkeiten, die er sich erworben hat, einen neuen Ätherkörper aufzubauen. Auf dem Arupaplan des Devachans hat er alles dasjenige niederzulegen, was er sich auf dem physischen Plan erarbeitet hat. Darum nannten die griechischen Priester in der Esoterik die Seele eine Biene, den Arupaplan einen Bienenkorb und den physischen Plan das Blumenfeld.

Der Mensch braucht aber nicht etwa untätig zu sein auf den höheren Gebieten. Während er durch das Kamaloka und den niederen Devachanplan hindurchgeht, könnte es scheinen, daß er da nichts anderes zu tun hat als ausreifen zu lassen, was er früher begonnen hat. Aber der Mensch ist da auch nicht untätig; so daß es für die ganze Welt von Bedeutung ist, daß er diese Zustände durchmacht.

Die neue Inkarnation des Menschen hat nur dann einen Zweck, wenn der Mensch bei einer neuen Inkarnation Zustände antrifft, die wesentlich verschieden sind von den früheren. Normalerweise kommt der Mensch zurück, wenn die Verhältnisse so verschieden sind, daß er völlig neue vorfindet, so daß er völlig Neues hinzubaut. Das geschieht in dem Weltenzeitraum, nachdem die Sonne von einem Sternbild zum nächsten vorgerückt ist. Zum Beispiel gegen 800 vor Christus stand die Sonne im Frühling zuerst im Sternbild des Lammes bis ungefähr 1800 nach Christus. Jetzt steht sie bei Frühlingsanfang im Sternbild der Fische. Zweitausendsechshundert Jahre vergehen, bis sie von einem Sternbild zum anderen vorrückt. In dieser Zeit ändern sich die Verhältnisse ganz gründlich. Mit diesen Zeiten hängt die Wiederverkörperung zusammen. In der Zeit wird der Mensch gewöhnlich einmal als männliches und einmal als weibliches Individuum verkörpert. Man ist in einer Inkarnation eigentlich nur ein halber Mensch. Eine männliche und eine weibliche Inkarnation gehören zusammen. Durch die ganz andersgearteten physischen Verhältnisse auf der Erde ist nun eine neue Inkarnation nicht zwecklos. Wenn zum Beispiel eine Inkarnation eines Menschen zur Zeit *Homers* war (Sternbild des Widders oder Lammes, Jason, das Goldene Vlies), so hat er damals etwas ganz anderes durchgemacht, als er jetzt durchmachen würde.

Diese Inkarnationen wären an sich scheinbar ein ganz mechanischer Prozeß. Es gibt aber nichts Äußeres, was nicht im Inneren bewirkt wird. Man muß sich angewöhnen, überall von dem konkreten Geist zu reden, ihn aufzusuchen und zu sehen, was wirklich geschieht.

Wenn man sich die Flora und die Fauna Europas ansieht, so hat man in unserer Weltperiode drei Gürtel zu unterscheiden: einen westlichen, einen mittleren und einen östlichen. Der östliche Gürtel fällt zusammen mit dem slawischen Volke, der mittlere mit dem germanischen und der westliche mit dem romanischen Volke. Der Materialist glaubt, die Menschen hätten sich den Verhältnissen angepaßt, aber das ist nicht so. Die Völker haben sich die physischen Zustände selbst geschaffen. Der Volksgeist arbeitet zuerst an dem Boden, an den Pflanzen und Tieren mit, in die er sich hineinversetzt. Der westeuropäische Boden ist vorbereitet durch die romanischen Völker, der mitteleuropäische durch die germanischen Völker, der osteuropäische durch die slawischen Völker. So bauen sich die Menschen erst das Haus, in das sie sich nachher hineinsetzen. Nun fragen wir: Wann arbeitet der Mensch an der äußeren Konfiguration der Erde? – Wie alles übrige auf der Erde vom Menschen selbst zubereitetes Schicksal ist, ist das hier auch teilweise der Fall.

Im Kamaloka ist der Mensch tatsächlich damit beschäftigt, im Tierreiche mitzuwirken. Dort arbeiten die Menschen an dem, was man Umformung der Arten nennt. Die Kraft, die das bewirkt, nennt der Naturforscher Anpassungsvermögen. In alledem aber, was man Anpassung nennt, ist die Tätigkeit des Menschen auf der anderen Seite des Daseins verborgen. Alles was an Transformation im Tierreich erscheint, was an tierischen Instinkten beeinflußt und verändert wird, damit die Tiere sich umgestalten, geschieht durch die Menschen im

Kamaloka, die sich für ihre nächste Inkarnation vorbereiten. Es arbeitet der Mensch dort an dem eigenen Haus für die folgende Inkarnation. Im Kamaloka arbeitet der Mensch an der Fauna und im Devachan an der Flora. Die Umgestaltung der Pflanzenwelt ist die Auswirkung der devachanischen Kräfte. Und die physische Welt, die sich auch ändert, die äußeren Naturverhältnisse, die werden vom Arupaplan [oberes Devachan] beeinflußt. Da ist der Mensch ein Mitarbeiter an dem Gesteinsreich, am Mineralreich der Erde. Man muß schon etwas okkulte Kräfte haben, um an geeigneter Stelle solche Beobachtungen machen zu können. Es ist kein Zufall, daß namentlich Bergleute unter der Erde solche Beobachtungen machen. Daß *Novalis* ein mit dem Okkulten so bekannter Mensch war, hängt damit zusammen, daß er Bergingenieur war.

Wenn man bedenkt, daß der Mensch in den übersinnlichen Gebieten Kräfte entwickelt, aber dort noch nicht sein volles Bewußtsein hat, dann versteht man, daß diese Kräfte von höheren Wesenheiten gelenkt werden, von den Devas. Man unterscheidet verschiedene Stufen von Devas: astrale, rupamentale und arupamentale. Astrale Devas haben als ihr unterstes Glied den Astralkörper, so wie wir den physischen Körper haben. Der astrale Deva besteht ebenso wie der Mensch aus sieben Gliedern. Er besitzt also als siebentes noch ein Glied, welches höher ist als Atma. Die Devas sind alle nach denselben Prinzipien aufgebaut wie der Mensch. Mit der Entwickelung auf die höheren Plane hinauf gewinnt ein Wesen auch an bewußter Macht über die entsprechenden niederen Plane. Der Mensch beherrscht auf dem physischen Plan heute nur das Mineralreich. Dort kann er selbst etwas aufbauen. Aber er kann noch nicht eine Pflanze oder ein Tier aufbauen. Bei dem Mineralreich hat er die Zusammensetzung klar vor sich. Auf der nächsten Stufe bringt er bewußt die Pflanze hervor (fünfte Runde), und dann die Tiere (sechste Runde), und zuletzt bringt er sich selbst bewußt hervor (siebente Runde).

Die Wesen, die wir Devas nennen, können noch viel mehr als die Menschen der siebenten Runde. Sie können die Gebiete, die unter ihrer eigenen Welt liegen, gebrauchen. Sie können zu einem bestimmten Zweck sich auf kurze Zeit den Körper bilden, den sie brauchen.

So kann ein astraler Deva, wenn er will, sich auf eine bestimmte Zeit physisch verkörpern.

Über das Wirken der Devas können wir uns nur bestimmte Vorstellungen machen, wenn wir von dem Wirken der Menschen ausgehen. Der Mensch ist bis zu einem gewissen Grade frei, willkürlich in seinem Wirken. Die Menschen wirken aber nicht harmonisch zusammen, darum müssen die verschiedenen Kräfte, die von den Menschen ausgehen, harmonisch geordnet werden. Es muß sich ein Gesamteffekt ergeben aus dem, was die Menschen tun. Dieser Gesamteffekt muß zum Nutzen der Welt verwendet werden. Die Wesenheiten, die diesen Gesamteffekt herbeiführen, sind die Devas. Sie regeln auch das Kollektivkarma. In dem Augenblick, wo sich Menschen zu irgendeinem gemeinsamen Zweck verbinden, haben sie ein gemeinschaftliches Karma, das sie bindet und zusammenführt, einen gemeinschaftlichen Karmafaden herbeiführt.

So war in Rußland die Sekte der Duchoborzen (Geistkämpfer), die eine tiefe Religiosität besaßen. In naiver, aber sehr schöner Form hatten sie die theosophischen Lehren. Diese Leute sind vertrieben worden und haben nun äußerlich keinen sichtbaren Einfluß mehr. Die Materialisten werden sagen: Was hat dies nun für einen Zweck gehabt? Die Duchoborzen sind ja untergegangen! – Aber alle, die in der Duchoborzen-Sekte vereinigt waren, werden in ihrer Wiederverkörperung durch ein gemeinsames Band zusammengehalten werden, um das, was sie gelernt haben, später in die Menschheit auszugießen. So wirken die Gruppen, die zusammenkommen, in den folgenden Inkarnationen auf die Menschheit. Die Idee, der sie gelebt haben, fließt dann wieder in die Welt hinaus. Dieselbe Idee findet man dann in einer solchen Gruppe wieder in einer tieferen Form. So existierte zum Beispiel im Mittelalter die Sekte der Manichäer. Das Geheimnis der Manichäer bestand darin, daß sie erkannt hatten, daß es in der Zukunft zwei Gruppen Menschen geben wird, die Bösen und die Guten. In der fünften Runde wird es kein Mineralreich mehr geben, aber dafür ein Reich der Bösen. Die Manichäer haben das gewußt. Sie haben es sich darum zur Aufgabe gemacht, jetzt schon Menschen dazu zu erziehen, daß sie später Erzieher der bösen Menschen werden können. In der Sekte der Manichäer haben von Zeit zu Zeit immer wieder große Vertiefungen stattgefunden.

Wir haben zu unterscheiden die einzelnen Willen der einzelnen Menschen und die Mächte, die dahinterstehen, um diese einzelnen Willen zu einem Gesamtwillen zu vereinigen. So hat man ein Kollektivkarma.

Bei den Rosenkreuzern hat man von Wesenheiten gesprochen, die zu Gruppen von Menschen gehören. Der physische Leib gehört einem jeden Menschen allein; der Astralleib gehört aber schon zu einer Gruppe. In einem Teil des Astralleibes hängt man mit einer Gruppenseele zusammen. Was der Mensch noch nicht kann, das tut heute der Deva. An seinem Astralleibe arbeiten auch noch die Devas. Bei dem, was der Mensch heute an Arbeit im Ätherkörper vollbringt, arbeiten die Devas noch stärker mit. Wir haben gesehen, daß die Kräfte des Menschen in einem Teil des Kamaloka für das Tierreich verwendet werden. Aber sie werden gelenkt durch die Devas. Dann ist der Mensch immer mehr und mehr auf dem Wege, Devachan zu erlangen.

Eine besondere Art von Devas sind die planetarischen Geister, die Dhyan-Chohanischen Wesenheiten, die schon früher die Stufe erreicht haben, die die Menschen erst viel später erreichen werden. Sie stehen auf der Stufe, auf der die Menschen in der sechsten und siebenten Runde angelangt sein werden. Ein Planetengeist ist mittätig am Schaffen der einzelnen Teile der planetarischen Entwickelung.

Der Mensch ist jetzt auf dem physischen, dem astralen und dem Devachanplan tätig. Alles ist Tätigkeit. Was ist nun zunächst die Bedeutung der Planetengeister für den Menschen in einem bestimmten Zustand? Die Planetengeister haben die Tätigkeit, wie sie der Mensch jetzt ausübt, auf vorhergehenden Stufen, auf vorhergehenden Planeten ausgeübt. Was sie damals aufgenommen haben, das haben sie jetzt als Weisheit in sich. Dadurch können sie die Lehrer der nächsten planetarischen Stufe werden. Diejenigen Devas, die bei der Gestaltung der Erde tätig waren, konnten noch nicht die Gesetze erkennen; das konnte nur die höhere Stufe der Weisheit. Über der Stufe der Weisheit steht noch die Stufe des Willens, das Wollen, das Auswirken. Die

Geister der Weisheit (Kyriotetes) und die Geister des Willens (Throne) sind die eigentlichen Leiter der planetarischen Entwickelung.

In der Zeit, als der Mensch noch ein astrales Wesen war, vor der lemurischen Zeit, wirkten die Devas in ihm und bildeten schon vor, was später bei ihm herausgekommen ist. Vor der lemurischen Zeit stieg im Inneren des Menschen ein Bild auf von der Umwelt des Menschen. Auch das Gefühl von Sympathie und Antipathie stieg in ihm als Bild auf. Dies war etwas, was die Devas in ihm aufsteigen ließen. Er wurde damals durch die ganze Regentschaft der Devas regiert. Dann hat er die Regentschaft in gewissem Grade selbst übernommen. Er war damals dienendes Glied in der Herrschaft der Devas. Jetzt ist er aber in gewissem Grade gottverlassen. Nur in dem Teil, in dem er nicht gottverlassen ist, wirken die Devas noch in ihm. Der Chela läßt bewußt die Welt wieder in sich aufleben, die der Mensch in der vorlemurischen Zeit in Bildern kennengelernt hat. Die Begierden und Leidenschaften traten damals dem Menschen als aurische Bildung entgegen, darin lebten die Gedanken der Devas; aber alles in tief dämmerndem Bewußtsein. Nun mußte vom Menschen das bewußte Sehen einer Außenwelt erkämpft werden, nachdem er das alles verloren hatte. Die Weiterentwickelung der Chelaschaft besteht darin, das alles bewußt wieder zu erobern. Das volle Bewußtsein bleibt ihm dabei erhalten. Das Medium, das heißt die Mediumschaft, ist dagegen ein Rückfall in die Vorzeit.

Was der Mensch auf dem physischen Plan erlebt, ist das Skelett seines Schaffens, die Grundlagen für die folgenden Entwickelungsperioden. Durch die Berührung mit der Außenwelt bilden sich in ihm die Fähigkeiten, nach denen sich später die planetarische Tätigkeit einrichtet, nachdem der Mensch selbst ein Planetengeist geworden sein wird.

In unseren Worten schaffen wir die Grundlage für den späteren Planeten. Was wir heute sprechen, wird dort wirklich als Grundlage da sein, so wie die Felsen und Gesteine die Grundlage der Erde bilden. Die Erfahrungen werden auf einem Gebiete involviert, damit sie auf einem anderen Gebiete evolviert werden können. Eine Individualität ist so weit göttlich, als sie wieder ausatmen kann, was sie aufgenommen hat. Die Devas sind in dem Augenblicke Devas, wenn sie wieder zurückgeben können, was sie vorher aufgenommen haben.

Uralte Weisheit ist das, was früher aufgenommen worden ist und jetzt wiedergegeben wird. Daher ist es Theosophie, insofern die Götter selbst einmal die Lehrer der Menschen waren.

Karma ist das Gesetz. Der Deva ist der Verwirklicher des Gesetzes. Die Engel der Umlaufszeit verwirklichen das Gesetz, unter dem Gruppen von Menschen stehen. Der einzelne Mensch in einer Gruppe handelt instinktiv. Der Deva lenkt die Volksseele; er ist eigentlich die Volksseele. Die Volksseele ist keine Abstraktion, sondern ein lebendiger Geist.

XIV

Berlin, 9. Oktober 1905

Wir wollen heute sprechen über den Aufenthalt des Menschen im Devachan zwischen zwei Inkarnationen.

Immer wieder müssen wir uns dabei klarmachen, daß der Aufenthalt des Menschen im Devachan nicht irgendwo anders ist als da, wo wir sonst auch sind. Denn Devachan, die astrale und die physische Welt sind durchaus drei ineinandergeschobene Welten. Die richtigste Vorstellung vom Devachan kann man sich machen, wenn man sich die Welt der elektrischen Kräfte denkt, bevor die Menschen die Elektrizität entdeckt haben. Davor schon war alles in der physischen Welt enthalten, nur war es damals eine okkulte Welt. Alles was okkult ist, wird einst entdeckt. Der Unterschied zwischen dem Leben im Devachan und demjenigen in der physischen Welt ist der, daß der Mensch in seinem gegenwärtigen Zyklus mit Organen ausgerüstet ist, die ihn befähigen, die physische Welt zu schauen, aber nicht mit Organen, die ihn befähigen, die Erscheinungen des Devachans zu schauen.

Versetzen wir uns in die Seele eines Menschen, der sich zwischen zwei Inkarnationen befindet. Er hat den physischen Leib den allgemeinen Kräften übergeben und auch den Ätherleib wieder an die

Lebenskräfte abgegeben. Ferner hat er den Teil des Astralleibes wieder zurückgegeben, in den er noch nicht selbst hineingearbeitet hat. Dann befindet er sich im Devachan. Er hat als seinen eigenen Besitz nicht mehr das, was die Götter in seinen Äther- und seinen Astralleib hineingearbeitet hatten; alles das ist abgeworfen. Nur was er selbst sich während vieler Lebensläufe erarbeitet hat, ist jetzt sein Besitztum. Das ist ihm auch eigen im Devachan. Alles was der Mensch in der physischen Welt getrieben hat, dient dazu, ihn im Devachan immer bewußter und bewußter zu machen.

Nehmen wir das Verhältnis eines Menschen zu einem anderen. Es kann so sein, daß es durch die bloße Natur bedingt ist; zum Beispiel das Verhältnis zwischen Geschwistern, die einfach durch die natürlichen Verhältnisse zusammengekommen sind. Es ist aber nur teilweise natürlich, denn fortwährend leben sich Moralisches und Intellektuelles in das Natürliche hinein. Der Mensch ist durch sein Karma in eine bestimmte Familie hineingeboren; doch ist nicht alles karmisch bedingt. Das natürliche Verhältnis ohne alle Beimischung haben wir bei den Tieren. Bei den Menschen ist es immer auch ein moralisches Verhältnis durch Karma. Nun kann das Verhältnis zwischen zwei Menschen aber auch bestehen, ohne daß es von der Natur bedingt ist. Zum Beispiel kann sich eine intime Freundschaft zwischen zwei Freunden oder Freundinnen über äußere Hindernisse hinweg anknüpfen. Stellen wir uns ein solches Verhältnis dadurch etwas radikal vor, daß wir annehmen, die Freunde seien sich anfangs etwas unsympathisch gewesen und hätten sich dann gefunden auf rein intellektueller und moralischer Grundlage, von Seele zu Seele. Dieses Verhältnis stellen wir dem natürlichen zwischen zwei Geschwistern gegenüber. Bei dem Verhältnis von Seele zu Seele haben wir nun ein mächtiges Mittel, devachanische Organe auszubilden. Durch nichts werden jetzt devachanische Organe leichter entwickelt als durch solche Verhältnisse. Ein solches Verhältnis ist unbewußt ein devachanisches.

Was der Mensch gegenwärtig an seelischer Fähigkeit entwickelt in rein seelischer Freundschaft, das ist im Devachan Weisheit, die Möglichkeit, das Geistige in der Tat zu erfahren. In dem Maße, wie der Mensch sich in solche Beziehungen hineinlebt, ist er gut vorbereitet für Devachan. Wenn er seelische Verhältnisse nicht anknüpfen kann, ist er unvorbereitet für Devachan; denn wie sich einem Blinden die Farbe entzieht, so entzieht sich ihm dann das Seelische. Inwieweit der Mensch rein seelische Beziehungen pflegt, wachsen ihm Augen für Devachan. So daß der Satz gilt: Wer sich hier im Leben des Geistes bewegt, wird drüben ebensoviel vom Geiste wahrnehmen, als er sich hier durch seine Tätigkeit erworben hat. Daher die unendliche Wichtigkeit des Lebens auf dem physischen Plane. Es gibt für die menschliche Evolution kein anderes Mittel, um die Organe für das Devachan zu wecken, als die geistige Tätigkeit auf dem physischen Plane. Alles das ist schöpferisch und kommt uns als devachanische Sinnesorgane zurück für die devachanische Welt. Es gibt als Vorbereitung nichts Besseres, als eine rein seelische Beziehung zu Menschen zu haben, eine solche Beziehung, die ursprünglich gar keine natürliche Grundlage hat.

Darum auch sollen Menschen in Zweigen zusammengeführt werden, um ganz geistige Verhältnisse zu knüpfen. Die Meister wollen dadurch Leben in den Strom der Menschheit hineingießen. Was im Zweige mit der richtigen Gesinnung geschieht, bedeutet für alle Teilnehmer die Öffnung eines geistigen Auges im Devachan. Man sieht dort dann alles dasjenige, was auf gleicher Stufe steht mit dem, was man hier angeknüpft hat. Hat man auf dem physischen Plane eine geistige Beziehung angeknüpft, so gehört diese durchaus zu den Dingen, die nach dem Tode erhalten bleiben. Diese gehört nach dem Tode noch ebenso dem Gestorbenen wie dem Überlebenden. Derjenige, der drüben ist, bleibt in denselben Beziehungen, durch dieselben Bande verknüpft mit dem, der noch da ist. Der Gestorbene ist sich dieses geistigen Verhältnisses sogar in viel stärkerem Maße bewußt.

Man erzieht sich auf diese Weise zum Devachan. Der Gestorbene bleibt mit seinen Lieben nach dem Tode in Beziehung. Die früheren Beziehungen werden zu Ursachen, um im Devachan Wirkungen zu erzeugen. Darum nennt man die devachanische Welt die Welt der Wirkungen und die physische Welt die Welt der Ursachen. Niemals kann der Mensch seine höheren Organe anders bilden, als indem er die

Ursachen zu diesen Organen auf dem physischen Plane sät. Zu diesem Zwecke ist der Mensch auf den physischen Plan versetzt. Was das vielgesagte Wort «das Sondersein aufheben» bedeutet, wird uns nun klar werden. Ehe wir zum physischen Dasein heruntergestiegen sind, haben wir mit einem Inhalt des Astralkörpers gelebt, der von einem Deva bewirkt ist. Früher wurde im Menschen Sympathie und Antipathie von den Devas angeregt, er war nicht selbst verantwortlich. Dann sagte sich der Mensch auf der folgenden Stufe: Jetzt bin ich in die physische Welt eingetreten als ein Wesen, das sich selbst zurechtfinden muß. Früher habe ich das Wort «Ich» gar nicht aussprechen können; jetzt bin ich erst ein Sonderwesen für mich selbst geworden. Früher war ich zwar auch ein Sonderwesen, aber Glied eines devachanischen Wesens. Auf dem physischen Plane bin ich ein Sonderwesen für mich, ein Ich, weil ich eingeschlossen bin in den physischen Körper.

Die höheren Körper fließen ineinander; zum Beispiel ist Atma in Wahrheit bei der ganzen Menschheit nur eines, wie eine gemeinschaftliche Atmosphäre. Doch ist das Atma des einzelnen Menschen so zu fassen, wie wenn sich jeder ein Stück für sich aus dem allgemeinen Atma herausschneidet, so daß gleichsam Einschnitte darin gemacht werden. Aber diese Sonderheit müssen wir überwinden. Das tun wir, indem wir menschliche Beziehungen rein seelischer Art anknüpfen. Dadurch heben wir das Sondersein auf und erkennen die Einheit des Atma in allen. Indem ich solche menschliche Beziehungen anknüpfe, erwecke ich Sympathien in mir selbst. Ich übernehme da die Arbeit, mich selbstlos dem Weltenplane einzufügen. Dadurch erwacht im Menschen das Göttliche. Das ist der Zweck des Hinausschauens in die Welt.

Wir sind heute umstellt mit der physischen Wirklichkeit, mit Sonne, Mond und Sternen. Was im alten Mondendasein den Menschen von außen umgab, das hat er heute in sich. Die Kräfte des Mondes leben heute im Menschen selbst. Wäre der Mensch nicht auf dem Monde gewesen, so hätte er diese Kräfte nicht. Deshalb nennt die ägyptische Geheimlehre im Esoterischen den Mond die Isis, die Göttin aller Fruchtbarkeit. Die Isis ist die Seele des Mondes, die Vorgängerin der

Erde. Da lebten rundherum alle die Kräfte, die jetzt in den Pflanzen und Tieren leben zum Zwecke der Fortpflanzung. So wie jetzt Feuer, chemische Kräfte, Magnetismus und so weiter um uns herum sind und die Erde umgeben, so umgaben den Mond die Kräfte, die im Menschen, in Tieren und Pflanzen jetzt Fortpflanzungskräfte sind. Die jetzigen die Erde umgebenden Kräfte werden in Zukunft eine gesonderte Rolle spielen im Menschen. Was heute zwischen Mann und Weib wirkt, waren damals auf dem Monde äußere physische Kräfte wie heute Eruptionen von Vulkanen. Diese Kräfte umgaben den Menschen während des Mondendaseins und er sog sie ein durch seine Mondensinne, um sie jetzt zu evolvieren. Was der Mensch auf dem Monde involviert hatte, kam auf der Erde als Evolution heraus. Was der Mensch nach der lemurischen Zeit als sexuelle Kraft herausgegliedert hat, das ist Isis, die Seele des Mondes, die jetzt im Menschen weiterlebt. Das ist die Verwandtschaft zwischen dem Menschen und dem heutigen Monde. Er hat bei dem Menschen seine Seele gelassen und ist deshalb selbst zur Schlacke geworden.

Während wir auf der Erde Erfahrungen machen, sammeln wir die Kräfte, die auf dem nächsten Planeten unsere eigenen sein werden. Was wir jetzt erfahren im Devachan, das sind die vorbereitenden Stadien für die nächsten Zeiten. Wie der Mensch heute zum Monde hinaufblickt und sich sagt: Der hat uns die Reproduktionskräfte gegeben – so wird der Mensch künftig auch auf einen Mond sehen, der aus unserer jetzigen physischen Erde entstehen und als eine entseelte Schlacke den zukünftigen Jupiter umkreisen wird. Der Mensch wird auf dem Jupiter neue Kräfte entwickeln, die er heute auf der Erde als Licht und Wärme, als alle physischen Wahrnehmungen aufnimmt. Er wird später alles ausstrahlen, was er vorher durch die Sinne wahrgenommen hat. Was er auch immer durch die Seele aufgenommen hat, ist dann alles Wirklichkeit.

So führt uns die theosophische Anschauung nicht dazu, die Welt des physischen Planes zu unterschätzen, sondern zu wissen, daß der Mensch hinausziehen muß auf den physischen Plan, um Erfahrungen zu sammeln, die er später wieder ausstrahlen wird. Die Wärme der Erde, die Sonnenstrahlen, die uns heute zuströmen, werden später aus uns herausstrahlen. So wie aus uns jetzt die Sexualkraft herauskommt, werden dann diese neuen Kräfte herauskommen.

Nun wollen wir uns klarmachen, was die aufeinanderfolgenden Devachanzustände bedeuten. Zunächst ist das Devachan nur kurz. Aber immer mehr und mehr geistige Organe bilden sich im Mentalleibe aus, bis der Mensch zuletzt, wenn er die Weisheit der Erde umfaßt hat, die Organe des devachanischen Leibes ganz ausgestaltet hat. Das wird für alle Menschen eintreten, wenn sämtliche Erdenrunden vollendet sein werden. Dann wird alles Menschenweisheit geworden sein. Wärme und Licht sind dann Weisheit geworden. Zwischen dem Erdenmanvantara und dem nächsten Planeten lebt der Mensch in einem Pralaya. Außen herum ist dann gar nichts; aber alle Kräfte, die der Mensch aus der Erde herausgezogen hat, sind dann in ihm. In einem solchen Lebensabschnitt geht alles Äußere nach innen. Es ist dann alles samenhaft vorhanden und lebt sich hinüber zum nächsten Manvantara. Im Großen ist das ein ähnlicher Zustand, wie wenn wir im Augenblicke des Nachdenkens alles um uns herum vergessen und uns nur erinnern an die Erfahrungen, um sie im Gedächtnis aufzubewahren und später anzuwenden. So erinnert sich im Pralaya die ganze Menschheit an alle Erfahrungen, um sie nachher wieder auszunützen.

Immer gibt es solche Zwischenzustände, die gleichsam Erinnerungen darstellen, und so ist auch der Devachanzustand ein solcher Zustand der Zwischenheit. Der Eingeweihte sieht schon jetzt diejenigen Tatsachen vor sich, die der Mensch erst nach und nach im Devachanzustand um sich hat. Es ist ein Zustand der Zwischenheit. Alle ähnlichen Zustände sind Zustände der Zwischenheit. Der Eingeweihte schildert die Welt so, wie sie im Devachan, auf der anderen Seite, in der Zwischenheit ist. Wenn er über das Devachan hinaus zu einem noch höheren Zustande kommt, schildert er wieder einen Zwischenzustand.

Die erste Stufe der Einweihung besteht darin, daß der Schüler lernt, durch den Schleier der äußeren Welt hindurch die Welt von der anderen Seite anzusehen. Der Eingeweihte ist heimatlos hier auf der Erde. Er muß sich auf der anderen Seite eine Hütte bauen. Als die Jünger mit Jesus «auf dem Berge waren», wurden sie eingeführt in die devachanische Welt, jenseits von Raum und Zeit; sie bauten sich eine Hütte. Das ist die erste Stufe der Einweihung.

Auf der zweiten Stufe der Einweihung tritt etwas Ähnliches ein, aber auf einer höheren Stufe. Auf der zweiten Stufe hat der Eingeweihte einen solchen Bewußtseinszustand, der entspricht der Zeit der Zwischenheit zwischen zwei Formzuständen (Globen), einem Pralayazustand, der dann eintritt, wenn alles das erreicht ist, was in dem physischen Formzustande erreicht werden kann und die Erde sich verwandelt in einen sogenannten astralen Formzustand oder Globus.

Der dritte Bewußtseinszustand des Eingeweihten ist der Zustand, der der Zwischenheit von zwei Runden entspricht, vom alten Arupaglobus der vorhergehenden Runde bis zum neuen Arupaglobus der folgenden Runde. In dem Pralaya zwischen zwei Runden ist der Eingeweihte in dem Augenblicke, wo er sich in den dritten Zustand erhebt; er ist dann ein Eingeweihter dritten Grades. So können wir begreifen, warum Jesus erst im dritten Stadium seinen Leib dem Christus zur Verfügung stellen konnte. Christus steht über allen Geistern, die in den Runden leben. Der Eingeweihte, der über die Runden sich erhoben hatte, konnte dem Christus seinen Leib zur Verfügung stellen.

Das menschliche Ich-Bewußtsein sollte durch das Christentum geläutert, geheiligt werden. Christus mußte das selbstische Ich heben, läutern, das sogleich, nachdem es das Selbstbewußtsein erlangt hat, selbstlos stirbt. Das konnte er nur in einem Leibe, der eins geworden war mit... (Lücke im Text.) Daher konnte nur der Eingeweihte der dritten Stufe seinen Leib dem Christus opfern.

Es ist in unserer Zeit außerordentlich schwer, zu einem völligen Bewußtsein dieser hochentfalteten Zustände zu kommen. Der tiefwissende *Subba Row* hatte eigenes Wissen; er schildert solche drei Zustände der Chelaschaft.

Den Mond sehen wir als den entseelten Überrest von uns selbst an, und wir selbst haben in uns die Kräfte, die einstmals dem Monde das Leben gaben. Das ist auch die Grundlage für die eigentümlichen, sentimentalen Gefühle der Dichter, die den Mond besingen. Alle dichterischen Empfindungen sind schwache Nachklänge tief im Menschen lebender okkulter Strömungen.

Nun kann aber ein Wesen verwachsen mit dem, was eigentlich als Schlacke zurückbleiben soll. Es muß von der Erde etwas zurückbleiben, was später das sein soll, was heute der Mond ist. Das muß der Mensch überwinden. Aber der Mensch kann das gern haben, dann verbindet er sich damit. Ein Mensch, der tief verwoben ist mit dem bloß Sinnlichen, dem bloß Triebhaften, der verbindet sich immer mehr mit dem, was Schlacke werden soll. Das wird dann sein, wenn die Zahl 666 erfüllt sein wird, die Zahl des Tieres. Dann kommt der Moment, wo sich die Erde herausbewegen muß aus der fortlaufenden Evolution der Planeten. Wenn dann der Mensch sich zu sehr verwandt gemacht hat mit den sinnlichen Kräften, die heraus sollen, dann geht das, was damit verwandt ist und nicht den Anschluß gefunden hat, um zum nächsten Globus hinüberzugehen, mit der Schlacke mit und wird Bewohner dieser Schlacke, so wie jetzt solche Wesen Bewohner des heutigen Mondes sind.

Da haben wir den Begriff von der achten Sphäre. Der Mensch muß durch sieben Sphären hindurchgehen. Die sieben Planeten entsprechen den sieben Körpern:

Der Saturn entspricht dem physischen Körper
Die Sonne entspricht dem Ätherkörper
Der Mond entspricht dem Astralkörper
Die Erde entspricht dem Ich
Der Jupiter entspricht dem Manas
Die Venus entspricht der Buddhi
Der Vulkan entspricht dem Atma.

Daneben gibt es eine achte Sphäre, wo alles dasjenige hingeht, was sich nicht dieser fortlaufenden Entwickelung anschließen kann. Das bildet sich in der Anlage auch schon im devachanischen Zustande. Wenn der Mensch das Leben auf der Erde nur dazu benützt, zu sammeln, was ihm allein dient, um nur eine Erhöhung seines eigenen egoistischen Selbstes zu erfahren, so führt das im Devachan in den Zustand des Avitchi. Der Mensch, der nicht aus der Sonderheit heraus kann, kommt nach Avitchi. Alle diese Avitchi-Menschen werden einmal Bewohner der achten Sphäre. Avitchi ist die Vorbereitung zur achten Sphäre. Die anderen Menschen werden Bewohner der fortlaufenden Evolutionskette. Die Religionen haben aus diesem Begriffe die «Hölle» formuliert.

Wenn der Mensch aus dem Devachan zurückkommt, ordnen sich die astralen, ätherischen und physischen Kräfte um ihn herum nach zwölferlei Karmakräften, die man in der indischen Esoterik Nidanas nennt. Das sind:

1. avidya = Unwissenheit
2. sanskara = die organisierenden Tendenzen
3. vijnana* = Bewußtsein
4. nama rupa = Namen und Form
5. shadayadana = was der Verstand aus der Sache macht
6. sparsha = Berührung mit dem Dasein
7. vedana = Gefühl
8. trishna = Durst nach Dasein
9. upadana = Behagen im Dasein
10. bhava = Geburt
11. jati* = was zur Geburt gedrängt hat
12. jaramarana* = was von dem Erdendasein befreit.

In den nächsten Vorträgen werden wir diese wichtigen Aspekte des Karma genauer betrachten.

* In diesen Sanskritworten ist j als dsch auszusprechen: vidschnana, dschati, dscharamarana.

XV

Berlin, 10. Oktober 1905

Alles was heute in der Theosophie gelehrt wird, war auch in den Schulen der Rosenkreuzer im 14. Jahrhundert enthalten. Aber die innere Schulung der Rosenkreuzerströmung war eine streng okkulte. Bei einer solchen okkulten Schulung nimmt man sehr wenig Rücksicht auf die Sprache, auf die Art und Weise, wie man sich ausdrückt. Innerhalb der Welt des 15., 16. und 17. Jahrhunderts lebte eine Art von schlichten Menschen, die nicht als besondere Gelehrte bekannt waren, auch keine besondere soziale Stellung einnahmen, die aber die okkulte Strömung der Rosenkreuzer weiterleiteten. Es waren nie sehr viele. Wirkliche Eingeweihte gab es nie mehr als sieben zu gleicher Zeit; die anderen waren Geheimschüler verschiedener Grade. Die Rosenkreuzer waren die Sendboten der weißen Loge. Von ihnen gingen in Wahrheit die weltbedeutenden Geschehnisse aus. Alles Wichtige, was in dieser Zeit geschah, führt in den letzten Fäden in die Loge der Rosenkreuzer hinein. Äußerlich haben ganz andere die Geschichte Europas gemacht, aber innerlich gesehen, waren diese die Werkzeuge der okkulten Individualitäten. Selbst *Rousseau* und *Voltaire* waren solche Werkzeuge von hinter ihnen stehenden okkulten Individualitäten. Diese okkulten Individualitäten konnten selbst nicht mit ihrem Namen auftreten. Die Anregung, die sie bei der Ausübung ihrer Mission anderen Menschen gaben, konnte äußerlich eine sehr einfache, unauffällige sein. Manchmal war die kurze Begegnung mit einem solchen schlichten Manne die Gelegenheit, bei welcher den Werkzeugen der okkulten Individualitäten der richtige Impuls gegeben wurde. Auch hinter den bedeutenden Staatsmännern stehen bis zur Französischen Revolution okkulte Mächte. Dann ziehen sie sich allmählich zurück, denn die Menschen sollen selbst Herr ihrer Geschicke werden. Zum ersten Mal sprechen Menschen als Menschen in den Reden der Französischen Revolution.

Das innere Leben blieb in den okkulten Schulen zurück. In den Schulen der Rosenkreuzer wurden jene Lehren gelehrt, die man jetzt als den elementaren Teil der Theosophie kennt. Zu jeder wichtigen Entdeckung gaben die okkulten Brüderschaften den Anlaß; dann erst spielten sich die Ereignisse draußen in der Welt ab. Voltaire war ein im eminentesten Sinne von vorwärtsstrebenden Brüderschaften getriebener Geist, denn er war im wesentlichen dazu da, um die Menschen auf ihre eigenen Füße zu stellen. Andere standen im Dienste von retardierenden Brüderschaften; so zum Beispiel *Robespierre* im späteren Lebensalter. Alles was verfrüht auftritt, ruft auf dem physischen Plane einen Gegenpol hervor... (Lücke im Text.)

In den Schulen der Rosenkreuzer wurden also dieselben Lehren gelehrt, wie jetzt durch die Theosophie. Nur war in der Welt draußen nicht von Theosophie die Rede. In den eigentlichen Geheimschulen legt man nur dann Wert auf die Sprache, wenn man die Welt belehren will. Der Geheimschüler selbst muß lernen, die Symbole, die Zeichen zu gebrauchen. Um sich aber der Welt verständlich zu machen, haben die Eingeweihten auch nur die Sprache, welche die Umwelt gebraucht. Es gab, als man das Wissen noch ganz geheim hielt, ein gewisses System von Symbolen, und jeder, der eingeweiht werden wollte, mußte die Sprache der Symbole lernen. Man legte keinen Wert auf die sprachliche Ausdrucksweise. Auch damals hatte man alle die Lehren; aber manchmal fehlten die bezeichnenden Ausdrücke. Solche Ausdrücke sind jedoch vorhanden für die okkulte Lehre in der morgenländischen Methode des Lehrens, die noch von den allerältesten Indern stammen, die den Unterricht der alten Rishis gehabt haben. Diese indischen Ausdrücke sind noch nicht von dem materialistischen Zeitalter beeinflußt. Die Worte, die die Inder geprägt haben, sind noch voll von dem Zauber des Heiligen der Ursprache. Dennoch ist das Indertum etwas, das wir für uns in Europa nicht brauchen können.

Was für das indische Volk richtig ist, ist nicht auch für Europa richtig. Anfangs war ein Einschlag von Indien notwendig, weil Europa selbst zu wenig Ausdrücke ausgebildet hatte, um die Lehren einzuführen. Manche Dinge müssen auch wir noch mit indischen Worten bezeichnen. Aber alles, was heute in den okkulten Lehren vorkommt, war auch bei den Rosenkreuzern im Mittelalter und im

Beginn der Neuzeit vorhanden. Für das Zentrale, worauf es ankommt, hatte man auch damals die richtigen Ausdrücke. Von Reinkarnation und Karma hat man damals äußerlich nicht sprechen können; man konnte aber diese Wahrheiten unbewußt in die europäische Kultur einfließen lassen. *Paracelsus* und andere Mystiker haben von Reinkarnation nicht gesprochen. Das war ganz natürlich. Sie konnten nicht davon sprechen. Aber für alles, was sich auf den irdischen Lebenslauf zwischen Geburt und Tod bezieht, hatten sie im Abendlande auch außerordentlich treffende Ausdrücke und Bezeichnungen, dagegen nicht für den Zustand der Zwischenheit zwischen zwei Inkarnationen. Eines ist damals sehr betont worden, daß das physische Leben wichtig ist für die Ausbildung der Organe der höheren Leiber. Wenn wir Wissenschaften betreiben, wenn wir intime geistige Freundschaften entwickeln, so ist das alles ein Heranbilden von Kräften, die einmal als geistige Organe wirken werden.

Man hat immer in drei einheitlichen Begriffen zusammengefaßt, wie von außen her die Erziehung des physischen Planes beim Menschen in seinen verschiedenen Körpern wirken soll. Diese drei Gesichtspunkte nannte man: Weisheit, Schönheit und Gewalt oder Stärke.

Wenn in den mehr exoterischen Rosenkreuzerschulen, in dem äußeren Vorhof die Schüler unterwiesen wurden, so wurde ihnen gesagt: Ihr sollt Arbeiter der Zukunft sein. – Von Reinkarnation wurde nicht gesprochen. Aber der Mensch würde ja auch dann weiter wirken, wenn er nicht wieder hier im Physischen inkarniert würde. Es wurde ihm eingepflanzt, was in der Zukunft organbildend auftreten soll. Es wurde dem Schüler gesagt: Führt draußen im Alltagsleben ein Leben der Weisheit, Schönheit und Gewalt, dann werdet ihr in euern höheren Leibern solche Organe entwickeln, die für die Zukunft sind. – Bei den Freimaurern reden heute noch die Johannes-Maurer davon, was für wichtige Dinge Weisheit, Schönheit und Gewalt sind, wissen aber nicht mehr, daß dadurch der Ätherleib, der Astralleib und das Ich mit ihren Organen ausgestaltet werden.

Wenn im Mittelalter ein Freimaurer-Baumeister einen Dom, eine Kirche gebaut hat, so war dabei sein Name gar nicht von Wichtigkeit.

Er hielt sich im Verborgenen. Auch bei der «Theologia deutsch» ist aus demselben Grunde der Verfasser nicht genannt. Er nennt sich «der Frankfurter». Kein gelehrter Forscher kann den Namen ausfindig machen. Das Bestreben dieser Menschen war, äußerlich auf dem physischen Plan zu arbeiten und keine Spuren von ihren Namen, wohl aber von ihrer Tätigkeit auf dem physischen Plan zu hinterlassen.

Nehmen wir an, jemand habe den Plan und die Anregung gegeben zum Bau eines großen Domes. Er hat gewußt: die Formen des Domes schaffen in ihm ein Organ für die Zukunft. Alle solchen Werke werden in ihren Wirkungen mit dem Inneren der Seele verbunden bleiben. In der Regel bleiben aber auch die äußeren Werke so lange, daß derjenige, der sie geschaffen hat, sie wiederfindet und wiedererkennt, wenn er wiederkommt. Unter der Kanzel findet man gewöhnlich das kleine Bild des Baumeisters; daran erkennt er sich wieder. Das ist die Brücke, die geschlagen wird von einer Inkarnation zur anderen.

Durch die Weisheit sollte der Ätherkörper, durch die Schönheit, zu der die Frömmigkeit gehörte, sollte der Astralkörper, und durch die Gewalt das eigentliche Ich ausgebildet werden. Der Mensch sollte ein sich selbst verleugnender Abdruck von der Außenwelt werden. Davon hat man im alten Indien noch nichts gewußt. Der Brahmanismus strebte nach einer Vervollkommnung des Selbst im Inneren... (Lücke im Text, siehe Hinweis auf S. 280).

... aber gerade in der Mitte unseres nachatlantischen Zyklus traten diejenigen Religionslehrer auf, die auf das Aufgeben des Selbst hinwiesen. Buddha lehrte das schon. Noch mehr aber wurde dies im Abendlande kultiviert durch das Freimaurertum und das Rosenkreuzertum. Sie suchten die Vervollkommnung des Ich in der Form, die auch in der Außenwelt ist, nicht so sehr in jener, die im Inneren lebt, wie sie in Indien gepflegt wurde. In diesem Sinne sagte sich der abendländische Okkultist: Dein Ich ist nicht nur in dir, sondern in der Welt um dich herum. Aus dem Mineralreich, Pflanzen- und Tierreich haben dich die Götter herausgehoben, aber drei Reiche erschaffst du dir selbst, die drei Reiche der Weisheit, der Schönheit und der Gewalt. Diese organisieren den höheren Menschen.

Der Mensch sagte sich: Ich stehe da als Abschluß aus einer Zeit, in der sich Mineralreich, Pflanzenreich und Tierreich für mich aufgegeben haben; aus diesem Grunde ist das Selbstbewußtsein, das Ich hervorgegangen. Und wie das Ich durch die anderen gestaltet worden ist, soll es jetzt selbst die Reiche der Weisheit, der Schönheit und der Stärke ausgestalten, um sich wiederum an ihnen noch höher hinaufzuranken zu einer völligen Umgestaltung unseres Äther-, Astral- und Ich-Körpers. Diese drei Reiche sind das Reich der Wissenschaft, der Kunst und der innerlichen Stärke, die all das bedeutet, was der Wille auslebt. In diesen drei Gliedern hat der mittelalterliche Esoteriker die Mittel zur Fortentwickelung des Menschen gesehen. Nicht dem blinden Ungefähr soll die Verwandlung der Welt übergeben sein, sondern nach diesen drei Gesichtspunkten der Weisheit, der Schönheit und der Stärke sollen das Mineral-, das Pflanzen- und das Tierreich umgestaltet werden. Wenn die Erde wieder astral wird, wird alles nach diesen drei Gesichtspunkten umgestaltet sein. So mauerten und bauten die Freimaurer des Mittelalters und alle Esoteriker nach diesen drei Gesichtspunkten.

In der indischen Esoterik unterscheidet man zwölf Kräfte, die den Menschen wieder ins physische Dasein ziehen. Die erste dieser Kräfte ist: Avidya = Unwissenheit. Avidya ist, was uns in das physische Dasein wieder hineinzieht, aus dem einfachen Grunde, weil wir erst dann unsere Mission auf der Erde erfüllt haben, wenn wir alles Wissen herausgezogen haben. Wir haben unsere irdische Mission dagegen nicht vollendet, solange wir noch nicht alles wissen, was wir als Wissen aus dem physischen Dasein herausziehen sollen.

Nach Avidya ist das nächste, was uns zurückzieht, alles, was auf der Erde dadurch enthalten ist, daß wir es selbst gemacht haben und deshalb zu unserer Organisation gehört. Wenn ein Maurer zum Beispiel hier an einem Dom gebaut hat, ist das ein Teil seiner selbst geworden. Die zwei Dinge ziehen sich dann gegenseitig an. Was eine organisierende Tendenz für den Urheber hat, das Werk *Leonardo da Vincis* ebensogut wie das kleinste Werk hier, bildet ein Organ im Menschen, und daher kommt er wieder zurück. Dies alles zusammen, was der Mensch getan hat, nennt man Sanskara oder organisierende Tendenzen, die den Menschen aufbauen. Das ist es, was ihn als zweites zurückzieht.

Nun kommt das dritte. Bevor der Mensch in irgendeine Inkarnation eingetreten ist, hat er nichts gewußt von einer Außenwelt. Das Selbstbewußtsein hat erst mit der ersten Inkarnation angefangen; vorher war der Mensch nicht selbstbewußt. Er mußte erst die Außendinge auf dem physischen Plan wahrnehmen, ehe er das Selbstbewußtsein entwickeln konnte. So wahr den Menschen das, was er getan hat, zurückzieht auf den physischen Plan, so wahr zieht ihn auch das Wissen von den Dingen zurück. Das Bewußtsein ist eine neue Kraft, die ihn an das bindet, was hier ist. Das ist das dritte, was den Menschen hineinzieht in ein neues Erdenleben. Dieses dritte heißt: Vijnana = Bewußtsein.

Bis dahin sind wir noch sehr intim innerhalb der Menschenseele geblieben. Als viertes tritt nun auf, was dem Bewußtsein von außen entgegentritt, was ohne den Menschen zwar da war, was er aber erst mit seinem Bewußtsein kennengelernt hat. Dies war ohne sein früheres Dasein da, schließt sich aber erst auf, nachdem sein Bewußtsein es aufgeschlossen hat. Es ist die Trennung zwischen Subjekt und Objekt, oder wie der Sanskritist sagt, die Trennung zwischen Name und Form = Namarupa. Dadurch ist der Mensch beim äußeren Objekt angelangt. Das zieht ihn als viertes zurück, zum Beispiel die Erinnerung an ein Wesen, an das er sich geheftet hat.

Das nächste ist, was wir am äußeren Objekt als Vorstellung bilden; zum Beispiel das Bild eines Hundes ist die bloße Vorstellung, die dem Maler aber das Wesentliche ist. Es ist alles, was der Verstand aus der Sache macht: Shadayadana.

Nun geht es noch weiter herunter in das Irdische. Die Vorstellung führt uns zu dem, was wir die Berührung mit dem Dasein nennen = Sparsha. Wer am Objekt hängt, steht auf der Stufe von Namarupa. Wer sich Bilder macht, steht auf der Stufe von Shadayadana. Wer aber unterscheidet zwischen Sympathischem und Unsympathischem, der wird zu dem Schönen lieber kommen als zu dem Unschönen. Dies nennt man die Berührung mit dem Dasein = Sparsha.

Etwas anderes als diese Berührung mit der Außenwelt ist aber noch das, was sich dabei im Inneren regt als das innere Gefühl. Jetzt trete ich selbst in Aktion, verbinde mein Gefühl mit der einen oder anderen Sache. Das ist ein neues Element. Es zieht den Menschen weiter hinein, man nennt es Vedana = das Gefühl.

Durch Vedana entsteht nun wiederum etwas ganz Neues, nämlich der Durst nach Dasein. Die Kräfte, die den Menschen ins Dasein zurückziehen, erwachen immer mehr in ihm selbst. Die oberen Kräfte zwingen mehr oder weniger alle Menschen, sie sind nicht individuell. Zuletzt aber kommen ganz persönliche Kräfte, die ihn wieder in das Irdische hineinziehen. Das ist das achte: Trishna = Durst nach Dasein.

Noch subjektiver als der Durst nach Dasein ist etwas, das man nennt: Upadana = Behagen im Dasein. Bei Upadana hat der Mensch etwas mit dem Tier gemeinsam, er empfindet es nur etwas geistiger, und die Aufgabe des Menschen ist es, dieses grobe Seelenelement zu vergeistigen.

Dann kommt das individuelle Dasein selbst, die ganze frühere Inkarnation, wenn er schon einmal da war: Bhava = das individuelle Dasein, die Kraft der ganzen Totalität der vorherigen Inkarnation. Die vorherige Inkarnation zieht ihn hinein in das Dasein.

Damit haben wir eigentlich die Stufen der Nidanas bis zu der Stufe der individuellen Geburt zurückgeführt. Der Esoteriker unterscheidet nun noch zwei Stufen, die über die Zeit des individuellen Daseins hinausgehen. Er unterscheidet da ein Vorstadium, das zur Geburt gedrängt hat, bevor der Mensch jemals inkarniert war. Dies nennt man: Jati = was vor der Geburt zur Geburt gedrängt hat.

Mit dem in die Geburt Gedrängtwerden ist zugleich etwas anderes verbunden. Tatsächlich wird uns mit der Geburt schon der Keim des Verfalls mitgegeben, das Streben, aus der individuellen Geburt wieder herauszukommen. Wir sind interessiert daran, daß dieses unser Erdendasein wieder zerfällt und wir befreit werden, alt werden und sterben können = Jaramarana. Das sind die zwölf Nidanas, die wie Stricke wirken und uns immer wieder ins Dasein zurückziehen. (Nidana bedeutet ja Strick, Schlinge.) Es sind drei Gruppen, die zusammengehören:

erste Gruppe	*zweite Gruppe*	*dritte Gruppe*
Avidya	Shadayadana	Upadana
Sanskara	Sparsha	Bhava
Vijnana	Vedana	Jati
Namarupa	Trishna	Jaramarana

Die Seele hat drei Glieder: Die Bewußtseinsseele als höchstes Glied, dann die Verstandesseele und die Empfindungsseele. Die erste Gruppe der Nidanas von Avidya bis Namarupa haftet an der Bewußtseinsseele; die zweite Gruppe haftet an der Verstandesseele, und die dritte von Upadana bis Jaramarana haftet an der Empfindungsseele.

Vijnana ist das Charakteristische für die Bewußtseinsseele; Shadayadana für die Verstandesseele, und die letzteren vier sind verbunden mit der Empfindungsseele. Diese letzten vier sind beim Tier ebenso vorhanden wie beim Menschen.

XVI

Berlin, 11. Oktober 1905

Wenn man die ganze Wirkungsweise von Karma verstehen will, was wir jetzt zuwegebringen wollen, so muß man sich einen Begriff machen können von dem, was man «Nirvana» nennt. Vieles gehört dazu, um die Bedeutung von Nirvana völlig zu verstehen, aber eine vorläufige Vorstellung davon wollen wir versuchen zu bekommen.

Beim Menschen ist zunächst in irgendeiner Handlung eigentlich sehr wenig von dem vorhanden, was man Freiheit nennen könnte, denn der Mensch ist eigentlich das Ergebnis seiner Taten in der Vergangenheit. Im weitesten Sinne ist dies der Fall. Um zu werden, was er ist, mußten die ganzen Naturreiche erst erschaffen werden. Mineral-, Pflanzen- und Tierreich, die er einst in sich hatte, hat er nach und nach erst aus sich herausgestellt. Dazu kommt noch, was er während der Zeit seit dem ersten Drittel der lemurischen Rasse hinzugefügt hat. Alles was er an Taten verrichtet hat, was an Gedanken und Gefühlen durch seine Seele gegangen ist, gehört auch zu seiner Vergangenheit, wird auch sein Karma. Wir sehen in eine Vergangenheit hinein, die sich gleichzeitig in ihren Wirkungen um uns herum aufbaut. Die ganze Welt um uns herum ist nichts anderes als die Wirkung vergangener Taten. Ebenso bereitet der Mensch jetzt vor, was in der Zukunft geschehen soll.

Nun stehen wir aber dennoch fortwährend Dingen gegenüber, die eigentlich doch nicht ganz die Wirkungen vergangener Taten sind, sondern die etwas Neues in die Welt hineinbringen. Ein bestimmter Mensch, nehmen wir zum Beispiel Herrn Kiem, ist die Wirkung vergangener Taten. Auch die Theosophische Gesellschaft ist die Wirkung vergangener Taten, und daß er mit ihr zusammengeführt wird, ist auch eine solche Wirkung. Es geschieht aber etwas Neues durch das Verhältnis des Herrn Kiem zur Theosophischen Gesellschaft; das ist wiederum die Ursache für zukünftige Taten. Wenn Licht gegen einen Stab scheint, so entsteht dahinter ein Schatten. Das ist eigentlich etwas Neues. Wenn man diese Wirkung betrachtet, sagt man sich, es ist etwas geschehen, das neu ist. Das Verhältnis der Dinge zueinander ist etwas Neues: die Schattenbildung.

Alles dasjenige, was der Mensch gewöhnlich denkt, denkt er über die Dinge, über das Gewordene. Er kann aber auch über solche Verhältnisse denken, über etwas, das nicht durch die Wirkung von früher herbeigeführt ist, sondern erst in der Gegenwart eintritt. Das geschieht aber sehr selten, denn die Menschen hängen am alten, an dem, was um sie aufgeschichtet ist. Verhältnisse, die als etwas ganz Neues auftreten, werden sehr wenig den Inhalt menschlicher Gedanken bilden. Derjenige, der an der Zukunft mitarbeiten will, muß aber solche Gedanken haben, die neue Verhältnisse zwischen den Dingen ergeben. Nur Gedanken über Verhältnisse zwischen den Dingen können etwas Neues sein. Am besten sieht man das in der Kunst. Was der Künstler macht, ist in Wirklichkeit gar nicht da. Die bloße Form, die der Plastiker ausarbeitet, ist gar nicht wirklich da; sie ist kein Naturprodukt. In der Natur gibt es nur die vom Leben durchpulste Form. Die bloße Form würde den Naturgesetzen widersprechen. Der Künstler baut aus Verhältnissen etwas Neues auf. Der Maler malt, was durch die Verhältnisse eintritt: Licht und Schatten; er malt gar nicht, was wirklich da ist. Er malt nicht den Baum, sondern eine Impression, die hervorgerufen ist dadurch, daß er alle Beziehungen zum Baum darstellt.

Auch im praktischen Handeln merkt man, daß der Mensch gewöhnlich nichts Neues schafft. Die Mehrzahl der Menschen tut nur dasjenige, was schon geschehen ist. Nur einige Menschen schaffen aus moralischer Intuition heraus, indem sie neue Pflichten, neue Taten in die Welt hineinbringen. Das Neue kommt in die Welt hinein durch Verhältnisse. Daher hat man oftmals gesagt, daß das elementare moralische Handeln überhaupt in Verhältnissen liegt. Solch moralisches Handeln besteht zum Beispiel in Taten, die durch das Verhältnis des Wohlwollens herbeigeführt werden. Bei den meisten Handlungen findet man, daß sie auf Altem fußen; selbst bei Handlungen und Geschehnissen, wo Neues eintritt, fußt man gewöhnlich noch auf Altem. Bei genauer Untersuchung stellt sich das meistens heraus. Nur solche Handlungen sind frei, bei denen der Mensch gar nicht auf Grund der Vergangenheit arbeiten würde, sondern bei denen er nur dem gegenübersteht, was durch die kombinierende und produktive Tätigkeit seiner Vernunft an Handlungen in die Welt hineinkommen kann. Solche Handlungen nennt man im Okkultismus: Aus dem Nichts heraus schaffen. – Alle anderen Handlungen sind aus dem Karma heraus geschaffen. Das sind zwei Gegensätze: Karma und das Gegenteil von Karma, das Nichts – eine Tätigkeit, die nicht auf Karma fußt.

Und nun denken Sie sich einen Menschen, der zunächst durch Karma bestimmt wird; durch Handlungen, Gedanken, Gefühle aus der Vergangenheit. Man denke sich ihn dann so weit vorgeschritten, daß er alles Karma ausgelöscht hat, also dem Nichts gegenübersteht. Wenn er dann noch handelt, sagt man im Okkultismus: Er handelt aus dem Nirvana heraus. – Aus dem Nirvana heraus erfolgten zum Beispiel die Handlungen eines Buddha, eines Christus, wenigstens zum Teil. Der gewöhnliche Mensch nähert sich dem nur dann, wenn er künstlerisch, religiös oder weltgeschichtlich inspiriert wird.

Das intuitive Schaffen kommt aus dem «Nichts». Wer dazu kommen will, muß völlig frei von Karma werden. Er kann dann seine Impulse nicht mehr aus dem nehmen, woraus der Mensch sie gewöhnlich nimmt. Die Stimmung, die ihn dann überkommt, ist die der Gottseligkeit, die als Zustand auch Nirvana genannt wird.

Wie steigt der Mensch auf zu Nirvana? Man blicke zurück in die Zeit der Lemurier. Da haben wir den Menschen, so wie er auf der Erde ist, zunächst auf allen vieren gehend. Diese Wesen, in denen sich der Mensch dazumal als «reiner Mensch» (als Monade) verkörperte, die gingen auf allen vieren. Dadurch, daß sich die Monaden in ihnen verkörperten, richteten sich diese Wesen allmählich auf und erhoben die vorderen Gliedmaßen. Jetzt erst beginnt das Karma. Karma als menschliches Karma ist erst möglich geworden, als die Menschen ihre Hände zur Arbeit verwendeten. Vorher schafft man kein individuelles Karma. Dies war eine sehr wichtige Stufe der menschlichen Entwickelung, als der Mensch aus einem horizontalen Wesen ein vertikales Wesen wurde und dadurch die Hände frei hatte. So entwickelte er sich in die atlantische Zeit hinüber.

Auf der nächsthöheren Stufe lernte der Mensch seine Sprache gebrauchen. Zuerst lernte er den Gebrauch der Hände, dann lernte er den Gebrauch der Sprache. Durch die Hände erfüllt der Mensch die Umwelt mit Taten, durch die Sprache erfüllt er sie mit Worten. Wenn der Mensch gestorben ist, so bleibt das leben, was er an Taten und Worten in der Umwelt verrichtet hat. Alles was der Mensch an Taten verrichtet hat, bleibt vorhanden als des Menschen Karma. Was der Mensch aber an Worten gesprochen hat, bleibt nicht nur vorhanden als sein eigenes Karma, sondern als noch etwas wesentlich anderes.

Man blicke auf die Zeit zurück, in der der Mensch noch nicht sprach, sondern nur handelte. Da waren die Handlungen etwas, das nur von der einzelnen Persönlichkeit kam. Diese hört sofort auf, nur persönlich zu sein, wenn die Sprache beginnt. Denn nun verständigen sich die Menschen untereinander. Dies ist ein ungeheuer wichtiger Moment in der atlantischen Entwickelung. Mit dem Moment, als der erste Laut hinausging, blieb Menschheitskarma in der Welt. Sobald die Menschen untereinander sprechen, fließt aus der ganzen Menschheit etwas Gemeinschaftliches. Dann geht das rein persönliche Einzelkarma über in das allgemeine Menschheitskarma. Mit dem Gesprochenen, das wir rings um uns verbreiten, verbreiten wir tatsächlich mehr als uns selbst. In dem, was wir sprechen, lebt die ganze Menschheit. Nur wenn die Taten der Hände selbstlos werden, dann werden sie es auch für die ganze Menschheit sein. Aber mit dem Sprechen kann der Mensch nicht ganz selbstsüchtige Taten vollbringen, sonst müßte es ihm ganz allein gehören. Eine Sprache kann nie ganz selbstsüchtig sein, während es die Taten der Hände meistens sind. Der Okkultist sagt: Was ich mit meinen Händen tue, kann bloß meine Tat sein; was ich spreche, spreche ich als Glied eines Volkes oder Stammes.

So schafft rings um uns herum unser Leben Reste, persönliche Rudimente durch die Taten unserer Hände, und Menschheitsrudimente durch das, was von den Worten nachlebt. Das muß man ganz genau auseinanderhalten. Alles was in der Natur um uns ist, Mineral-, Pflanzen- und Tierreich, ist da durch die Folge früherer Taten. Was um uns herum aufgebaut ist durch unsere Taten, ist tatsächlich etwas, das neu in die Welt hineinkommt. Bei jedem Menschen kommt etwas herein in die Welt, ein neuer Einschlag, und neue Einschläge kommen auch durch die ganze Menschheit.

Wenn wir uns also sagen müssen: Der Mensch tritt in der Mitte der lemurischen Zeit auf der Erde auf und schafft zum ersten Male eigenes Karma; früher hatte er kein individuelles Karma geschaffen –, so müssen wir nun fragen: Woher kann dieses Karma nur kommen, da es als etwas Neues hereinwirkte? – Es kann nur aus dem Nirvana kommen. Damals mußte etwas hereinwirken in die Welt, das aus dem Nirvana kam, aus dem, wo aus dem «Nichts» heraus geschaffen wird. Die Wesen, die damals die Erde befruchteten, mußten bis ins Nirvana hinaufreichen. Was die vierfüßigen Wesen befruchtete, so daß sie Menschen wurden, waren Wesen, die vom Nirvanaplan herunterkamen. Sie nennt man Monaden. Das ist der Grund, warum damals Wesen dieser Art vom Nirvanaplan herunterkommen mußten. Vom Nirvanaplan ist das Wesen, das in uns, im Menschen ist, die Monade.

Hier tritt etwas völlig Neues in die Welt hinein und verkörpert sich in dem, was schon da ist und was seinerseits vollständig die Wirkung früherer Taten ist.

Wir unterscheiden also drei Stufen. Die erste ist die der äußeren, durch die Hände bewirkten Taten; die zweite ist die, welche durch die gesprochenen Worte bewirkt wird, und die dritte diejenige, welche durch den Gedanken bewirkt wird. Und der Gedanke ist noch etwas viel Umfassenderes als das, was durch die gesprochenen Worte bewirkt wird. Der Gedanke ist nicht mehr, so wie es die Sprache ist, verschieden unter den verschiedenen Völkern, sondern gehört der ganzen Menschheit.

So steigt der Mensch von den Handlungen durch die Worte zu den Gedanken auf, und so wird er ein immer allgemeineres Wesen. Es gibt keine allgemeine Norm des Handelns, keine Logik der Handlungen. Jeder muß für sich handeln. Aber es gibt keine rein persönliche Sprache. Die Sprache gehört einer Gruppe an. Der Gedanke aber gehört der ganzen Menschheit an. So haben wir vom Besonderen zum Allgemeinen fortschreitend die drei Stufen beim Menschen: Taten, Worte, Gedanken.

Insofern er sich in der Umwelt ausdrückt, hinterläßt der Mensch die Spuren des ganzen Menschheitsgeistes als Gedanken; die Spuren einer Menschengruppenseele als Worte; die Spuren seiner Menschensonderwesenheit als Handlungen. Man drückt das wohl am klarsten dadurch aus, daß man auf die Wirkungen dessen hinweist, was durch diese einzelnen Stufen bewirkt wird. Eine Individualität ist wie ein Faden, der durch alle persönlichen Erscheinungsformen in den verschiedenen Inkarnationen hindurchgeht. Eine Individualität schafft für weitere Inkarnationen. Ein Volk als Sprachgemeinschaft schafft für neue Völker. Die Menschheit schafft für eine neue Menschheit, für einen neuen Planeten. Was der Mensch für sich persönlich tut, hat eine Bedeutung für die nächste Inkarnation; was ein Volk spricht, hat eine Bedeutung für die nächste Unterrasse, für die nächste Volksinkarnation. Und wenn eine Welt da sein wird, in der unser ganzes Denken nicht mehr als Denken leben wird, sondern in den Wirkungen dieses Denkens auftreten wird, dann ist das eine neue Menschheit, das heißt ein neuer Planet. Ohne diese großen Gesichtspunkte können wir Karma nicht verstehen.

Was wir denken, hat Bedeutung für die nächsten planetarischen Zyklen. Man versetze sich nun in den Gedanken: Wird das Menschengeschlecht, das von uns bleibt und einen künftigen Planeten bewohnt, wird das auch noch denken? – So wenig wie eine neue Rasse dieselbe Sprache sprechen wird wie die vorhergehende, so wenig wird die zukünftige Menschheit noch denken. Es ist lächerlich zu fragen in unseren Gedanken, was die Gottheit ist. Der Mensch wird auf dem nächsten Planeten nicht denken, sondern in anderer Tätigkeit die Umwelt erfassen, in ganz anderer Form als auf diesem Planeten. Denken ist etwas, was uns angehört. Wenn wir durch den Gedanken die Welt erklären, so ist diese Welterklärung lediglich für uns. Dies ist von ungeheurer Tragweite, weil der Mensch sieht, wie er auch als Menschheit in den Karmafaden hineingesponnen ist und in dem ganzen Gewebe lebt und webt.

Wenn der morgenländische Okkultist sich solche Dinge zurechtlegt, so sagt er: Unser ganzes Leben ist so, als wenn wir ringsum von Grenzen umgeben wären durch Handeln, Sprechen, Denken. Wenn wir uns das alles wegdenken, bleibt für den gewöhnlichen Menschen kaum mehr etwas übrig. Daß er dann noch etwas hat, ist das Ergebnis der Esoterik, wenn er über alles das hinausgegangen ist. Was dann noch bleibt, das ist das Erleben des Nirvana.

Der Planetengeist, der das Wesen der Welt darstellt, ist jetzt im Denken inkarniert, wird aber in Zukunft als etwas anderes inkarniert sein.

XVII

Berlin, 12. Oktober 1905

Im Okkultismus unterscheiden wir am Menschen erstens seine Handlungen, indem wir unter Handlungen alles verstehen, was ausgeht von irgendeiner Tätigkeit, die mit seinen Händen verknüpft ist; zweitens die Sprache und drittens die Gedanken. Alles was der Mensch in diesem Sinne mit seinen Händen vollbringt, das wirkt im Karma mit an seinem nächsten irdischen Dasein. Was wir sprechen, geht nicht nur allein uns an, sondern eine Gruppe von Menschen, die dieselbe Sprache hat und das wirkt an dem Karma der Gruppe oder Rasse. In den Worten liegt eine größere Verantwortung als in den bloßen Taten; denn wir bereiten damit die Konfiguration einer nächsten Rasse vor. Was wir denken, wirkt sogar nach bei einer Neugestaltung unserer Erde. Daher unterscheiden wir die drei Stufen: Erstens: Das Handeln des Menschen ist individuell, außer den Handlungen, die im Menschen aus dem Nichts heraus entspringen. Zweitens: Der Mensch kann nicht für sich selbst allein sprechen, die Worte gehen eine Gruppe von Menschen an. Drittens: Die Gedanken gehen die ganze Menschheit an.

Damit hängt etwas anderes zusammen. Wenn wir handeln, stehen wir ganz allein hinter den Handlungen. Wenn wir sprechen, sind wir in den Worten nicht ganz allein. Hinter unseren Worten wirkt eine geistige Wesenheit mit; die steht dann hinter uns. So wahr es ist, daß unsere Worte, die wir aussprechen, sich ganz genau im Akasha abbilden, so wahr ist es, daß wir mit jedem Worte, das wir aussprechen, eingreifen in den Leib eines geistigen Wesens, das in dieser Akasha-Materie inkarniert ist, in die unsere Worte hineingehen. Das müssen wir in unser Empfinden aufnehmen; darum müssen wir unsere Worte so sehr in acht nehmen. Wenn wir denken, sind wir scheinbar ganz allein in uns, dennoch wirken Wesen geistiger Art in unseren Gedanken mit, Wesen noch höherer und bedeutsamerer Art, als in unserer Sprache mitwirken.

In diesen Dingen liegt mehr als eine ganze Weltgeschichte. Dadurch werden manche Dinge erklärlich. Betrachten wir einen Gedanken in uns. Hinter diesem Gedanken steht eine geistige Wesenheit. Wenn wir uns eingeschlossen denken von allen Seiten vom Leibe einer geistigen Wesenheit, so ist der Gedanke nur ein Ausdruck des Leibes der geistigen Wesenheit, die in uns hineinwirkt. Jedesmal wenn ein Gedanke durch unsere Seele zuckt, ist das ein Abdruck, eine Art Fußspur einer höheren geistigen Wesenheit, so wie wenn wir über feuchten Boden gehen, Fußspuren hinterlassen und sagen: Hier ging ein Mensch. – Diese geistige Wesenheit ist aus demselben Stoffe gebildet, aus dem der Gedanke besteht. Der Gedanke in uns kann nur dadurch der Abdruck einer höheren geistigen Wesenheit werden, weil die höhere Wesenheit einen Körper aus demselben Stoffe hat, aus dem unsere Gedanken gebildet sind.

Wenn sich unser Fuß in der feuchten Erde abdrückt, so ist der Abdruck ein Negativ, ein Gegenbild unseres Fußes. So ist es auch mit unseren Gedanken. In der höheren geistigen Welt gibt es für jeden Gedanken das Gegenbild. Bild und Gegenbild sind so ineinandergefügt wie etwa Siegel und Petschaft. Der Stoff ist die höhere geistige Wesenheit, er entspricht in unserem Bilde dem Petschaft. Nun nennt man den Gedanken, insofern er dem Petschaft entspricht, Intuition, und den Abdruck nennt man den abstrakten Gedanken. Man kann sagen, wenn man denkt: Ich fühle die Spuren dessen, was in den höheren Welten geschieht. – Im Hinblick auf diese Tatsache wird in religiösen Schriften, zum Beispiel in der Offenbarung des Johannes, der Ausdruck «Siegel» gebraucht. Er entspricht der Wirklichkeit. Auch weil ein höheres Wesen in unseren Worten mitwirkt, ist jedes Wort ein Siegelabdruck. Man nennt das Gegenbild des Wortes bei den Mystikern «Imagination». So haben wir drei Stufen des Gedanklichen: das Intuitive, das Imaginative und das gewöhnliche Abstrakte. Wenn der Mensch sich weiterentwickelt, wenn der abstrakte Gedanke selbst sich entwickelt zu der Stufe, auf der die Wesenheiten inkarniert sind, die mitwirken, wenn gesprochen wird, dann ist der Mensch ein Chela, ein Geheimschüler. Meister sein, heißt: in dem Stoffe wirken, in dem die Wesenheiten inkarniert sind, die in unseren Gedanken mitwirken. – Die Imagination gibt das Bild. Deshalb haben die großen Religionslehrer in früheren Zeiten bildlich gesprochen, denn die Imagination gibt das Bild, nicht den abstrakten Gedanken. In allen Religionen wird in Bildern gesprochen. Das Bild ist für den Menschen zunächst das Untergeordnete, aber wenn der Mensch versteht, aus jedem Gedanken selbst wieder ein Bild zu machen, dann ist er auf einer höheren Stufe angelangt. Dies ist die Vorbedingung zu einer ganz neuen Art von Wahrnehmung. Tatsächlich kommt es darauf an, daß der Mensch sich dazu entwickelt, nicht mehr bloß abstrakt zu denken, sondern seine Gedanken jedesmal im Bilde zu haben.

Der Mensch formt in der Regel bloß Gedanken. Der sich höher entwickelnde Mensch muß in Bildern denken, das heißt «imaginieren». In dem Ausdrucke liegt schon, um was es sich handelt: durch eine gewisse Macht einer Sache etwas einprägen (imaginieren). In der Phantasie, beim Dichter und Künstler, finden wir nur ein ganz schwaches Abbild von der Imagination. Wenn der Mensch, der sich so höher zu entwickeln sucht, spricht, wird er bei besonderen Anlässen versuchen, bei seinem Sprechen das Gegenbild vor sich zu haben, die Imago. Daher die großen, gewaltigen Bilder in den religiösen Schriften. Wer sich aufschwingt zu diesem Erzeugen von Bildern, der hat die Stufe der geistigen Wesenheiten, die rassenschaffend sind, erreicht. Derjenige der nicht nur Bilder in sich entwickelt, sondern Intuitionen, der ist nicht nur rassenschaffend, sondern ist mitschaffend an dem nächsten planetarischen Dasein. In den Bildern wird nachklingen, was dann auf der Erde verwirklicht ist, aber wer aus der Intuition schafft, der schafft etwas, das noch gar nicht ist, was nirgends verwirklicht ist, das heißt der schafft aus dem Nirvana heraus. Das ist der Begriff einer jeden Apokalypse: Was erst in der Zukunft wirklich sein wird, das kann man nur aus der Intuition heraus schaffen.

Durch das abstrakte Denken schafft man ein Abbild von dem, was da ist. Bei der Imagination läßt der Mensch sich befruchten von dem gestaltenden Geist in seinem Inneren. Der Imagination entsprechen verborgene Wirklichkeiten, die durch Befruchtung höherer geistiger Wesenheiten entstanden sind; dann kann man auf dem

Astralplan diese höheren geistigen Wesenheiten sehen. Die Vorbedingung dazu ist, eine Sprache zu entwickeln, die nicht der Ausdruck abstrakter Gedanken, sondern der Ausdruck von Bildern ist. Medien sprechen sich deshalb auch in Imaginationen, in Bildern und Symbolen aus, aber unbewußt. Hinter ihnen gestaltet der Geist die Symbole. Der Geheimschüler macht das in vollem Bewußtsein, aber dennoch nicht willkürlich. Er läßt sich dabei vom Geiste befruchten.

Genauso wie auf diese Art der Mensch sich erhebt zum Schaffen von Bildern und Intuitionen, hat vor seinem Dasein die äußere Welt gewirkt, und zwar so, daß in allem, was mineralische Wesenheit um uns her ist, also rein physischer Natur, als schaffende Kräfte Intuitionen wirken. Der Kristall ist äußerlich, wie er sich den Sinnen zeigt; er ist aber geschaffen worden durch Intuitionen. Hinter der ganzen physischen Welt liegt ein Kosmos von Intuitionen und zuletzt ein Wesen, der Planetengeist, der die Intuitionen hervorbringt. Hinter aller Sprache wirken Wesen der Imagination, wirkt der Rassengeist mit. In allem Lebendigen wirkt dieselbe Stufe von Geist mit. Hinter allen Pflanzen wirkt die Imagination. Die gestaltete Pflanze kommt aus der Imagination und hinter ihr steht eine geistige Wesenheit. Und alles Bewußte und Empfindende ist aus dem Gedanken selbst entstanden.

Und nun sehen Sie sich das ganze Universum an, zunächst als ein Physisches: Erde, Sonne, Mond und Sterne, die Milchstraße und so weiter. Dahinter steht aber ein großer intuitiver Geist. Es ist derselbe Geist, der sich ausdrückt in unseren Handlungen; er steht auch hinter dem ganzen Universum. Das Christentum nennt ihn den Vater. Weil er so wenig bekannt ist, wird er auch der unbekannte Gott genannt, und in der theosophischen Literatur der erste Logos.

Hinter allem Lebendigen steht der Geist der Imagination. Es ist derselbe Geist, der auch mitwirkt in unserer Sprache, daher nennt ihn die christliche Religion: das Wort. Damit meint man etwas ganz Genaues, Wirkliches. Dieser Geist, der hinter allem Lebendigen steht, wirkt noch heute in unserer Sprache, in jedem unserer Worte, wird also mit Recht «das Wort» genannt; eine andere Bezeichnung ist: der Sohn oder Christus. Es ist der Geist, der in allem Leben als Imagination lebt.

Dann kommen wir herauf zu dem, was bewußt ist, was irgendeinen Grad von Empfindung, von Bewußtsein hat, alles Tierische und dem, was im Menschen... (Lücke im Text.) Das kann man schon fassen mit Gedanken. Das hat jeder in sich. Was im Tier vorgeht, geht zunächst in ihm selbst vor: das abstrakte Bewußtsein. Alles Bewußtsein der Welt lebt auch im Menschen, im abstrakten Denken. In sich nennt es der Mensch «Geist», insofern es draußen in der schaffenden Natur wirkt, nennt er es «Heiliger Geist». Das ist, was allem Empfinden und Bewußtsein zugrunde liegt. Krankheit gibt es nur im Sondersein. Der Geist kann an sich nicht krank sein, sondern nur, wenn er inkarniert ist in den unteren Körpern. Das Wort «heilig» bedeutet «heil sein»; es drückt aus, daß der Geist, der draußen die Welt durchflutet, gesund ist. Der Heilige Geist ist nichts anderes als der durch und durch gesunde Geist; daher der, der sich mit dem Heiligen Geist wirklich vereinigt, die Kraft des Heilens erhält. Sie muß zu tun haben mit dem die Welt durchflutenden Heiligen Geist. Das ist der Geist, der wirkt von Mensch zu Mensch als wirklicher Heiler.

Sehen wir jetzt hinaus auf den physischen Plan, so haben wir zunächst das, was wir mit den Sinnen wahrnehmen. Dahinter ist der große intuitive Geist. Alles physisch Vorhandene hat dieser Geist gemacht. Hinter allem, was in der reinen Form lebt, was mit Sinnen wahrgenommen werden kann, steht also der Vatergeist, der erste Logos. Dadurch, daß wir das anschauen, verändern wir es nicht. Aber eine Veränderung geht vor, wenn wir handeln. Da verändern wir nicht nur, was draußen in der Welt ist, sondern auch die Kräfte, die draußen in der Welt wirken. In dem Augenblicke, da wir handeln, schaffen wir eine Veränderung auf dem physischen Plane. Hinter diesen Veränderungen liegt aber auch die Veränderung der Grundkraft dessen, was dem ersten Logos entspricht. Das beeinflussen wir mit unseren Handlungen und das bleibt, ist da, kann nicht wieder vergehen, außer wenn es von derselben Kraft vernichtet wird, die es hervorgerufen hat. Und die Veränderung, die in den großen Weltintuitionen hervorgerufen wird durch unsere Handlungen, ist das, was uns als Karma wieder erfaßt. Das was den Menschen wieder in die physische Welt zieht, nennt man, wenn man auf Karma sieht: Rupa. Rupa nennt man es aus dem Grunde, weil er es im Rupa vollbracht hat, durch den Körper, durch sein Äußeres. Wir schaffen da im Leibe, im Rupa, wenn wir auf die äußeren Intuitionen wirken.

Das zweite, worin heute der Mensch noch nicht so selbständig ist, sondern noch ein anderer Geist mitwirkt, das ist die Rede. Damit machen wir Eindrücke in einer Welt, hinter der nicht nur das Physische, sondern das Leben steht. In der Welt des Lebens bleiben die Imaginationen von dem zurück, wovon wir sprechen, bildende Kräfte, die die neuen Rassen schaffen. Unsere jetzige Rasse ist aus dem geschaffen, was hinter den Worten früherer Rassen stand. Das ist hineingebildet in unsere Rasse. Außerdem kommt alles in Betracht, was überhaupt nur Imagination ist. Dies zeigt uns, daß wir mit unseren Worten Eindrücke hervorrufen im Reich des Sohnes, im Reich des zweiten Logos. Diese kommen zurück als das Kollektivkarma der ganzen Rasse. Denn wir schaffen das Wort nicht allein, der Geist der Rasse wirkt mit. Was ist die Grundlage für diese Form des Karmas? Wo wirkt der Rassengeist? Der Rassengeist wirkt mit in dem Gefühl des Menschen, durchsetzt die ganze Gefühlswelt. Da klingt nach, was der Mensch mit seiner Gruppe gemeinschaftlich hat.

Was in einem viel breiteren Sinne auf das Karma wirkt, ist das Gefühl = Vedana. Also erstens: Rupa, die Leiblichkeit; zweitens: Vedana, das Gefühl. – Für denjenigen Menschen, der noch kein Chela geworden ist, ist das Gefühl etwas sehr Wichtiges bei der Wahrnehmung des zweiten Logos und bei alledem, was lebendig ist. Die Wissenschaft will das Tier und die Pflanze ohne das Leben betrachten. Auch der größte Gelehrte ist heute noch nicht weiter, als daß er das Leben mit seinem Gefühl begreifen kann. Erst das imaginative Verstehen befähigt ihn, ins Leben hineinzuschauen.

Dem Gedanken entspricht in der Umwelt alles, was Empfindung, Bewußtsein hat. Das hat eines mit uns gemeinsam: die Wahrnehmung. Daß wir überhaupt imstande sind, die Welt draußen im physischen Raum wahrzunehmen als eine farbige und tönende Welt, ist möglich, weil wir sie uns in Gedanken umsetzen können. Wir empfangen die Wahrnehmung; denken darüber nach. Wenn keine Gedanken in den Wahrnehmungen wären, so wäre es die größte Torheit des Menschen, sich Gedanken darüber bilden zu wollen. Dann wären Gedanken bloße Illusionen, wenn nicht die Wahrnehmungen zustande gekommen wären durch Gedanken. Was die Kombination der Wahrnehmungen ergibt, das ist, daß die Wahrnehmungen zuerst aufgebaut sind durch Gedanken, die wir herausschälen: die Naturgesetze. Diese sind nichts anderes als Gedanken; der schöpferische, der Heilige Geist ist es. Die Wahrnehmung ist die Grenze zwischen beiden, wo sich unsere Gedanken berühren mit den schaffenden Gedanken draußen. So können wir also mit einem Gedanken, den wir haben, nicht wirken auf das Leben, aber auf alles Bewußte, was draußen selbst Gedanke ist.

In all den geistigen Wesenheiten, die das Bewußtsein hervorgebracht haben, lassen wir Spuren zurück durch die Gedanken. Was der Mensch auf Grund der Wahrnehmungen an Gedanken ausbildet und das, was er zu Gedanken macht, hat wieder seine Wirkung auf alles, was die Wahrnehmungen nötig macht. Wir unterscheiden daher noch drittens: Wahrnehmung oder Sanjna, was als drittes auf das Karma wirkt.

Durch alle Handlungen rufen wir Gegenhandlungen hervor als Karma, weil wir in die intuitive Welt eingreifen: Rupa.

Durch alle Worte greifen wir ein in die Welt der schaffenden Gefühle, um damit Gegengefühle um uns zu schaffen: Vedana.

Mit dem, was wir über die Wahrnehmungen denken, greifen wir ein in die ganze Welt der Gedanken draußen: Sanjna.

Das was wir um uns herum wahrnehmen, wird nicht mehr sein, wenn wir wieder erscheinen auf der Erde. Daher wird auf die künftige Inkarnation alles, was wir über die Wahrnehmungswelt denken, gar keinen Einfluß ausüben können, nur in dieser Inkarnation wird es eine karmabildende Kraft haben. Der Gedanke wirkt auf unseren jetzigen Charakter.

Was aus dem Gefühl heraus entspringt, das was mit unserer Umgebung wesentlich zu tun hat, was in die Welt der Imagination hineingeht, das kommt uns zurück in der nächstfolgenden Inkarnation, so daß es in uns selbst erscheint als Neigungen und außer uns als Gelegenheiten. Durch die Neigungen ruft man also die Gelegenheiten der Welt herbei, die das Schicksal bilden, durch Neigungen, die karmisch veranlagt sind. Die Gedanken formen den Charakter, die Neigungen führen karmisch die Gelegenheiten herbei. Die Handlungen führen das äußere Schicksal herbei, die ganzen leiblichen Umstände, unter denen der Mensch geboren wird. Was wir mit Rupa, unserer Leiblichkeit, wirklich ausführen, das ist unser wirkliches Schicksal, das kommt uns karmisch zurück.

Der Mensch kann bewußt nur Neigungen schaffen für künftige Inkarnationen, wenn er sich jetzt zur Imagination aufschwingt. Darin liegt das Geheimnis, wie die großen Religionsstifter über ihre Zeit hinaus gewirkt haben. Die Bilder, die sie den Menschen gegeben haben, haben Neigungen ausgelöst für folgende Inkarnationen. Jedes Bild, das sie in die Seele senken, tritt in der ganzen Gefühlswelt des Menschen hervor. Entweder erwirbt sich der Mensch selber solche Imaginationen, oder er bekommt sie von einem Führer. Selbst haben wir sie, wenn wir unser ganzes Gefühlsleben in die Hand genommen haben; das ist beim Geheimschüler der Fall. Er fühlt so, wie er es sich vornimmt; für die übrige Menschheit wird gesorgt durch die Religionsstifter. Eine Religion ist die Gefühlswelt künftiger Rassen; sie kann daher äußerlich untergehen, denn sie lebt in den Neigungen nach. Heute kommen die Neigungen heraus, die im 13. und 14. Jahrhundert der Menschheit eingepflanzt worden sind. Es ist wichtig, daß nicht die materialistischen Bilder der Gegenwart in den Menschenherzen Platz greifen, denn sie würden die Menschen in den zukünftigen Zeiten mit den brutalsten Neigungen ausstatten, die bloß auf die Sinnenwelt gerichtet sind, wenn es nicht wettgemacht wird durch geistige Vorstellungen. Diejenigen Begierden und Wünsche leben im Menschen, die aus der Imagination hervorgehen. Das ist sein Begehren = Sanskara. Alles das, was intuitiv in den Menschen ist, die großen Impulse, die sie empfangen von den höchsten Eingeweihten, die sind eigentlich das, was das Tatsachenkarma überwindet. Wer sich zu den eigentlichen Intuitionen erhebt, der dringt durch die physische Welt zu dem Vatergeist empor. Wer intuitives

Erkennen hat, kann auf das tatsächliche Karma wirken. Er fängt an, sein Karma bewußt einzuschränken.

Dem gewöhnlichen Menschen erscheinen nur die Wesen als verständlich, die auch bewußt sind. Kommt er zur Imagination, so wird ihm auch das Leben verständlich; kommt er zur Intuition, so kann er vordringen bis zu den intuitiven Kräften.

So viel der Mensch wirken kann auf sein Karma, so viel muß er selbst haben an Intuition, oder er muß solche von den großen Eingeweihten haben als die großen Pflichtgebote. Vijnana nennt man das Bewußtsein, was notwendig ist zur Überwindung des Karma. Und nun denke man sich den Menschen mitten in der Welt lebend, handelnd, sterbend. Wenn er nun gestorben ist, so bleibt aber doch etwas von ihm da in dieser Welt, was er hineingewoben hat in diese Welt. Das sind: Rupa, Vedana, Sanjna, Sanskara und Vijnana. Diese fünf Dinge sind sein Konto: das persönliche Schicksal als Rupa; das Schicksal des Volkes, in dem er geboren wird, als Vedana; daß er überhaupt geboren wird auf dieser Erde, als Sanjna. Ferner wirken mit Sanskara, das Begehren, und Vijnana, das Bewußtsein. Das sind die fünf Skandhas.

Was man in die Welt hinausgibt, bleibt als die fünf Skandhas in der Welt. Die sind die Grundlage des neuen Daseins. Sie sind stufenweise weniger wirksam, wenn der Mensch eines von den letzten bewußt entwickelt hat. Je mehr er Vijnana bewußt in der Gewalt hat, desto mehr bekommt er es in seine Gewalt, sich bewußt im physischen Leibe zu verkörpern. Die Skandhas sind eigentlich im wesentlichen identisch mit dem Karma.

1. Rupa – Leiblichkeit, Handlungen
2. Vedana – Gefühl
3. Sanjna – Wahrnehmen
4. Sanskara – Begehren
5. Vijnana – Bewußtsein, das notwendig ist zur Überwindung des Karma.

XVIII

Berlin, 16. Oktober 1905

Wenn wir uns genauer ansehen wollen, wie Karma zustande kommt, müssen wir dabei ein wenig zurückgehen in der Entwickelung der Menschheit. Wenn wir einige tausend Jahre in Europa selbst zurückgehen, so finden wir Europa vereist. Die Gletscher der Alpen ragten damals tief herunter bis in die norddeutsche Tiefebene hinein. Die Gegenden, in denen wir jetzt leben, waren damals kalt und rauh. Darin lebte ein Menschengeschlecht, welches sich noch höchst einfacher und primitiver Werkzeuge bediente. Gehen wir etwa eine Million Jahre zurück, so finden wir auf demselben Boden ein tropisches Klima, wie es heute nur in den heißesten Gegenden Afrikas zu finden ist; in einzelnen Teilen mächtige Urwälder, darin Papageien, Affen, besonders der Gibbon, und Elefanten lebten. Kaum aber würden wir, wenn wir diese Wälder durchschweiften, etwas von dem jetzigen Menschen und auch nicht von dem der späteren Perioden vor einigen tausend Jahren antreffen. Die Naturwissenschaft kann aus gewissen Erdschichten, die entstanden sind zwischen jenen beiden Zeitaltern, einen Menschen nachweisen, bei dem sich das Vorderhirn noch nicht so ausgebildet hatte wie jetzt, und bei dem die Stirne weit zurückliegend war. Nur der hintere Teil des Gehirns war ausgebildet. Wir kommen da zurück in Zeiten, in denen die Menschen noch nicht das Feuer gekannt haben und sich Waffen durch Abschleifen von Steinen herstellten. Der Naturforscher vergleicht diesen Zustand des Menschen gerne mit dem Entwickelungszustand der Wilden oder demjenigen des unbeholfenen Kindes. Überreste von solchen Menschen hat man im Neandertal und in Kroatien gefunden. Sie haben einen affenähnlichen Schädel, und an den Funden in Kroatien ist zu erkennen, daß sie, ehe sie gestorben sind, gebraten worden sind, daß also damals dort Kannibalen gewohnt haben.

Nun sagt sich der materialistische Denker: Wir verfolgen so den Menschen bis in die Zeiten, in denen er noch unentwickelt und unbeholfen war, und nehmen an, daß sich der Mensch von dieser kindlichen Stufe des Daseins bis zur heutigen Kulturstufe der Menschheit entwickelt hat, und daß sich dieser primitive Mensch herausentwickelt hat aus menschenähnlichen Tieren. – Er macht also da einfach einen Sprung in dieser Entwickelungstheorie vom primitiven Menschen zu den menschenähnlichen Tieren. Der Naturforscher nimmt an, daß sich immer das Vollkommenere aus dem Unvollkommeneren entwickelt hat. Dies ist aber nicht immer der Fall. Verfolgen wir zum Beispiel den einzelnen Menschen zurück bis zur Kindheit, so kommt dann nichts Unvollkommeneres mehr, denn das Kind stammt ja von Vater und Mutter ab. Das heißt, wir kommen also zu einem primitiven Zustand, der wieder von einem höheren Zustand kommt. Das ist wichtig, denn das hängt damit zusammen, daß das Kind schon bei der Geburt die Anlage zu einem späteren Vollkommenheitsgrad hat, während das Tier auf der unteren Stufe zurückbleibt.

Wenn der Naturforscher bis zu der Stufe zurückgegangen ist, auf der der Mensch noch kein Vorderhirn und noch keinen Verstand hatte, dann sollte er sich sagen: Ich muß voraussetzen, daß der Ursprung des Menschen anderswo zu suchen ist.

Geradeso wie ein Kind von einem Elternpaar abstammt, so stammen alle jene primitiven Menschen von anderen Menschen ab, die schon einen gewissen Vollkommenheitsgrad erreicht hatten. Diese Menschen nennen wir die Atlantier. Sie haben gelebt auf dem Boden, der jetzt bedeckt ist mit den Fluten des Atlantischen Ozeans. Die Atlantier hatten noch weniger Vorderhirn und eine noch weiter zurückliegende Stirne. Aber sie hatten noch etwas anderes als die späteren Menschen. Sie hatten noch einen viel stärkeren, kräftigeren Ätherkörper. Der Ätherkörper der Atlantier hatte gewisse Verbindungen mit dem Gehirn noch nicht ausgebildet gehabt; sie entstanden erst später. So war noch über dem Kopf ein mächtig großer Ätherkopf entwickelt; der physische Kopf war verhältnismäßig klein und in einen mächtigen Ätherkopf eingebettet. Die Funktionen, die die Menschen jetzt mit Hilfe des Vorderhirns ausführen, wurden bei den Atlantiern mit Hilfe von Organen im Ätherkörper ausgeführt. Dadurch konnten sie mit Wesenheiten in Verbindung treten, zu denen uns der Zugang heute versperrt ist, weil eben der Mensch das Vorderhirn entwickelt hat. Bei den Atlantiern war sichtbar eine Art feuriger farbiger Bildung, die ausströmte aus der Öffnung des physischen Kopfes zu dem Ätherkopf hin. Er war zugänglich für eine Menge psychischer Einflüsse. Ein solcher Kopf, der als Ätherkopf denkt, hat Gewalt über das Ätherische, während ein Kopf, der im physischen Gehirn denkt, allein über das Physische Gewalt hat, über das Zusammenfügen rein mechanischer Dinge. Er kann sich physische Werkzeuge machen. Dagegen kann ein Mensch, der noch im Äther denkt, ein Samenkorn zum Aufblühen bringen, so daß es wirklich wächst.

Die atlantische Kultur hing wirklich noch mit dem Wachstum des Natürlichen, Vegetabilischen zusammen, über das der heutige Mensch die Macht verloren hat. Der Atlantier hat zum Beispiel nicht die Dampfkraft zur Bewegung von Fahrzeugen gebraucht, sondern die Samenkraft der Pflanzen, mit der er seine Fahrzeuge vorwärtsgetrieben hat. Erst vom letzten Drittel der atlantischen Zeit, von der Zeit der Ursemiten an bis zu der Zeit, als Atlantis von den Fluten des Atlantischen Ozeans bedeckt wurde, hat das ätherische Vorderhaupt das Vorderhirn ausgebildet. Dadurch verlor der Mensch die Macht, das Pflanzenwachstum zu beeinflussen und bekam nun die Fähigkeit des physischen Gehirns, den Verstand. Mit vielen Dingen mußte er nun neu anfangen. Er mußte anfangen mechanische Verrichtungen zu erlernen. Da war er noch wie ein Kind, unbeholfen und ungeschickt, während er es in der Entfaltung des Vegetabilischen vorher schon zu einer großen Geschicklichkeit gebracht hatte. Der Mensch muß durch die Intelligenz hindurchgehen und dann das wiedergewinnen, was er früher schon konnte. Höhere geistige Mächte hatten damals einen Einfluß auf den unfreien Willen; durch das offen gelassene ätherische Haupt wirkten sie durch ihren Verstand.

Noch weiter zurückgehend, kommen wir in die lemurische Zeit. Da zeigt sich uns eine Stufe der Menschheitsentwickelung, auf der eigentlich erst der Zusammenschluß des mütterlichen und väterlichen Prinzips stattfindet. Dieser Ätherkopf hat natürlich seine Auszweigungen im Astralleib, in dem was als Ausstrahlung den Menschen umgibt... (Lücke im Text.) Wenn man es zuwege gebracht hätte, den Kopf mit dem Astralleib aus einem solchen Menschen herauszuheben, dann wäre etwas Besonderes geschehen. Der Mensch würde dadurch die Möglichkeit verloren haben, sich aufrechtzuhalten, er würde zusammengeklappt sein. Gerade der umgekehrte Prozeß wurde damals mit dem Menschen vorgenommen, und dadurch richtete er sich allmählich auf.

In der lemurischen Zeit aber stand der Mensch noch auf einer Stufe, wo er das noch nicht besaß, wovon wir annahmen, daß man es aus ihm herausziehen könnte. Er hatte in einer früheren Periode noch nicht diesen Ätherkopf mit dem Astralleib. Die waren damals noch nicht da. Der irdisch herumwandernde Mensch war damals wirklich ein zusammengeklapptes Wesen. Die beiden Arbeitsorgane, die Hände, waren damals nach rückwärts geschlagen und bildeten auch Bewegungsorgane, so daß damals der Mensch auf vier Beinen ging. Man denke sich zwei Menschen von heute, Mann und Frau ineinander verschlungen, denke sich die obere Körperhälfte weg und nur die untere Körperhälfte da: der Mensch war tatsächlich männlich-weiblich. Der Mensch hat damals auch einen Astral- und einen Ätherleib gehabt, aber noch nicht den, den er später hatte. Das war ein anderer Astralleib, nämlich ein solcher, der zu seiner höchsten Vollkommenheit auf dem Monde gekommen war. Der Astralleib hatte da auf dem Monde im Zusammenhang mit dem Ätherkörper die Fähigkeit bekommen, einen physischen Körper auszubilden, der damals eine krabbenartige Gestalt hatte. Der Mensch konnte stehen auf dem einen Paar Beine und wirklich sprunghafte Bewegungen ausführen.

Dieser Astralleib mit dem Ätherleib war damals ganz andersgeartet. Er hatte eine Form, die nicht ganz eiförmig, sondern mehr glockenförmig war. Er wölbte sich über dem Menschen, der auf allen vieren ging. Der Ätherleib versorgte alle Lebensfunktionen dieses lemurischen Menschen. Der Mensch hatte damals im Astralleib ein dumpfes, dämmerhaftes Bewußtsein, wie wenn wir heute träumen. Aber nicht so wie die Reminiszenzen in unserem heutigen Träumen war sein Bewußtsein, sondern er träumte von Wirklichkeiten. Wenn sich ihm ein anderer, unsympathischer Mensch näherte, so stieg in ihm eine Lichtempfindung auf, die das Unsympathische andeutete.

Schon auf dem Monde hatte der Mensch ein wenig die Fähigkeit gehabt, die beiden vorderen Gliedmaßen als Greiforgane zu benutzen, so daß jetzt eine Zeit des Aufrichtens kam. Die anderen lebenden Kameraden der Menschen waren zur lemurischen Zeit reptilienartige Tiere von grotesken Formen, die keine Spuren zurückgelassen haben. Ichthyosaurier und so weiter sind Abkömmlinge von jenen Tieren. Tatsächlich war damals die Erde mit Wesen bevölkert, die einen reptilienartigen Charakter hatten; auch die Menschenleiber hatten damals einen reptilienartigen Charakter. Indem sich nun das damals reptilienartige menschliche Wesen aufrichtete, wurde eine nach vorn ganz offene Kopfbildung sichtbar, aus der eine feurige Wolke hervorquoll. Das hat Veranlassung gegeben zu der Erzählung vom Lindwurm, von dem Drachen. Das ist die groteske Bildung, die damals der Mensch selbst war, ein reptilienartiges Gebilde. Der Hüter der Schwelle, die niedere Natur des Menschen, erscheint gewöhnlich auch in einer derartigen Gestalt. Es ist die niedere Natur mit der offenen Kopfbildung. Dazumal trat nun die Ehe ein zwischen diesen Bildungen auf der Erde und dem vorher beschriebenen anderen Wesen. Der Astralleib mit der Kopfform verband sich mit dem lindwurmartigen Körper mit der feurigen Öffnung. Es war die Befruchtung der mütterlichen Erde mit dem väterlichen Geist.

So ging die Befruchtung mit den manasischen Kräften vor sich. Der niedere Astralkörper verschmolz mit dem höheren Astralleib. Ein großes Stück jenes damaligen Astralkörpers fiel ab. Ein Teil bildete die unteren Partien des menschlichen Astralkörpers, und der andere, neu hinzugetretene Astralkörper im Zusammenhang mit dem Kopf, verband sich mit den oberen Partien des Menschen. Was damals abgeschält wurde, heraustrat aus diesem Astralkörper, der mit dem Lindwurmgebilde verbunden war, das konnte auf der Erde keine Weiterentwickelung mehr haben. Das bildete als Konglomerat die Astralsphäre des Mondes, die sogenannte achte Sphäre. Der Mond beherbergt tatsächlich astrale Wesenheiten, die dadurch entstanden sind, daß der Mensch etwas abgeworfen hat.

Dieses Zusammengehen des väterlichen Geistes mit der mütterlichen Materie wurde in Ägypten als das Zusammengehen von Osiris und Isis beschrieben. Was da entstand, war Horus. Die Verschmelzung des Wurmgebildes mit dem Ätherkopf, mit dem Astralleibe des Menschen, der neu hinzukam, und der Kopfform, führte zu der Konzeption von dem Sphinxgebilde. Die Sphinx ist die Wiedergabe dieses Gedankens in der Plastik.

Es gab sieben Arten oder Klassen solcher Gebilde, die alle etwas voneinander verschieden waren, von den schönsten, fast zu einer hohen edlen Form ausgebildeten Menschenformen bis hinab zu den allergroteskesten Formen. Diese sieben Arten von Menschengebilden mußten alle befruchtet werden. Man muß sich das Herabsteigen der «Söhne des Manas» in dieser bildlichen Weise vorstellen. Nur dann kann man verstehen, wie der Astralleib des Menschen entstanden ist. Er ist aus zwei verschiedenen Gliedern zusammengesetzt.

Wenn man die menschliche Entwickelung betrachtet, wird man finden, daß fortwährend der eine Teil des Astralleibes bestrebt ist, die andere Hälfte, die niedere Natur, zu überwinden und umgekehrt. Wenn der Mensch heute aus Astralleib, Ätherleib und physischem Leib besteht, so ist eigentlich nur der physische Leib ein Produkt, welches, so wie es ist, fertig ist. Die anderen zwei Leiber sind in einem fortwährenden Kampfe begriffen. Auch bei dem Ätherleibe sind zwei Teile, die ineinander aufzugehen suchen.

Wenn der Mensch nun stirbt, übergibt er den ganzen physischen Leib den Kräften der Erde, der Ätherkörper des Menschen aber spaltet sich zunächst in zwei Glieder. Das eine Glied ist das, welches herstammt von der oberen Bildung und das nimmt der Mensch mit. Dagegen fällt der ganze übrige Ätherkörper ab, denn darüber kann der Mensch keine Herrschaft ausüben; das ist ihm zugefallen von außen. Darüber kann er erst eine Herrschaft ausüben, wenn er Geheimschüler geworden ist. Dieser Ätherkörperteil wird also beim gewöhnlichen Menschen den ätherischen Kräften des Weltenraumes übergeben.

Was dem Menschen anhängt von jenem Astralkörper, den er vom Monde mitbekommen hat, das zwingt ihn, eine Zeitlang im Kamaloka zu verbringen, bis er sich für das einzelne Leben von diesem Teile des Astralkörpers befreit hat. Dann hat er noch den Teil des Astralkörpers, der den Ausgleich schon gefunden hat; mit diesem macht er den Weg durch Devachan und zurück zum physischen Leben. Deswegen sieht man im Astralraume glockenartige Gebilde herumrasen mit einer riesenhaften Geschwindigkeit. Das sind die sich wieder inkarnieren wollenden Menschenseelen. Wenn hier bei uns eine solche Menschenglocke durch den Astralraum zuckt und ein menschlicher Embryo in Südamerika zu ihr in karmischer Verwandtschaft steht, so muß diese Menschenglocke auch schon direkt dort sein. So rasen durch den Astralraum diese wiederkehrenden Seelen. Diese Glockengebilde erinnern eben noch an jene in der lemurischen Zeit erscheinenden Gebilde, nur daß sie schon ihren Ausgleich gefunden haben mit dem höheren Astralleibe.

Wir wissen, daß der Mensch sich dadurch entwickelt, daß er vom Ich aus die drei anderen Körper bearbeitet. Nichts anderes ist das Ich, als was damals befruchtend gewirkt hat: der obere Aurenteil mit dem Ätherkopfe. Die Glieder, die der Mensch ausgebildet hat, sind der physische Leib, der Ätherleib, der Astralleib.

Oberer Ätherkörper oder Mentalleib
Astralkörper als Buddhi
Astralkörper
Unterer Ätherkörper
Physischer Körper.

Der physische Körper ist entstanden durch eine Umbildung und Veredelung jenes lindwurmartigen Körpers, den wir in der lemurischen Zeit antreffen. Er war männlich-weiblich. In dem jetzigen Menschen ist auch ein männlich-weiblicher Mensch. Bei dem Manne ist die Grundlage der oberen Glieder weiblich, beim Weibe ist die Grundlage des oberen Ätherkörpers von männlicher Bildung. Tatsächlich ist auch der Mensch der physischen Natur nach männlich-weiblich.

Der Ätherkörper besteht aus zwei Gliedern: aus dem Teile der menschlichen Natur, der damals vom Monde herübergekommen ist, und seinem Gegenpol. Sie waren zuerst noch nicht miteinander verbunden, nachher näherten sie sich einander und verbanden sich. Das eine ist der Pol des Tierischen, das andere der Pol des Geistigen. Den Pol des Tierischen nennt man Ätherkörper, den Pol des Geistigen nennt man Mentalkörper. Der Mentalkörper ist materiell Äther.

Dazwischen ist der Astralkörper, der auch aus einer Verbindung von zweien entstanden ist. Er ist im Grunde auch ein doppeltes Gebilde. Man hat in ihm zu unterscheiden eine niedere und eine höhere Natur. Die höhere Natur ist ursprünglich mit dem Mentalkörper verbunden. Dies nun, was vom Astralkörper im Mentalkörper sitzt, was also von oben hereingekommen ist, das ist der andere Pol des unteren Astralkörpers. Eine Eigenschaft des unteren Astralkörpers ist, daß er Begierden hat. Der obere Teil hat statt dessen Hingabe, Liebe, die schenkende Tugend. Diesen Teil des Astralkörpers nennt man Buddhi. Diese Beschreibung des Menschen ist so gesehen in der kosmischen Beleuchtung. Wenn der Mensch selber in seine Hüllen hineinarbeitet, ist es anders. Das eine stellt dar, wie der Mensch kosmisch aufgebaut ist, das andere, wie er selbst hineinarbeitet.

So ist also Buddhi das veredelte Astrale, das Mentale das veredelte Ätherische, und das Physische hat seinen Gegenpol im Atma.

XIX

Berlin, 17. Oktober 1905

Wir haben gestern gesehen, wie der Mensch in gewisser Beziehung steht zu den astralen Mächten. Wenn er stirbt, betritt er zunächst die astrale Welt. Aber auch jetzt steht er in einer fortwährenden Beziehung zum Astralplan. In der Tat ist es so, daß auf dem Astralplan fortwährend Wesenheiten sichtbar werden, die nicht da wären, wenn es keine Menschen gäbe. Durch die Menschen, und in gewisser

Beziehung noch mehr durch die Tiere, kommen sie auf den Astralplan. Sie gleichen nicht den anderen Wesenheiten des astralen Planes. Dort auf dem Astralplan ist das sichtbar, was für den Menschen zunächst nur fühlbar ist. Lust, Leid, Triebe sind da so wirklich vorhanden, wie auf dem physischen Plane die äußeren Gegenstände, ein Stuhl oder ein Tisch vorhanden sind. Das ist dort so vorhanden, daß ein Wesen, das uns als Lust erscheint, zunächst auf unser Gefühl wirkt, wenn sein Astralstoff noch ganz dünn ist.

Was auf dem Astralplan auftritt, ist in der Regel dort wie ein Spiegelbild vorhanden im Vergleich zum physischen Plan; zum Beispiel die Zahl 563 ist dort 365. Ein Haßgefühl erscheint dort auch so, als ob es von dem Menschen käme, dem es zugesandt wurde. Diese Tatsache ist gültig für alle Dinge auf dem Astralplan. Man kann das Seelische, welches vom Astralplan hereinscheint auf den physischen Plan, hier mit den entgegengesetzten Eigenschaften wahrnehmen. Wenn seelische Empfindungen vom Astralplan hereindringen, dringen sie zum Beispiel, während sie dort Wärme sind, hier als ein Spiegelbild des Astralplanes mit einem eigentümlichen Kältegefühl ein. Das sind Dinge, die man sich ganz klarmachen muß.

Auf der anderen Seite müssen wir uns vor Augen halten, daß die Wesenheiten des astralen Planes zur Materie haben, was wir Fühlen nennen. Sie kommen in diesem Gefühl zum Ausdruck. Sind diese Wesenheiten noch nicht sehr stark vorhanden, so können wir sie nur in dieser Weise wahrnehmen, nämlich durch eine Kälteempfindung. Werden sie aber stärker, wenn sich ihre Materie steigert, so werden sie als Leuchtwesen sichtbar. Dies erklärt, daß, wenn Materialisationen bei spiritistischen Sitzungen sich genügend verdichten, eine Lichterscheinung eintritt (Molluskenkrebs als Beispiel). Das ist ein naturgemäßer Vorgang bei einer solchen Sache. Wer so etwas ohne dieses Wissen betrachtet, redet da von Wunder. Ein Wunder ist nichts anderes als das Eingreifen einer höheren Welt in die unsere. Es ist einfach ein naturgemäßer Vorgang. So ist es, wenn andere Wesenheiten von höheren Planen in das menschliche Leben eingreifen.

Wir begreifen, daß ein bloß kühler, trockener Gedanke auf dem Astralplan weniger wirksam ist als ein Gedanke, der impulsiv aus der Seele kommt. Wenn der Mensch in seiner gegenwärtigen Kultur so weit gekommen ist, daß er nicht mehr den Leidenschaften unterworfen ist – unsere Kultur hat ja etwas Raffiniertes –, wenn kühle Gedanken über die Vorgänge in der Welt von ihm auf den Astralplan hinaufgehen, dann zeigen sie sich dort als Hohlräume, sie sparen die Materie aus. In den gewöhnlichen Raum kann man Materie hineinbringen, die den Raum ausfüllt. So ist es nicht bei der Materie, die durch den Gedanken in den Astralraum ausströmt. Sie wirkt im Gegensatz zur physischen Materie so: sie verdrängt das, was da ist, etwa so, als ob man zum Beispiel in einen Mehlteig ein Loch bohrte. So ist es, wenn unsere Gedanken in den Astralraum ausströmen. Die höhere Materie ist ein Gegensatz zur niedrigen: statt den Raum auszufüllen, verdrängt sie das, was im Raume ist. Das ist die astrale Materie, die da verdrängt wird.

Wenn nun ein Gedanke in den Astralraum dringt, so bildet sich eine dichtere Schicht um den durch den Gedanken entstandenen Hohlraum herum. Um diesen Hohlraum herum treten farbige Erscheinungen auf. Es fängt an, um den Hohlraum herum zu glimmen, aufzuglänzen. Das ist die Gedankenform, die wir zunächst sehen. Die astrale Materie wird ringsherum verdichtet und wird dadurch heller. Dieses Hellere, was da rings um den Gedanken herum entsteht, verschwindet bald; aber wenn der Gedanke mit einem mächtigen Leidenschaftsimpuls verbunden ist, dann hat er eine Verwandtschaft mit der verdichteten Astralmaterie und belebt sie. So schaffen Menschen, die noch sehr unentwickelt, aber sehr leidenschaftlich sind, im Astralraum lebendige Wesen, wenn sie denken. Das hört später auf; wenn die Menschen sich entwickeln und immer ruhiger werden, entstehen nicht mehr solche Wesen, wenn sie denken. Aber jetzt begreifen Sie, daß es Wesen gibt auf dem astralischen Plan, die von Menschen herrühren und auch von Tieren. Denn auch bei gewissen Tieren bilden sich solche Wesen, und zwar noch viel intensiver. Aber das Tier drängt seine eigenen Impulse in seine eigene Astralform, so daß es im Astralraum meistens seine eigene Gestalt schafft, sein Abbild.

Jedes Tier läßt eine Art Spur im Astralraum zurück, die zwar ein kurzes Leben hat, aber doch eine Zeitlang zurückbleibt. Aber durch die starken leidenschaftlichen Gedanken des Menschen entstehen neue elementare Bewohner im Astralraum. Allmählich aber erreicht der Mensch den Punkt, wo eine Art neutraler Elementarwesen auf dem Astralplan entsteht. Wenn der Punkt, daß bloße Mechanismen im Astralraum entstehen, endlich überschritten ist, dann kommt der Mensch dazu, immer mehr seine Leidenschaften und Triebe zu veredeln. Das führt ihn dazu, daß er seinen Gedanken einen edlen Enthusiasmus mitgibt. Der hat auch die Kraft, die um den Gedanken liegende Astralmaterie zu beleben. Aus der Entwickelung des Patriotismus entstehen zum Beispiel auch Wesen mit edler Form, und die dadurch geschaffenen elementaren Wesen tragen dazu bei, dasjenige, was im Astralraum lebt, vorwärtszubringen. Die unedleren Wesenheiten, die der Mensch durch Gedanken, die mit Leidenschaften erfüllt sind, erzeugt, sind Hemmnisse und bewirken Rückschritt. Aber alles, was der Mensch unsinnlich erreicht durch Enthusiasmus und so weiter, das wirkt fördernd im Astralraum.

Die durch den leidenschaftlichen Gedanken auf dem Astralraum zusammengedrängte Materie ist dieselbe, die den vorherigen Planeten, den Mond, umgab, aus der sich der Mond herausentwickelt hat zu einer höheren Stufe. Daher ist auch überall, wo solche Materie besteht, eine Gefahr vorhanden. Wir Menschen sind so beschaffen, daß wir uns in der heutigen physischen Materie verkörpern müssen. Auf dem früheren Planeten war noch nicht die jetzige physische Materie; sie war vollkommener als die der heutigen Tiere und unvollkommener als die der heutigen Menschen. Diese Materie, in die Jehova sich zu verkörpern strebt, gibt als solche keine gute Behausung ab. Aber die Wesenheiten, die so weit fortgeschritten sind, daß sie die Stufe, die sie auf dem Monde erreichen sollten, erlangt haben, werden keinen Schaden anrichten. Sie lieben diese Materie nicht.

Es ist nicht die Materie, in die der Mensch jetzt hineininkarniert ist. Aber für gewisse Wesenheiten, die auf dem Monde zurückgeblieben sind, ist die Astralmaterie des Mondes sozusagen ein gefundenes Fressen, von der wollen sie sich ernähren, sie hat für sie eine große Anziehungskraft. Das beweist, daß wir fortwährend umgeben sind von Wesenheiten, deren höhere Natur verwandt ist mit unserer niederen. Wenn der Mensch selbstsüchtige Gedanken schafft, so ist das für diese Wesenheiten sehr willkommen. Sie sind eigentlich in anderer Beziehung vorgeschrittener als die Menschen, aber sie haben in dieser Beziehung die Begierde, sich in den Astralformen zu verkörpern, die wir selbst schaffen. Es sind die sogenannten Asuras. Wir liefern durch niedrige Gedankenformen diesen asurischen Wesenheiten Nahrung.

Wenn Menschen, die noch nicht geläutert sind, nicht leidenschaftslos genug sind, meditieren und dann starke Gedankenformen schaffen, erzeugen sie eine starke Leidenschaftsaura um sich. Darin verkörpern sich solche asurischen Wesenheiten, die den Menschen dann herunterziehen können. Wenn der Mensch in Schlaftrunkenheit meditiert und dann sich nicht genügend hoch erhebt in Gedanken, dann schafft er diese Materie, und da er kein Gegengewicht hat, verkörpern sich in seinen Gedankenformen solche Wesenheiten. Diese sind höhere Wesen, weil sie das Manas schon vollkommen ausgebildet hatten auf dem Monde, bevor der Buddhieinschlag kam; sie haben also nicht den Einschlag von Buddhi. Daher ist das Manas bei ihnen selbstsüchtig. Würde der Mensch auf der Erde von dem Punkte an, als von außen Manas an ihn herankam, nicht auch den Einschlag von Buddhi empfangen haben, würde er nur das vorwärtsdrängende Manas weiterentwickelt haben, so würde er ein im höchsten Sinne selbstsüchtiges Wesen geworden sein. Die manasische Entwickelung ist eine zur Selbstsucht und Selbständigkeit neigende. Sie sollte den Menschen selbständig machen, aber dann mußte der Einschlag der Buddhinatur kommen. Die erwähnten asurischen Wesenheiten haben, weil sie zu früh Manas in sich entwickelt haben, den Einschlag der Buddhinatur verpaßt. Deshalb stehen sie einerseits höher und andererseits können sie nicht fortschreiten, sondern bilden das Kama-Manas, das Egoistische weiter aus.

In der Mitte der lemurischen Rasse trat auf dem physischen Plan das Kama-Manas in der Zweigeschlechtlichkeit auf. Der Gott, der Kama-Manas herausbrachte, war Jehova. Daher nennt ihn *Helena Petrowna Blavatsky* den Mondgott; er wird mit Recht der Gott der Fruchtbarkeit genannt. Er hat das äußere Wirken des Kama-Manas auf die Spitze getrieben. Das Sexuelle, das in der lemurischen Zeit herauskam, das wird, wenn wir es zurückverfolgen, wenn wir es in seiner immer höheren und höheren Natur sehen, der zweite Logos. Durch das Kama-Prinzip heruntersteigend wurde es Jehova; durch das Buddhiprinzip hinaufsteigend wurde es das Christus-Prinzip.

Wenn wir aber untergehen im Kamischen der vorirdischen Periode, so werden wir von den asurischen Wesenheiten heruntergezogen. Die höheren Kräfte unserer geistigen Vorgänger sind verknüpft mit den Kräften unserer eigenen niederen Natur. Die menschlichen Leidenschaften stehen in okkulter Beziehung zu den höheren Kräften der uns vorausgegangenen geistigen Wesenheiten. Überall wo Ausschweifung ist, dort ist die Materie gegeben, in der mächtige asurische Kräfte raffinierte Intellektualität ausströmen in die Welt. Bei verdorbenen Menschenstämmen sind solche starken asurischen Kräfte zu finden. Der schwarze Magier bezieht gerade aus dem Sumpf der Sinnlichkeit seine stärksten dienenden Kräfte. Die sexuellen Riten sind dazu da, um in diese Kreise hineinzubannen. Es besteht ein fortwährender Kampf auf der Erde, der auf der einen Seite danach strebt, die Leidenschaften zu läutern, und auf der anderen Seite das Streben hat nach Verstärkung der Sinnlichkeit. Die Wesenheiten, die das Christus-Prinzip zum Führer haben, suchen die Erde für sich zu gewinnen, aber auch die anderen, feindlichen Wesenheiten suchen die Erde an sich zu reißen.

Diese Verkörperungen asurischer Wesenheiten in den Ausströmungen der mit Leidenschaft erfüllten Gedanken des Menschen sind die eine Art von astralen Wesenheiten. Man nennt sie künstliche Elementarwesen, weil sie vom Menschen künstlich hervorgebracht werden. Dann gibt es im Astralraum auch natürliche Elementarwesen. Die rühren her von den Gruppenseelen der Tiere. Es gibt für eine jegliche Tiergruppe eine Wesenheit auf dem Astralplan, die vereinigt, was in den einzelnen Tieren vorhanden ist. Diese treffen wir auch im Astralraum an. Jedes Tier zieht seine ganze Natur astralisch wie einen Schweif nach sich. Diese Bildung kann aber nicht so schädlich wirken wie das, was der Mensch im Astralraum an Elementarwesen schafft. Es ist unschädlich, weil es von der Gruppenseele der Tiere paralysiert wird. Das ist bei den durch den Menschen geschaffenen Wesenheiten nicht so, weil beim Menschen nichts paralysiert, so daß diese Elementarwesen bleibend sind.

Wenn ein Tier gequält wird, prallt die Summe des ihm zugefügten Schmerzes sogleich auf den Astralkörper des Menschen zurück. Hier freilich spiegelt er sich ab als Gegenbild; daher die Wollust der Grausamkeit. Ein solches Lustgefühl bringt den menschlichen Astralleib herunter. Wenn der Mensch Leben vernichtet, bedeutet es im Menschen selbst etwas ungeheuer... (Lücke im Text.) Man kann durch nichts sich astrale Kräfte, die zerstörend wirken, so aneignen als durch Töten. Jedes Töten eines Wesens, das einen Astralkörper hat, erzeugt eine Verstärkung des wüstesten Egoismus. Es bedeutet einen Zuwachs an Macht. Deshalb wird in Schulen der schwarzen Magie zunächst ein Unterricht gegeben, wie man in Tiere schneidet; mit entsprechenden Gedanken an einer bestimmten Stelle schneiden, erregt eine gewisse Kraft, an einer anderen Stelle erregt es eine andere Kraft. Das Entsprechende beim weißen Magier liegt im Meditieren. Es kommt etwas auf dem physischen Plan zurück, wenn es mit physisch begleitenden Gedanken getan wird; ohne Gedanken kommt es auf dem Kamalokaplan zurück.

Die Überwältigung des Menschen durch hypnotische Mittel ist ein noch stärkeres Töten, weil es das Wollen vernichtet. Deshalb greift der Okkultist nie ein in die Freiheit des Menschen; er erzählt nur die Tatsachen.

Die Lüge ist vom astralen Standpunkt ein Mord und ein Selbstmord zugleich. Sie spiegelt dem anderen etwas vor und erzeugt in ihm ein Gefühl, das sich auf eine nicht vorhandene Tatsache bezieht, auf ein Nichts. Auf dem Astralplan tritt sofort das Gegenbild auf von dem Nichts, das Töten. Sie ertöten also etwas im Menschen, wenn Sie durch Lüge sein Gefühl lenken auf etwas, was nicht ist, und Sie begehen Selbstmord, weil... (Lücke im Text.)

XX

Berlin, 18. Oktober 1905

Wir haben gestern zunächst die Gebilde in der astralen Welt betrachtet, die unter dem Einfluß des Menschen selbst auftreten. Heute kommen wir zu den Wesen des Astralraumes, die dort mehr oder weniger ständige Bewohner sind.

Um zu verstehen, welchen Anteil der Mensch an den astralen Geschehnissen hat, müssen wir uns die Natur des schlafenden Menschen vor Augen halten. Der Mensch besteht, wie wir wissen, aus vier Gliedern: dem physischen Leib, dem Ätherleib, dem Astralleib und dem Ich. Wenn der Mensch schläft, so ist der Astralleib mit dem Ich aus der menschlichen Hülle heraus. Ein solcher Mensch wandelt sozusagen im Astralraume herum. In der Regel entfernt er sich nicht sehr weit von dem physischen und dem Ätherleib, die im Bette liegen bleiben. Die zwei anderen Glieder der menschlichen Wesenheit, der Astralleib und das Ich, sind nun im Astralraum.

Wenn nun auch der physische Leib und der Ätherleib hier auf dem physischen Plan bleiben, so dürfen wir durchaus nicht glauben, daß deshalb auf den physischen Leib mit dem Ätherleib nur physische Kräfte Einfluß hätten und nur physische Wesen zu ihnen Zutritt hätten. Alles was als Gedanken und Vorstellungen lebt, gewinnt auf den Ätherleib einen Einfluß. Wenn ein Mensch schläft, so ist der Ätherleib hier auf dem physischen Plan. Wenn wir in der Umgebung des schlafenden Menschen etwas denken, so werden wir auf seinen Ätherleib einen Einfluß ausüben; nur würde der Schlafende darüber nichts erfahren. Im Wachen ist der Mensch so mit der Außenwelt beschäftigt, daß er alle Gedanken, die auf den Ätherleib eindringen, zurückdrängt. Aber in der Nacht ist der Ätherleib allein, ohne das Ich, und ist ausgesetzt all den herumschwirrenden Gedanken, ohne daß der schlafende Mensch etwas davon weiß. Auch während des Wachens weiß er nichts davon, weil der Astralleib, der im Ätherleib wohnt, mit der Außenwelt beschäftigt ist. Wenn der Mensch in einem schlafenden Zustande ist, so kann auf ihn eine jede Wesenheit, die die Kraft hat, Gedanken auszusenden, einen Einfluß gewinnen. So können einen Einfluß auf ihn gewinnen höhere Individualitäten, solche die wir Meister nennen. Sie können dem Schlafenden Gedanken in den Ätherleib senden. So kann der Mensch also hohe, reine Gedanken der Meister in den Ätherleib aufnehmen, wenn die Meister sich bewußt damit beschäftigen wollen. Zunächst kommen aber auch nachts die Gedanken in den Ätherleib hinein, die aus der Umwelt hineinschwirren. Die findet der Mensch dann morgens vor, wenn er wieder in den Ätherleib hineinkriecht. Es gibt zweierlei Arten von Träumen. Eine entsteht direkt durch die Erlebnisse in der astralen Welt: durch den Widerhall der Tageserlebnisse und einige Dinge von der astralen Welt. Das Ich erlebt nachts im Astralraum in der Regel nicht viel anderes als Dinge, die an das tägliche Leben anknüpfen. Kehrt es nun zurück, so bringt es die Erfahrungen der Astralwelt in das wache Leben mit oder nicht mit. Es findet aber auch im Ätherleib einen Tatbestand vor. Was da vorgefunden wird, wird auch vom Astralleib aufgenommen und erscheint uns dann auch als Träume. Aber was in der Nacht mit dem Ätherleib geschehen ist, ist eine andere Art von Erlebnissen. So werden also morgens im Ätherleib vorgefunden erstens Gedanken, die aus der Umgebung an ihn herangetreten sind, und zweitens auch die Gedanken, die in bewußter Weise die Meister oder andere Individualitäten in ihn versenkt haben. Dies letztere kann dadurch herbeigeführt werden, daß der Mensch meditiert. Dadurch daß der Mensch sich mit reinen, edlen Ewigkeitsgedanken beschäftigt während des Tages, bringt er in seinen Astralleib Neigungen für diese Gedanken hinein. Würde ein Mensch Neigungen für solche Gedanken nicht haben, dann würde es nutzlos sein, wenn ein Meister sich mit seinem Ätherleib befassen wollte. Wenn man «Licht auf den Weg» liest und darüber meditiert, so präpariert man den Astralleib so, daß wenn der Meister den Ätherleib mit erhabenen Gedanken angefüllt hat, der Astralleib diese Gedanken wirklich antreffen kann. Diese Beziehung nennt man das Verhältnis des Menschen zu seinem höheren Selbst. Der innere wirkliche Vorgang ist ein solcher. Das höhere Selbst des Menschen ist nichts, was in uns lebt, sondern um uns herum. Das höhere Selbst sind die höherentwikkelten Individualitäten. Der Mensch muß sich klar darüber sein, daß das höhere Selbst außer ihm ist. Wenn er es in sich suchte, würde er es nie finden. Er muß es bei denjenigen suchen, die den Weg schon gegangen sind, den wir gehen wollen. *In* uns ist nichts als unser Karma, das, was wir schon erlebt haben in früheren Inkarnationen. Alles andere ist außer uns. Das höhere Selbst ist um uns herum. Wenn wir uns ihm nähern wollen für die Zukunft, so ist es vor allen Dingen zu suchen bei denjenigen Individualitäten, die nächtlicherweile auf unseren Ätherkörper wirken können. Es ist im Universum; deshalb sagt der Vedantist: «Tat tvam asi» = Das bist du! – Wenn man durch geeignete Schriften, wie «Licht auf den Weg» oder das Johannes-Evangelium, den Astralleib geneigt macht, hohe Ingredienzien aufzunehmen und dann die Meister zu verstehen, so wirkt man damit zugunsten der Entwickelung zum höheren Selbst.

Wir finden also in der Nacht im Astralraum die schlafenden Leiber oder die Schüler mit ihren Meistern insofern, als derjenige, welcher ein verbindendes Band mit dem Meister hergestellt hat, durch eine geeignete Meditation die Verbindung hat, die ihn zu dem Meister hinzieht. Das ist der Vorgang, der nächtlicherweile sich abspielen kann. Jeder Mensch kann durch Versenkung in inspirierte Schriften zur Teilnahme an solchem Verkehr kommen und dadurch zur Entwickelung des höheren Selbst. Das was in einigen tausend Jahren unser Selbst sein wird, das ist jetzt unser höheres Selbst. Um aber wirklich Bekanntschaft mit dem höheren Selbst zu machen, müssen wir es da suchen, wo es heute schon ist, bei den höheren Individualitäten. Das ist der Verkehr der Schüler mit den Meistern.

Etwas anderes, was wir auch im Astralraum treffen können, ist der schwarze Magier mit seinen Schülern. Um sich zum schwarzen Magier auszubilden, macht der Schüler eine besondere Schulung durch. Der Unterricht in schwarzer Magie besteht darin, daß der Mensch unter bestimmter Anleitung gewöhnt wird, Tiere zu quälen, zu schneiden, zu töten. Das ist das Abc. Wenn der Mensch mit Bewußtsein Lebendiges quält, hat dies eine bestimmte Folge. Der dadurch verursachte Schmerz übt auf den menschlichen Astralleib eine ganz besondere Wirkung aus, wenn er den Schmerz bewußt verursacht hat. Wenn man bewußt in ein ganz bestimmtes Organ schneidet, so wächst dem Menschen eine Macht zu.

Nun ist es der Grundsatz aller weißen Magie, daß keine Macht errungen werden darf ohne Hingabe. Wenn durch Hingabe eine Macht errungen wird, so fließt sie aus dem allgemeinen Lebensquell des Universums. Wenn wir aber von einem einzelnen, bestimmten Wesen Lebensenergie nehmen, dann stehlen wir ihm die Lebensenergie. Weil sie einem Sonderwesen gehörte, verdichtet und erhöht sie das Sonderdasein in dem Menschen, der sie sich aneignet. Und diese Verdichtung des Sonderdaseins macht ihn geeignet, Schüler derjenigen zu werden, welche mit den guten Meistern in einem Kampfe begriffen sind.

Denn unsere Erde ist ein Kampfplatz; sie ist der Schauplatz zweier einander widerstrebender Mächte: rechts und links. Die eine, die weiße Macht, die rechte, strebt danach, die Erde, nachdem sie bei einem bestimmten Grade der materiellen physischen Dichtigkeit angelangt ist, wieder zu vergeistigen. Die andere Macht, die linke oder schwarze, strebt danach, die Erde immer dichter und dichter zu machen, wie den Mond. So könnte unsere Erde nach einiger Zeit der physische Ausdruck für die guten oder der physische Ausdruck für die bösen Mächte sein. Der physische Ausdruck für die guten Mächte wird sie dadurch, daß der Mensch sich mit den zusammenfassenden Geistern verbindet, indem er das Ich in der Gemeinschaft sucht. Die Erde ist dazu berufen, sich physisch immer noch mehr zu differenzieren. Nun ist es möglich, daß die einzelnen Teile eigene Wege gehen, daß jeder Teil sich ein Ich bildet. Das ist der schwarze Pfad. Der weiße Pfad ist der, daß ein Gemeinsames angestrebt wird, daß sich ein allgemeines Ich bildet.

Würden wir uns immer mehr in uns selbst hineinbohren, uns in unseren eigenen Ich-Organismus vertiefen, immer mehr wollen für uns, dann würden wir schließlich alle auseinanderstreben. Schließen wir uns dagegen zusammen, so daß ein gemeinsamer Geist uns belebt, daß ein Zentrum sich zwischen uns, in unserer Mitte bildet, dann fassen wir uns zusammen, dann vereinigen wir uns. Schwarzer Magier sein heißt, den Geist des Sonderseins immer mehr ausbilden. Gewisse schwarze Adepten sind auch auf dem Wege, gewisse Kräfte der Erde an sich zu bringen. Würde ihre Schülerschaft so stark werden, daß das möglich würde, dann würde die Erde dem Verderben entgegengehen.

Der Mensch ist berufen, sich nach und nach immer mehr in die Atmosphäre der guten Meister zu bringen. Neben dem Adepten und seinen Schülern findet man also auch noch den schwarzen Magier mit seinen Schülern auf dem Astralplan. Dann findet man dort allerdings auch die Menschen, die vor einiger Zeit gestorben sind, und zwar sind sie dort zu dem Zwecke, daß sie die Beziehungen, die sie zu der Erde gehabt haben, nach und nach abstreifen. Die Begierde nach Genuß muß abgestreift werden. Der Genuß ist ein Vorgang im Astralkörper, aber er kann nicht vom Astralkörper befriedigt werden. Solange man auf dem physischen Plane lebt, kann man die Gier des Astralkörpers durch die Werkzeuge des physischen Körpers befriedigen. Nach dem Tode ist die Sucht nach Genuß auch noch da, aber die Werkzeuge zur Befriedigung sind nicht mehr da. Alles das, was nur durch den physischen Körper befriedigt werden kann, alles das muß abgewöhnt werden. Das geschieht im Kamaloka. Wenn der Mensch sich alle derartigen Begierden abgewöhnt hat, dann ist die Kamalokazeit zu Ende und es kommt die Zeit des Devachan.

Wenn die Kamalokazeit zu Ende geht, dann kann etwas eintreten, was nicht ganz normal ist in der menschlichen Entwickelung. In der normalen menschlichen Entwickelung geschieht folgendes: Der

Mensch hat sich abgewöhnt die Begierden, Wünsche, Triebe, Leidenschaften und so weiter. Nun hebt sich aus dem Astralleibe alles dasjenige, was höhere Natur ist, heraus. Dann bleibt als eine Art Schale das zurück, wodurch der Mensch nach sinnlichem Genuß gestrebt hat. Und wenn der Mensch den Kamalokaplan verlassen hat, schwimmen diese astralen Menschenschalen auf dem Astralplane herum. Sie lösen sich nach und nach auf, und wenn der Mensch zurückkommt, dann sind die meisten Schalen ganz aufgelöst. Es ist sehr leicht möglich, daß stark somnambule Naturen, mediumistische Naturen von diesen astralen Schalen gequält werden können. Dies drückt sich auch schon bei schwach mediumistischen Menschen in einer Weise aus, die ihnen einen sehr unangenehmen Eindruck macht. Es kann vorkommen, daß der Mensch selbst in dem Ich eine so starke Neigung hat zu dem Astralkörper, trotzdem er auf der anderen Seite wiederum schon so weit vorgeschritten ist, daß er verhältnismäßig rasch reif wird für das Devachan, so daß mit dieser Schale Teile seines schon entwickelten Manas verbunden bleiben. Nicht so schlimm ist es, wenn der Mensch niedere Begierden entwickelt, solange er noch ein einfacher Mensch ist, aber schlimm ist es, wenn er den hohen Verstand gebraucht, um den niederen Begierden zu frönen. Dann verbindet sich mit den niederen Begierden ein Teil seiner manasischen Natur. Im materialistischen Zeitalter ist das in außerordentlichem Maße der Fall. Bei solchen Menschen bleibt mit der Schale ein Teil des Manas verbunden, und die Schale hat dann automatischen Verstand. Diese Schalen nennt man Schatten. Die mit automatischem Verstand begabten Schatten sind sehr häufig solche, die durch Medien sich äußern. Man kann dadurch der Täuschung ausgesetzt sein, etwas, was bloß Schale von einem Menschen ist, für seine wirkliche Individualität zu halten. Sehr oft ist das, was sich ankündigt nach dem Tode des Menschen, eine solche Schale, die gar nichts mehr mit dem sich fortentwickelnden Ich zu tun hat. Aber mit dem aufgelösten Schatten ist dann noch nicht das Karma ausgelöscht.

Die Ursache eines jeden Gegenbildes, das wir im Astralraume bewirkt haben, nehmen wir mit. Unsere Werke folgen uns nach. Wie ein

Namenszug in einem Petschaft eingegraben ist, so ist das, was wir im Astralraume einprägen. Es bleibt im Astralraume wie ein Siegelabdruck und richtet dort seine Verheerungen an. Was dem Petschaft entspricht, das nehmen wir mit. Was aber in dem Astralraume zurückbleibt, das braucht auch nicht von uns verachtet zu werden. Man denke sich, irgend jemand würde sich in diesem Leben über eine scharf ausgesprochene Entwickelungsstufe hinausentwickeln, eine Stufe, der er eine Zeitlang angehört hat. Er hätte auf der früheren Entwickelungsstufe Meinungen gehabt, die seinen späteren Meinungen widersprechen. Wenn er dann ins Devachan aufsteigt, bleiben die alten Meinungen in der Schale zurück, mit denen der Mensch sich nicht harmonisch auseinandergesetzt hat. Setzt sich nun ein Medium mit dieser Schale in Verbindung, so kann es in derselben Widersprüche mit dem späteren Leben finden. Das ist wohl der Fall gewesen, als man versucht hat, sich mit *Helena Petrowna Blavatsky* auf dem Astralplane in Verbindung zu setzen. Sie hatte früher auf dem Standpunkt gestanden, daß es mit der Reinkarnation nichts sei. Das betreffende Medium hat nun der Schale, die Blavatsky zurückgelassen hat, diese Ansicht entnommen, die sie jedoch in ihrer späteren Lehre einen Irrtum nannte.

Einer Unsumme von Irrtümern kann derjenige ausgesetzt sein, der den Astralraum betritt. Außer allem anderen ist auf dem Astralplan ein Abdruck der Akasha-Chronik. Wenn jemand die Fähigkeit hat, auf dem Astralplane in der Akasha-Chronik zu lesen, die sich dort in ihren einzelnen Teilen spiegelt, so wird er seine früheren Inkarnationen sehen können. Die Akasha-Chronik ist nicht mit Buchstaben gedruckt, sondern man liest da ab, was sich wirklich vollzogen hat. Ein Akasha-Bild gibt auch noch nach eintausendfünfhundert Jahren den Eindruck der früheren Persönlichkeit. Also sind auf dem Astralplane auch alle Akasha-Bilder aus früheren Zeiten zu finden. So kann man also dem Irrtum unterliegen, mit *Dante* zu reden, während in der Tat Dante heute wieder als lebende Persönlichkeit da sein könnte. Es ist auch möglich, daß das Akasha-Bild vernünftige Antworten gibt, daß es über sich selbst noch hinausgeht. So kann man von Dantes Akasha-Bild wirklich Verse bekommen, die aber nicht von der fortgeschrittenen Individualität herrühren, sondern die als in Fortsetzung der damaligen Dante-Persönlichkeit hervorgebrachte Verse anzusehen sind. Das Akasha-Bild ist tatsächlich etwas Belebtes, kein steifer Automat.

Damit man sich auf dem Astralplan auskennen kann, ist eine starke, eindringliche Schulung erforderlich, weil dort immer Täuschungen möglich sind. Und besonders notwendig ist es, daß man lernt, sich möglichst lange jeglichen Urteils zu enthalten.

Wir wollen nun den Vorgang des Sterbens ins Auge fassen, um die Technik der Reinkarnation zu verstehen. Der Moment des Sterbens besteht darin, daß der Ätherkörper und der physische Körper zunächst voneinandergerissen werden. Das ist der Unterschied zwischen dem Einschlafenden und dem Sterbenden, daß bei dem Einschlafenden der Ätherkörper mit dem physischen Körper verbunden bleibt. Im Ätherkörper sind eingeprägt alle Gedanken und Erlebnisse des Menschen. Die sind in ihm eingegraben. Der Mensch würde sich viel mehr an seine Erlebnisse gedächtnismäßig erinnern können, wenn nicht die Außenwelt fortwährend seine Erlebnisse auslöschte. Der Mensch hat seine Vorstellungen nur nicht immer vor sich, weil er seine Aufmerksamkeit nach außen richtet. Wo er aufhört, das zu tun, nimmt er wahr, was in seinem Ätherkörper aufgespeichert ist. Alles was der Mensch von der Außenwelt aufgenommen hat, das ist in seinem Ätherleib eingegraben. Er richtet zunächst seine Aufmerksamkeit nach außen und nimmt die Eindrücke in seinen Ätherleib auf. Das vergißt er aber zum Teil wieder. Wenn nun im Tode der physische Leib abgelegt wird, nimmt er in dem Augenblicke alles das wahr, was in seinem Ätherleib aufgespeichert ist. Das ist der Fall, nachdem sein Ich mit dem Astralleib und dem Ätherleib sich vom physischen Leib getrennt hat. Gleich nach dem Tode also ist Gelegenheit geboten zur vollkommenen Erinnerung an das vergangene Leben.

Nun müssen wir noch einen ähnlichen Moment zu verstehen suchen, nämlich den Moment der Geburt, wo der Mensch in eine neue Inkarnation hineinkommt. Da tritt etwas anderes ein. Da bringt er alles dasjenige mit, was er auf dem Devachanplan sich erarbeitet hat. Wie Glocken schwirren die sich verkörpernwollenden Astralleiber an den Lebensäther heran und bilden nun einen neuen Ätherleib. Wenn nun der Mensch mit seinem zukünftigen Ätherleib sich verbindet, dann tritt ein Moment der Schau ein, geradeso wie er vorher beim Tode auf sein vergangenes Leben zurückschaute. Das drückt sich aber nun ganz anders aus, nämlich als ein Vorausschauen in die Zukunft, ein Vorauswissen. Bei etwas psychisch veranlagten Kindern kann man manchmal in der frühesten Zeit solche Erzählungen hören, solange noch nicht die materialistische Kultur auf die Kinder gewirkt hat. Ein Vorausschauen des Daseins ist das.

Das sind zwei wichtige, wesentliche Momente, denn sie zeigen uns, was der Mensch, wenn er herunterkommt, um sich zu inkarnieren, mit sich bringt. Wenn er gestorben ist, ist das Wesentliche eine Erinnerung. Wenn er sich reinkarniert, ist das Wesentliche eine Zukunftsvision. Diese beiden verhalten sich zueinander wie Ursache und Wirkung. Alles was der Mensch im letzten Moment des Todes erlebt, ist die Zusammenfassung aller vorhergehenden Leben. Diese werden im Devachan aus einer Vergangenheitssache in eine Zukunftssache umgearbeitet. Diese beiden Momente können einen wichtigen Fingerzeig geben für ganz bestimmte Zusammenhänge in zwei oder mehreren aufeinanderfolgenden Inkarnationen.

XXI

Berlin, 19. Oktober 1905

Um uns einen genauen Begriff von der Technik der Reinkarnation zu bilden, müssen wir uns zuerst mit einer Vorstellung bekanntmachen, die für die ganze Weltauffassung Bedeutung hat, nämlich mit dem Gesetz von Wirkung und Gegenwirkung. Eine jede Wirkung erzeugt ihre Gegenwirkung.

Was man in grober Weise wahrnehmen kann, nämlich wenn ich einen Menschen schlage und er schlägt zurück, also wenn auf einen

Schlag ein Gegenschlag erfolgt, das ist auch in der ganzen Natur zu beobachten. In *Newtons* Werken ist das an vielen Stellen ausgesprochen. Das gilt auch durchaus auf dem okkulten Gebiete. Nicht immer ist die Gegenwirkung wahrnehmbar, aber eminent wahrnehmbar ist sie zum Beispiel, wenn man auf eine Kautschukkugel einen Druck ausübt. Je stärker der Druck, desto stärker ist auch die Gegenwirkung. Wenn nun in der Natur eine Wirkung wie Wärme entsteht, so muß diese Wärme an einer anderen Stelle der Umgebung entzogen werden; dort entsteht als Gegenwirkung Kälte.

Dieses Gesetz von Wirkung und Gegenwirkung gilt aber auch für die ganze geistige Welt, und es ist außerordentlich wichtig, dies zu wissen, wenn man Karma und Reinkarnation verstehen will. Eine Handlung findet auf dem physischen Plan ihren Ausdruck. Ein Gefühl zeigt sich nicht unmittelbar auf dem physischen Plan. Wenn ich mit einem Menschen in Freundschaft verbunden bin, so können wir physisch getrennt sein, so daß unser Gefühl sich äußerlich gar nicht kundgeben kann durch eine Handlung, und wir können uns doch lieb haben. Ein Gefühl hat seinen unmittelbaren Ausdruck auf dem Astralplan. Erst wenn das Gefühl in Handlung übergeht, findet es seinen Ausdruck auf dem physischen Plan. Diesen Unterschied müssen wir berücksichtigen. Wir müssen uns ganz klar darüber sein, daß eine jede Handlung, die auf dem physischen Plan stattfindet, irgendwo ihre Wirkung hat und dann auch eine Gegenwirkung hat. Es wird durch die Handlung immer eine Veränderung auf dem physischen Plan hervorgebracht.

Wenn wir die Welt tiefer begreifen wollen, so dürfen wir uns nicht allein beschränken auf das, was wir sehen können. Es liegen allen physischen Tatsachen Kräfte zugrunde, durch die sie geschehen. Wenn wir zum Beispiel den Aufbau eines Kristalls betrachten, so können wir seine Form, seine Farbe auf dem physischen Plan verfolgen. Aber es gehören ja Kräfte dazu, die ihn aufbauen. Diese Kräfte kann man nicht auf dem physischen Plan wahrnehmen. Diese Kräfte müssen erst auch da sein. Diese Kräfte, die auf dem physischen Plan die Formen machen, die dort gestaltend wirken, die sind selbst nicht auf dem physischen Plan.

Wenn wir versuchen, uns ganz meditativ zu versenken in einen Kristall, zum Beispiel in einen als Oktaeder geformten Kristall, wenn man ihn ganz untertauchen läßt in der Seele und sich innerlich der Form des Kristalls anpaßt, indem man vielleicht eine Stunde lang die Form des Kristalls auf sich wirken läßt und sie dann wegzusuggerieren vermag, dann gelangt man auf den Arupaplan... (Lücke im Text.) Wenn man also irgendeinen Kristall, zum Beispiel einen Bergkristall auf sich wirken läßt, dann die Formen in den Seelenneigungen behält und sie schließlich verschwinden läßt, dann ist man auf dem Arupaplan. Dadurch erfahren wir, daß die Kräfte, die den Kristall aufbauen, auf dem Arupaplan sind.

Alles was den Erscheinungen des physischen Planes als Kräfte zugrunde liegt, das finden wir auf dem Arupaplan. Zwar kann man durch solche Beobachtungen keine Vorstellungen gewinnen, die sich unmittelbar auf das menschliche Leben beziehen. Tatsächlich ist es sehr schwer, sich durch die Beobachtung der menschlichen Handlungen auf den Arupaplan zu versetzen, außer bei den Handlungen von Adepten. Aber wir haben einen sehr großen Gewinn, wenn wir von den rein physischen Reichen ausgehend, eine solche Prozedur, wie das sich Versenken in einen Kristall, vornehmen, weil namentlich im Kristall eine große Reinheit, eine große Keuschheit liegt. Es sind keine Triebe und Begierden in ihm.

Dieses Ideal, das der Mensch in der fernen Zukunft erreichen soll, erscheint in seiner ganzen Reinheit, wenn wir uns in das stumme Mineralreich vertiefen. Es besitzt ein stummer, unaufdringlicher, begierdeloser Stein gerade für den Okkultisten eine ungeheure Zauberkraft. Selbst in der Pflanzenwelt kann man nicht jene stumme, keusche Reinheit zum Gegenstand seiner Betrachtungen machen, wie in diesem ältesten Reiche.

Da nun auf dem physischen Plan Kräfte wirksam sind, die eigentlich auf dem Arupaplan vorhanden sind, so haben wir in der Welt des Physischen immer eine offene Seite, die Erscheinungen, und eine verborgene Seite, die Kräfte, zu betrachten. Wenn wir tätig sind auf dem physischen Plan, bewirken wir zunächst Erscheinungen, aber jede Handlung reicht auch tatsächlich bis auf den Arupaplan hinauf, und hat dort ihre Gegenwirkung. Taten auf dem physischen Plan prägen sich auf dem Arupaplan ein wie ein Namenszug eines Petschaftes und bleiben dort. Das Material des Arupaplanes ist ein feines, weiches, dauerhaftes, es ist Akasha, und die Handlungen des Menschen bleiben dort eingezeichnet vorhanden.

Wir kommen jetzt zu allen denjenigen Äußerungen des Menschen, welche Gefühle enthalten. Alle Gefühle, die der Mensch zum Ausdruck bringt, haben ebenso ihre Gegenwirkungen wie die Handlungen, nur reichen die Gefühle nicht hinauf bis zum Arupaplan, sondern finden ihre Gegenwirkung auf den unteren Partien des Devachanplanes, auf dem Rupaplan.

Tatsächlich ist dies schon aus einer gewissen Betrachtung der Natur herzuleiten. Wenn wir uns auf eine Pflanze in demselben Sinne konzentrieren wie auf einen Kristall, so müssen wir mit unserer Vorstellungskraft bei der Pflanze viel länger verweilen, denn wir müssen nicht nur die Form auf uns wirken lassen, sondern auch ihre innere Beweglichkeit, ihr Leben. So können wir dann auch bestimmte Erfahrungen machen, nur dauert es eben länger als beim Mineral. Man muß die Pflanze jeden Tag als wachsende Pflanze sehen. Wenn wir sie zuerst als kleines Pflänzchen auf uns wirken lassen und meditierend das Wachsen beobachten, bis sie Blüten und Früchte getrieben hat, dann dies nachwirken lassen, ihre sinnliche Form in uns auslöschen – jahrzehntelang könnte man dies üben –, dann wird das, was die Pflanze an Seelenkräften in uns ausgelöst hat, uns in die unteren Partien des Devachanplanes entrücken.

Nun müssen wir uns fragen: Welche Kraft wirkt in den Pflanzen und bedingt das Leben? – Könnten wir hineinkriechen in eine Pflanze, darinnen leben und mit der Pflanze groß werden, kann man sich so entselbsten und hineinkriechen in die Vegetation, dann hat man etwas kennengelernt von außen, was man innerlich recht gut kennt, nämlich das menschliche Gefühl: Lust und Leid, Trauer und Freude und so weiter. Könnte man die Lust aus sich heraussetzen, so würde man imstande sein, durch die Lust bloße mineralische Bestandteile wachsen zu lassen. Durch diese Kraft finden gewisse Jogis die Möglichkeit, das Wachstum der Pflanzen zu beeinflussen; sie haben aber diese Beobachtungen und Meditationen viele Jahre hindurch, ja durch viele Inkarnationen hindurch geübt.

Das Gefühl hat sein Gegenbild auf dem unteren Devachanplan. Auf die Pflanze hat der Mensch keinen Einfluß, wenn er nicht die Jogakräfte ausgebildet hat, aber auf die Mitmenschen können wir belebend wirken durch ein warmes Gefühl. Namentlich ein Erzieher von Kindern kann das beobachten. Wenn man in einer Unterrichtsstunde mit warmer Anteilnahme einem Kinde gegenübersteht, dann weiß man, welche belebende Kraft da das Gefühl hat. Auch sonst kann man vieles als eine Wirkung des Gefühls in der Welt beobachten. Da wo ein Anfang gemacht wird mit dem Wachstum, da wird auch das Gefühl in Anspruch genommen. Durch die Kunst wird ein Anfang zum Wachstum bei den Menschen gemacht. Der Künstler hat wenigstens den Anfang dessen in sich, was organisierende Kraft ist; wenigstens ein hochstehender Künstler, zum Beispiel der Schöpfer des Zeuskopfes. Es ist das künstlerische Schaffen im Zusammenhang mit den menschlichen Gefühlen etwas, das, wenn es höher gesteigert wäre, es möglich machen würde, Pflanzen wachsen zu lassen. Man sollte in der Theosophie wieder einen Anlaß geben zum Verständnis alles wahrhaft Künstlerischen, da wo es als Weltkulturbegriff im reinsten, edelsten Sinne erfaßt wird.

Alles was kombiniert ist auf dem physischen Plan, hat keinen Ätherkörper; aber alles was wächst, hat einen Ätherkörper. Wirkt der Mensch künstlerisch, anschauend oder bildend, so wirkt er auf den Ätherkörper. Ein künstlerisch gestaltetes Tongebilde oder ein Gemälde wirkt unmittelbar auf den Ätherkörper. Eine Tugend wirkt dagegen auf den Astralkörper. Manche edle Menschen, die aus dem Devachan zurückkommen, treffen, weil sie gar nichts getan haben zu einer im Sinne der Schönheit organisierenden Tätigkeit, einen Ätherkörper an, der gar nicht zu ihrem fortgeschrittenen Astralkörper paßt. Daher geschieht es, daß viele Menschen, die in der letzten Inkarnation sehr heilig gelebt haben, aber ohne sich mit dem äußerlich sinnlich Edlen zu befassen, bei der Reinkarnation eine Furcht vor der Inkarnation haben, weil ihr Ätherkörper sich nicht durch das sinnlich Schöne veredelt hat.

Das bewirkt sehr häufig eine Scheu vor der Inkarnation, und im extremen Fall bei der Reinkarnation den Idiotismus. Wenn nun der Mensch all die Nachteile seines Ätherkörpers in einem Idiotenleben durchmacht, so gleicht sich das in der folgenden Inkarnation aus. Weil der Mensch bei seiner Inkarnation, bei der Geburt, einen Schock bekommt, wenn er nicht seinen Ätherkörper durch die Einwirkung des sinnlich Schönen veredelt hat, darum hat man in der Freimaurerei als zweites Prinzip die Schönheit aufgenommen. Weisheit, Schönheit und Gewalt oder Stärke sind die drei aufbauenden Kräfte; sie sollen entwickelt werden. Wer alle drei besitzt, der wird ein Mensch, der auch mit allen drei Körpern in die nächste Inkarnation hineinpaßt.

Diese Dinge erlegen uns die Pflicht auf, gerade die künstlerische Betätigung in das theosophische Leben wieder einzuführen. Das ist auch jetzt in die Strömung der theosophischen Bewegung aufgenommen. Die bloßen Lehren sollten anfangs auf den Astralkörper wirken. Jetzt soll auch das Gefühl den Ätherkörper beeinflussen. Die großen Lehren werden nicht nur gesprochen, sondern gebaut, gemalt, gemeißelt. Wenn wir eine Welt um uns haben, die aufgebaut ist in Stilen der großen theosophischen Bewegung, dann haben wir viel getan. Das Christentum ist nicht nur im Kanon gegeben, sondern von *Michelangelo, Raffael, Leonardo* gemalt und in den gotischen Domen auch gebaut worden. Dann kam das musikalische Element herauf, in das das Christentum hineinwuchs, nachdem es sich verinnerlicht hatte.

Nach der Welt der Gefühle kommen wir herauf in die Welt des Gedankens. Wenn der Mensch einen reinen Gedanken faßt, dann kommt er in eine andere Lage als durch seine Gefühle und seine Handlungen. Denn wer einen reinen Gedanken faßt, erzeugt durch diesen Gedanken auch eine Gegenwirkung. Europäer haben sehr selten solch einen reinen Gedanken, sondern die Gedanken sind meistens getrübt durch Instinkte, Begierden und Leidenschaften. Zumeist gibt es bei den Europäern nur einen Fall, wo sie reine Gedanken haben, nämlich in der Mathematik. Wenn die Menschen rechnen, sind sie mit ihren Leidenschaften sehr wenig dabei. Weil die meisten Menschen überall Gefühl und Kritik haben wollen, lieben sie die Mathematik nicht. Darüber kann man nicht parlamentarisch abstimmen. Die mathematische Wahrheit erkennt der Mensch durch die Wahrheit selbst, ein Problem kann man nur in einer Weise lösen. Ob einer oder eine Million Menschen entscheiden, es muß das Problem immer gleich gelöst werden. Wir würden nirgends Majoritätsbeschlüsse brauchen, wenn es möglich wäre, auf allen Gebieten so leidenschaftslos und objektiv zu entscheiden wie in der Mathematik. Darauf kann man in Europa nur als auf ein Ideal hindeuten, daß einmal in solch leidenschaftsloser, objektiver Weise auch auf anderen Gebieten des Lebens geurteilt werden wird.

Die Forscher würden sich gar nicht streiten, wenn sie die Faktoren völlig objektiv in Betracht ziehen würden, denn die Wahrheit kann nicht in verschiedener Weise an den Menschen herantreten. Die Menschen sind verschiedener Meinung, weil sie mit ihren Instinkten und Leidenschaften auf verschiedene Weise an ihren Vorstellungen beteiligt sind. *Haeckel* hat andere Instinkte als *Wasmann,* daher urteilen beide verschieden. Richtig philosophisch, im höchsten Sinne des Wortes, ist über die menschlichen Angelegenheiten in keiner Philosophie so objektiv in der Reinheit mathematischer Urteile gesprochen worden wie in der Vedantaphilosophie. Wer sich da einlebt, der weiß, was es heißt: Ich brauche keinen anderen, um zu wissen, ob etwas wahr ist. – Wer sich wirklich zu diesem klaren, leidenschaftslosen Denken erhebt, der braucht keine andere Meinung.

Heraklit und *Hegel* waren gereinigter von ihren Leidenschaften als *Du Bois-Reymond, Herbert Spencer* und *Haeckel,* deshalb stehen sie höher. Es gibt verschiedene Standpunkte und Urteile, aber nicht wirklich einander widersprechende Wahrheiten. Haeckels Wahrheit kriecht am Boden; die Vedantaweisheit erhebt sich in leidenschaftslose Reinheit und überschaut von da oben die Dinge. Sie widerspricht nicht dem Materialismus, sondern hat einen höheren Standpunkt als der Materialismus. *Goethe* hat in seiner «Metamorphose der Pflanzen» versucht, eine solche leidenschaftslose Form zu schaffen, wie der Mathematiker sie schafft. Er wollte dadurch tatsächlich solche leidenschaftslosen Gedanken schaffen und den mathematischen Geist in die höheren Gebiete hineinbringen. Nur etwas Joga, etwas Reinigung von Affekten kann verständlich machen, was Goethe mit seiner Botanik meint.

Dadurch, daß der Gedanke in solcher Weise heilig ist, ist man mit seinen Gedanken auf dem Devachanplan. Der Europäer ist fast nie anders auf dem Devachanplan, als wenn er rechnet. Gewisse Partien des künstlerischen Schaffens steigen auch zum Devachanplan hinauf. Wo Goethe auf den höchsten Höhen als Künstler anlangt, wird er sehr schwer verstanden. Er hat in «Iphigenie» und «Tasso» versucht, diesen leidenschaftslosen Gedanken hineinzubringen; noch mehr aber in dem Drama «Die natürliche Tochter». Gerade diese Dramen haben eine gewaltige Wirkung gehabt auf Menschen, welche stark und energisch waren. Solche haben über «Die natürliche Tochter» Tränen vergossen.

Die Gegenwirkung eines solchen Gedankens, der auf dem Devachanplan ist, findet sich auf dem Astralplan. Diese Gedanken wirken hinunter auf den Astralplan, die anderen Dinge wirken hinauf. Zum Beispiel bei *Fichte* wirkte das Gedankeninhaltliche in «Die natürliche Tochter» auf den Astralplan, auf sein Gefühl, und brachte ihn bis zu Tränen. Das war die Gegenwirkung des Gedankens. Einige Menschen werden am tiefsten ergriffen durch die Einwirkung solch reiner Gedanken. Bei der Handlung und beim Gefühl geht die Gegenwirkung hinauf, hier geht sie hinunter.

Wenn auch die Gedanken selten sich als solche reine Gedanken zeigen, so sind sie doch als treibende Kräfte immer vorhanden. Wenn auch viel Zank unter den Meinungen ist, so sind die Gedanken doch da. Der Mensch muß nun, wenn er in dem Gedanken auf dem Devachanplan lebt, diesen Gedanken auch so erfassen, daß er ein Gefühl bekommt für den Gedanken. Die meisten Menschen sind mit dem ersten theosophischen Grundsatz einverstanden, insofern er eine Meinung ist. Wenn man aber fragt, ob sie ihn auch mit dem Gefühl vertreten, dann wird man zu einem anderen Urteil kommen. Erst wenn man eine Meinung, zu der man sich bekennt, auf den Astralplan heruntergebracht hat, hat sich selbst das Gefühl damit ganz durchdrungen; dann wird die Meinung erst wirklich tätig. Die theosophische Bewegung will die Menschen entwickeln, sie auch mit ihrem Leben und Gefühl dahin zu bringen, wo ihre Grundsätze sind.

Rekapitulieren wir also. Von allen unseren äußeren Handlungen ist eine Wirkung auf dem Arupaplan. Ein ganzes Gerippe von Wirkungen lassen wir auf dem Arupaplan in einem Leben zwischen Geburt und Tod zurück. Von alledem, was wir im Leben gefühlt haben, ist ein Abdruck vorhanden auf dem Rupaplan. Von alledem, was wir gedacht haben, ist ein Abdruck auf dem Astralplan vorhanden. Nach dem Tode gehen wir zuerst durch Kamaloka und gelangen dann auf den Rupaplan. Wir kommen dann dahin, wenn wir noch nicht sehr viele solche Devachangedanken gefaßt haben. Haben wir einmal *nur* solche Devachangedanken, so sind wir schon Chela, Geheimschüler, geworden, dann haben wir den Devachanplan schon ganz in uns.

Der Chela kann auf dem astralen Plan bleiben, er leistet den Verzicht auf Devachan, weil er durch seine reinen Gedanken seinen Astralkörper so geläutert und gefestigt hat, daß er ihn weiter benutzen kann. Bei uns löst sich alles das im Kamaloka auf, was noch nicht vom Ich bearbeitet und veredelt ist. Beim Wilden löst sich der größte Teil, beim hochentwickelten Menschen der geringste Teil auf. Der schon veredelte Astralleib wird nach Devachan mitgenommen. Alles was wir als unser Gefühlsleben entwickelt haben, das präpariert uns zu einem neuen Leben, arbeitet an uns. Wenn wir uns mit allen unseren Handlungen vereinigt haben, werden wir zurückgestoßen zu unserer nächsten Inkarnation. Der ewiggemachte Ichteil – das Ich und der veredelte Astralleib – kommt nun zurück und gliedert sich im Astralen wieder einen solchen Leib an, der dem entspricht, was noch nicht veredelt ist. Die Vorbereitung dazu, um sich ein fremdes Astralglied anzugliedern, wird eben im Devachan erworben. Dann gliedert er sich den Ätherleib an. Infolgedessen taucht die Vorschau auf alles auf, was den Menschen erwartet. Geradeso wie beim Verlassen des physischen Körpers im Ätherkörper und Astralkörper das Gedächtnis erwacht für die unmittelbare Vergangenheit bis zur Geburt, so jetzt die Vorschau auf das Kommende. Nun kann hier manchmal etwas Besonderes eintreten: man kann einen Schock bekommen, der die Idiotie bewirkt. – Beim weiteren Heruntergehen wird der physische Körper angegliedert.

Weil die Gedanken nur auf dem Astralplan wirken, sind sie karmisch das Intimste. Sie sind das Schöpferische durch sich selbst. Deshalb gilt der Spruch: Was du heute denkst, bist du morgen! – Je reiner und übersinnlicher der Gedanke ist, desto mehr wird man Schöpfer seines Charakters.

Das Schicksal bildet sich noch durch andere Faktoren: die Gefühle bilden die Gelegenheiten, die Handlungen bilden die Form.

Erscheinung			*Kräfte*
Physischer Plan	–	Handlungen	Arupaplan
Astralplan	–	Gefühle	Rupaplan
Devachanplan	–	Gedanken	Astralplan

XXII

Berlin, 24. Oktober 1905

Als Fortsetzung der Besprechung von Karma und Reinkarnation wollen wir als besondere Frage im Zusammenhang des Ganzen das Problem des Todes behandeln.

Die Frage: Warum stirbt der Mensch? – beschäftigt fortwährend die Menschheit. Aber sie ist nicht so ganz leicht zu beantworten, denn was wir heute sterben nennen, hängt zusammen damit, daß wir auf einer ganz bestimmten Stufe unserer Entwickelung stehen. Wir wissen, daß wir zunächst in drei Welten leben, in der physischen, astralen und der mentalen Welt, und daß unser Dasein wechselt zwischen diesen drei Welten. In uns haben wir einen inneren Wesenskern, den wir die Monade nennen. Diesen Wesenskern erhalten wir uns durch die drei Welten hindurch. Er lebt in der physischen Welt in uns, aber auch in der astralen und devachanischen Welt lebt er in uns. Der innere Wesenskern ist da nur immer mit einem verschiedenen Gewande umkleidet. In der physischen, astralen und devachanischen Welt ist das Gewand unseres Wesenskernes verschieden.

Wir sehen nun zunächst ab von dem Tode und stellen uns den

Menschen in der physischen Welt mit einer gewissen Materie bekleidet vor. Dann tritt er in die astrale und devachanische Welt jedesmal mit einem anderen Gewande. Nehmen wir nun an, der Mensch wäre in allen drei Welten bewußt, so daß er die Dinge ringsherum wahrnehmen könnte. Ohne Sinne und Wahrnehmung würde der Mensch auch in der physischen Welt nicht bewußt leben. Wäre der Mensch heute gleichmäßig in allen drei Welten bewußt, dann gäbe es keinen Tod, dann gäbe es nur Verwandlung. Dann würde der Mensch aus einer Welt in die andere bewußt hinübergehen. Dieses Hinübergehen wäre dann für ihn kein Sterben und für die Zurückbleibenden höchstens wie ein Verreisen. Nun ist es so, daß der Mensch erst nach und nach sich die Kontinuität des Bewußtseins in diesen drei Welten erwirbt. Er empfindet es zunächst als eine Verdunkelung seines Bewußtseins, wenn er aus der physischen in die anderen Welten hineingeht. Er wird sich erst wieder klar bewußt, wenn er in die physische Welt zurückkehrt. Die Wesen, die das Bewußtsein behalten, kennen den Tod nicht. Verständigen wir uns nun darüber, wie der Mensch dazu gekommen ist, das gegenwärtige physische Bewußtsein zu haben, und wie er ein anderes Bewußtsein erwerben wird.

Wir müssen den Menschen durchaus als eine Zweiheit, als aus zwei Wesen zusammengesetzt, erkennen: aus der Monade und der Umkleidung der Monade. Wir fragen: Wie ist das eine und wie ist das andere entstanden? Wo lebte der astralische Mensch, bevor er das geworden ist, was er heute ist, und wo lebte die Monade? – Beide haben verschiedene Entwickelungsstadien durchgemacht, beide sind nach und nach erst dazugekommen, sich vereinigen zu können.

Bei der Betrachtung des physisch-astralischen Menschen werden wir in sehr ferne Zeiten zurückgewiesen, wo er nur als ein astrales Urbild, als eine astrale Form vorhanden war. Der astrale Mensch, der da ursprünglich vorhanden war, der war ein Gebilde, das nicht so war wie der heutige Astralkörper, sondern eine viel umfassendere Wesenheit. Diesen einstigen Astralkörper kann man sich so vorstellen, daß die Erde damals wie ein großer Astralball war, zusammengesetzt aus den astralen Menschen. Alle Naturkräfte und Wesenheiten, die uns heute umgeben, waren damals noch im Menschen darinnen; der Mensch lebte aufgelöst im astralen Dasein. Alle Pflanzen, Tiere und so weiter, die tierischen Instinkte und Leidenschaften lebten damals noch im astralischen Menschen. Was heute der Löwe, was die sämtlichen Säugetiere in sich haben, war damals mit dem Astralkörper des Menschen durch und durch vermischt. Der Astralkörper des Menschen hatte damals sämtliche auf dieser Erde verteilten Wesenheiten in sich. Die astrale Erde war aus lauter astralen Menschenkörpern zusammengefügt wie eine große Brombeerkugel und eingeschlossen in eine geistige Atmosphäre, in der devachanische Wesenheiten lebten.

Diese Atmosphäre – Astralluft könnte man sie nennen –, die die damalige astrale Erde umgab, war aus einer etwas dünneren Substanz als der Astralkörper des Menschen. In dieser Astralluft lebten geistige Wesenheiten, niedere und höhere, unter anderem auch die menschlichen Monaden, ganz abgetrennt von dem menschlichen Astralkörper. Das war der damalige Zustand der Erde. Die Monaden, die schon vorhanden waren in der astralen Luft, die konnten sich nicht verbinden mit dem Astralkörper, denn die Astralkörper der Menschen waren damals noch zu wild. Die Instinkte und Leidenschaften mußten erst aus demselben herausgesetzt werden. So entstand durch Ausscheidung gewisser Substanzen und Kräfte, die der Astralkörper hatte, der menschliche Astralkörper allmählich in einer reineren Form. Die Ausscheidungen aber blieben gesonderte astrale Gebilde, Wesenheiten mit noch viel dichterem Astralleib, mit wilderen Einzelinstinkten, Trieben, Leidenschaften.

Jetzt waren also zwei Astralkörper da: ein weniger wilder menschlicher Astralkörper und ein sehr dichter wilder Astralleib. Halten wir diese beiden streng auseinander: den menschlichen Astralkörper und alles das, was da um ihn herum lebte. Der menschliche Astralkörper wird immer feiner, edler und treibt immer weitere Ausscheidungen heraus, welche immer dichter und dichter wurden. Daraus entstanden – als sie bis zur physischen Dichtigkeit kamen – die anderen Reiche: das Tier-, das Pflanzen- und das Mineralreich. Gewisse ausgeschiedene Instinkte und Kräfte traten durch diesen Verdichtungsprozeß als die verschiedenen Tierklassen hervor.

So fand eine fortwährende Reinigung der Astralkörper statt und das hatte auf der Erde eine notwendige Folge. Denn dadurch, daß der Mensch infolge der Reinigung das, was er früher in sich hatte, nun neben sich hatte, trat er in Verkehr mit diesen Wesen, und was er so früher in sich gehabt hatte, das wirkte jetzt von außen in den Menschen hinein. Das ist ein ewiger Prozeß, auch beim Absondern der beiden Geschlechter, die darnach auch von außen aufeinander einwirken. Die ganze Welt war zuerst mit uns verwoben; dann erst wirkte sie von außen auf uns ein. Das Ursymbol für dieses Zurückkommen in sich selbst von der anderen Seite ist die Schlange, die sich in den Schwanz beißt.

In dem geläuterten Astralkörper entstehen nun Bilder der ihn umgebenden Welt. Nehmen wir an, der Mensch hätte vielleicht zehn verschiedene Formen ausgesondert, die ihn nun umgeben. Früher waren sie in ihm und jetzt sind sie um ihn herum. Nun entstehen in dem geläuterten Astralleibe Spiegelbilder der ihn umgebenden Welt, der außer ihm sich befindenden Formen. Diese Spiegelbilder werden in ihm zu einer neuen Kraft, sie wirken in ihm, gestalten den edleren Astralkörper um, der sich geläutert hat. Er hat zum Beispiel die Wildheit aus sich herausgesetzt; sie ist jetzt außer ihm als ein Bild und wirkt nun auf ihn als gestaltende Kraft. Der Astralleib wird aufgebaut durch die Bilder der ausgeschiedenen Welt, die früher in ihm war. Sie bauen in ihm einen neuen Körper auf. Der Mensch hatte früher den Makrokosmos in sich gehabt, ihn dann herausgesetzt, und das formte nun in ihm den Mikrokosmos, einen Abriß seiner selbst.

So treffen wir den Menschen auf einer bestimmten Stufe an in einer Gestalt, die ihm verliehen wird von seiner ganzen Umgebung. Die Spiegelbilder wirken so auf seinen Astralleib, daß sie ihn differenzieren und spalten. Durch die Spiegelbilder spaltete sich sein Astralkörper und er setzte ihn wieder neu zusammen aus den Teilen, so daß er dann ein gegliederter Organismus ist. Die gemeinsame Astralmasse ist differenziert worden zu den verschiedenen Organen, zum Herzen und so weiter. Zuerst war alles astral, und dann hat sich der physische Mensch herumgelagert. Die menschlichen Bildungen wurden dadurch immer mehr geeignet, sich zu verdichten und ein komplizierterer und mannigfaltigerer Organismus zu werden, der ein Abbild der ganzen Umgebung ist.

Was am allerdichtesten geworden ist, ist der physische Körper; weniger dicht ist der Ätherkörper, und am feinsten ist der Astralkörper. Sie sind im wesentlichen Spiegelbilder der Außenwelt, Mikrokosmos im Makrokosmos. Dabei ist der Astralkörper immer feiner und feiner geworden, so daß der Mensch an einem bestimmten Punkte der Erdenentwickelung einen entwickelten Astralkörper hat. Dadurch, daß der Astralkörper immer feiner geworden ist, hat er sich der feinen Astralmaterie um ihn herum angenähert.

In der oberen Region haben sich unterdessen die entgegengesetzten Entwickelungsvorgänge vollzogen. Die Monade ist von oben, aus den höchsten Devachanregionen bis in die Astralregion heruntergestiegen und hat sich bei diesem Abstieg verdichtet. Da kommen sich die beiden Teile entgegen. Von der einen Seite steigt der Mensch herauf bis in den Astralkörper, von der anderen Seite begegnet ihm die Monade auf ihrem Abstieg in der astralischen Welt. Das war in der lemurischen Zeit. Da konnten sich beide befruchten. Die Monade hat sich umkleidet mit devachanischer Materie, dann mit der astralen Luftmaterie. Von unten herauf haben wir die physische Materie, dann Äthermaterie, dann wieder Astralmaterie. So befruchten sich die beiden Astralmaterien und verschmelzen miteinander. Das was von oben kommt, hat die Monade in sich. Wie in ein Bett bettet sie sich in die Astralmaterie ein.

So findet das Herabsteigen der Seele statt. Aber damit das geschehe, muß die Monade einen Durst nach Kenntnisnahme der unteren Regionen entwickeln. Diesen Durst muß man zunächst voraussetzen. Die unteren Regionen kann man als Monade nur kennenlernen, wenn man sich in dem Menschenkörper inkarniert und durch ihn in die Umgebung hinausschaut. Jetzt ist der Mensch viergliedrig: Er hat erstens einen physischen Körper, zweitens einen Ätherkörper, drittens einen Astralkörper und darinnen viertens das Ich, die Monade. Nachdem der viergliedrige Leib vorhanden ist, kann die Monade durch ihn hinausschauen in die Umgebung, und es tritt dann ein Verkehr ein zwischen der Monade und alledem, was in der Umgebung ist. Dadurch wird der Durst der Monade einigermaßen gestillt.

Wir haben gesehen, daß der ganze menschliche Leib sich zusammensetzt, zusammengesetzt hat aus Teilen, die dadurch entstanden sind, daß die ursprünglich ungegliederte Masse sich in Organe geteilt hat, nachdem der ursprüngliche Astralleib Verschiedenes ausgesondert hatte und durch diese um ihn herumstehenden Aussonderungen, die sich in ihm abspiegelten, in ihm Bilder entstanden sind. Diese Bilder wurden in ihm Kräfte und formten seinen Ätherleib; das heißt, durch diese mannigfaltigen Bilder wird sein Ätherleib gegliedert. In diesem nun aus Teilen bestehenden Ätherleib verdichtet sich wiederum jeder solche Ätherteil in sich und es entsteht der physische Gliedkörper. Jeder solche physische Kern, aus dem dann die Organe werden, bildet zu gleicher Zeit eine Art von Zentrum im Äther.

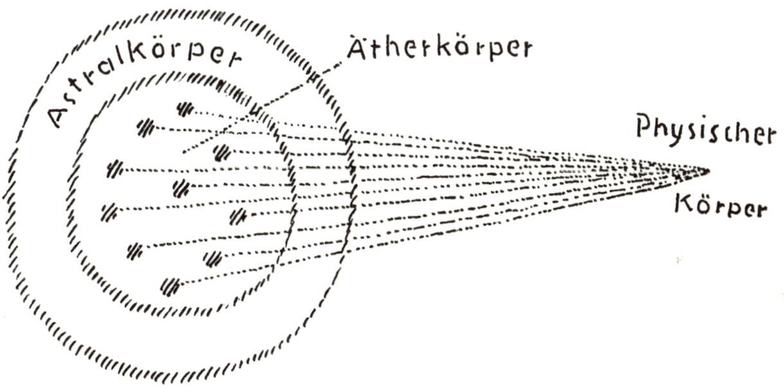

Die Zwischenräume zwischen den Zentren sind durch die bloße Äthermasse ausgefüllt. Wir denken uns den Körper so aus zehn Teilen zusammengesetzt. Diese zehn Teile, die wir als Schema nehmen, halten den Körper zusammen durch ihre Verwandtschaft; sie sind Abbilder der ganzen übrigen Natur und es hängt davon ab, wie stark sie zusammenhängen. Es bestehen in ihnen Grade der Verwandtschaft mit den einzelnen Teilen. Solange diese halten, bleibt der Körper zusammen, wenn die Verwandtschaftsgrade aufhören, fallen die Teile auseinander; der Körper zerfällt. Da wir während der irdischen Entwickelung die mannigfaltigsten Gebilde herausgesetzt haben, so halten die Teile im Ätherkörper nur in gewissem Grade zusammen. Die menschliche Natur ist ein Abbild der herausgesetzten Wesenheiten. Soweit die Wesen ein Sonderdasein führen, so weit führen auch die Teile des physischen Körpers ein Sonderdasein. Wenn die Verwandtschaft der Kräfte so gering geworden ist, daß sie aufhört, so leben wir nur bis dahin; das Maß unserer Lebenszeit ist dadurch bedingt, wie sich die Wesenheiten rund um uns herum vertragen.

Die Entwickelung des höheren Menschen geht so vor sich, daß der Mensch zunächst an seinem Astralleibe arbeitet. Da arbeitet er hinein Ideale, Enthusiasmus und so weiter. Die Instinkte bekämpft er. In dem Augenblicke, da der Mensch Ideale an die Stelle von Trieben, und Pflichten an die Stelle von Instinkten setzt, und Enthusiasmus statt Begierden entwickelt, schafft er Harmonie in die Teile seines Astralleibes hinein. Diese friedenstiftende Arbeit beginnt mit dem Eintritt der Monade und der Astralleib fängt an, immer mehr und mehr unsterblich zu werden. Von da an stirbt der Astralleib nicht mehr, sondern er überdauert in dem Maße, als er Frieden gestiftet hat, als der Friede gegenüber den zerstörenden Kräften standhalten kann. Von dem Augenblicke an, da die Monade hineinkommt, stiftet sie Frieden, zunächst im Astralleib. Da fangen die Instinkte an, sich zu vertragen. Harmonie entsteht in dem früheren Chaos und es entsteht ein astrales Gebilde, welches überdauert, leben bleibt. Im physischen Leib und im Ätherleib wird zunächst nicht Frieden gestiftet, sondern zum Teil nur im Astralleib. Er erhält sich in anderen Welten zunächst nur kurze Zeit, aber je mehr Frieden gestiftet worden ist, desto länger dauert die Devachanzeit.

Wenn dann der Mensch Chela geworden ist, fängt er auch an, im Ätherkörper Frieden zu stiften. Dann überdauert auch der Ätherkörper. Bei den Meistern wird auch Frieden im physischen Leib gestiftet; daher überdauert bei ihnen auch der physische Leib. Es handelt sich darum, die verschiedenen Körper, die aus einzelnen sich bekämpfenden Teilen bestehen, in Harmonie zu bringen und sie in ewige Körper zu verwandeln.

Der Mensch hat sich den physischen Körper geformt, indem er die Naturreiche aus sich herausgesetzt hat, die sich wieder in ihm spiegelten. Dadurch sind die einzelnen Teile in ihm entstanden. Nun vollbringt er Handlungen; durch diese tritt er wieder in Verkehr mit der Umgebung. Was er jetzt hinaussetzt, sind die Wirkungen seiner Taten. Jetzt gliedert er seine Taten in die Umwelt ein, und er wird nach und nach zu einem Spiegelbild dieser seiner Taten. Die Monade ist in den menschlichen Leib eingezogen; sie beginnt Taten zu tun. Ihre Taten sind es, die der Umwelt eingegliedert werden, und sie spiegeln sich wieder in ihm ab. In demselben Maße, in dem sie beginnt Frieden zu stiften, beginnt sie auch die Spiegelbilder ihrer eigenen Taten aufzunehmen.

Nun sind wir bei einem Punkte angekommen, wo wir fortwährend um uns herum ein neues Reich schaffen, die Wirkungen unserer eigenen Taten. Das baut in uns wiederum etwas auf. Wie wir früher den zurückgebliebenen Ätherkörper aus den Spiegelbildern herausgegliedert haben, so gliedern wir jetzt der monadischen Existenz die Wirkung unserer Taten ein. Das nennen wir die Begründung unseres Karmas. Dadurch können wir das alles in der Monade bleibend machen. Früher hat sich der Astralleib gereinigt, indem er alles abgeworfen hat, was in ihm war. Jetzt schafft der Mensch sich ein neues Tatenreich, gleichsam aus dem Nichts heraus, den Verhältnissen nach aus dem Nichts heraus. Das was vorher kein Dasein hat, das neue Verhältnis, es spiegelt sich als etwas Neues, das einen bildhaften Charakter hat, in der Monade ab, und es bildet sich in ihr ein neuer innerer Wesenskern, der aus dem Spiegelbild der Taten entsteht, das Spiegelbild des Karmas. Indem die Monade immer weiterarbeitet, vergrößert sich der Wesenskern mehr und mehr. Nach einiger Zeit schauen wir die Monade an: sie wird dann Harmonie herausgebildet haben aus den streitenden Kräften einerseits, und auf der anderen Seite aus den Wirkungen der Taten. Beide verbinden sich miteinander, es entsteht ein gemeinschaftliches Gebilde.

Nehmen wir an, von dem Menschen wird das irdische Kleid abgelöst und die Monade bleibt übrig. Sie behält die Wirkungen ihrer Taten zurück. Es fragt sich, wie die Wirkung der Taten beschaffen ist. Ist sie so beschaffen, daß sie in den Welten, in denen die Monade nun sich befindet, sich betätigen kann, dann werden die Menschen sich lange da aufhalten können, wenn nicht, dann kurz. Dann müssen sie wieder in den Durst der Monade [nach dem physischen Plan] zurückfallen und wieder einen physischen Körper beziehen.

Das menschliche Leben ist immerfort eine Einhüllung dessen, was uns umgibt: Involution – Evolution. Wir nehmen Bildformen auf und gestalten darnach unseren eigenen Körper. Was die Monade gewirkt hat, das nimmt der Mensch wieder auf als Karma. Der Mensch wird immerfort die Wirkung seines Karmas sein. – Im Vedanta wird gelehrt, daß die verschiedenen Teile des Menschen aufgelöst und in alle Windrichtungen verteilt werden; was dann noch von ihm vorhanden bleibt, das ist sein Karma. Das ist das Ewige, was der Mensch aus sich selbst gemacht hat, was er selbst zunächst als Bild aus seiner Umgebung aufgenommen hat. Der Mensch ist unsterblich; er braucht nur zu wollen, er braucht nur seine Taten so zu gestalten, daß sie ein bleibendes Dasein haben. Unsterblich ist an uns dasjenige, was wir uns von außen her erwerben. Wir sind geworden durch die Welt und fangen an, durch die Befruchtung mit der Monade in uns den Spiegel einer neuen Welt aufzubauen. Die Monade hat die Spiegelbilder in uns belebt. Jetzt können die Bilder hinauswirken, und nun spiegeln sich neuerdings die Wirkungen dieser Bilder. Es entsteht ein neues inneres Leben. Wir verändern mit unseren Taten fortwährend unsere Umgebung. Dadurch entstehen neue Spiegelbilder; die werden nun zum Karma. Das ist ein neues Leben, das dem Inneren entsprießt. Daraus geht hervor, daß wir, um uns höher zu entwickeln, von einem bestimmten Punkt an aus uns selbst herausgehen und selbstlos in die Umgebung wirken müssen. Dieses Herausgehen müssen wir möglich machen, um unsere Umgebung selbstlos in harmonische Verhältnisse zu versetzen. Das bedingt ein Harmonisieren der Spiegelbilder in uns. Unsere Aufgabe ist es, die Welt um uns herum zu einer harmonischen zu machen. Sind wir Zerstörer in der Welt, so spiegeln sich in uns die Verwüstungen; wirken wir Harmonie in der Welt, so spiegeln sich in uns die Harmonien.

Den letzten Grad von Vollkommenheit, den wir hinausgesetzt haben, den wir um uns gestiftet haben, werden wir mit uns nehmen. Daher sagten die Rosenkreuzer: Gestalte die Welt so, daß sie in sich enthält Weisheit, Schönheit und Stärke, dann spiegelt sich in uns Weisheit, Schönheit und Stärke. Hast du die Zeit dazu benutzt, dann ziehst du selbst aus dieser Erde hinaus mit dem Spiegelbild von Weisheit, Schönheit und Stärke. Weisheit ist das Spiegelbild des Manas; Schönheit, Frömmigkeit, Güte ist das Spiegelbild der Buddhi; Stärke ist das Spiegelbild des Atma.

Zuerst entwickeln wir um uns her ein Reich der Weisheit dadurch, daß wir die Weisheit fördern. Dann entwickeln wir ein Reich der Schönheit auf allen Gebieten. Dann tritt sichtbar Weisheit auf und es spiegelt sich in uns: Buddhi. Zuletzt verleihen wir dem Ganzen physisches Dasein, Weisheit im Inneren, Schönheit nach außen.

Wenn wir die Kraft haben, dies durchzusetzen, dann haben wir Stärke: Atma, die Kraft, alles das in Realität umzusetzen. So richten wir in uns die drei Reiche auf: Manas, Buddhi, Atma.

Nicht durch müßige Beschaulichkeit gelangt der Mensch auf der Erde weiter, sondern indem er der Erde Weisheit, Schönheit und Stärke einverleibt. Durch die Arbeit unseres höheren Ich gestalten wir die uns von den Göttern gegebenen vergänglichen Leiber um und schaffen uns selbst ewige Leiber. Der Chela, der seinen Ätherleib veredelt [so daß er erhalten bleibt], verzichtet allmählich auf die Maharajas. Der Meister, bei dem auch der physische Leib erhalten bleibt, kann auf die Lipikas verzichten. Er steht über Karma. Das müssen wir als den Fortschritt des Menschen in seinem Inneren bezeichnen. Was höher ist, außerhalb von uns, müssen wir suchen zu betreten. Daher ist unser höheres Selbst nicht in uns zu suchen, sondern in den höhergestiegenen Individualitäten.

XXIII

Berlin, 25. Oktober 1905

Vergegenwärtigen wir uns den Zeitpunkt, wo der Mensch in der Mitte der lemurischen Rasse sich zur Geistigkeit erhoben hat. Da war erst die Befruchtung mit dem Geiste, mit der Monade möglich. Allmählich hatten sich aus der chaotischen Erde durch Absonderung vom Menschen die anderen Wesenheiten herausgebildet, die als Genossen des Menschen auf der Erde wohnten. Der Mensch hatte ausgebildet einen physischen Körper, einen Ätherkörper und einen Astralkörper. Der Astralkörper war gereinigt worden und war damals gerade geeignet, Manas, Buddhi, Atma aufzunehmen.

Auf der Erde entstand alles ganz allmählich, so daß die Menschheit, die noch keinen Verstand, keine Möglichkeit zu sprechen hatte, entstanden war aus der unbestimmten Erdenmasse. Wir fragen nun: Wie kam das? – Eine Pflanze wächst auch nicht aus dem Nichts. Da ist ein Same in die Erde versenkt worden. Dasselbe war der Fall bei den Menschen, die damals da waren. Der Mensch war auch aus der Erde herausgesprossen, und dazu mußte auch ein Same auf der Erde sein. Es hatte schon einmal eine ähnliche Wesenheit gegeben. Dieser Samenmensch war entstanden auf dem alten Monde. Dort ging er in den Samenzustand über, ging durch ein Pralaya hindurch und erschien dann wieder auf der Erde.

Die Entwickelungsstufe der Erde hatte drei Vorstufen: (Saturn, Sonne und Mond). In den ersten drei Erdenrunden wurden diese drei Vorstufen kurz wiederholt. In der ersten Erdenepoche wurde das Saturndasein wiederholt, in der zweiten Epoche das Sonnendasein und in der dritten Epoche das Mondendasein. In der vierten Runde kam erst das eigentliche Erdendasein heraus und da war der Mensch auf einer etwas höheren Stufe angekommen als auf dem Monde. Auf dem Monde war seine Entwickelung noch nicht abgeschlossen, noch nicht rein genug, um die Monade aufzunehmen. Der Astralkörper war auf dem Monde noch ein wilder, leidenschaftlicher. Er mußte sich auf der Erde zunächst reinigen, um die höheren

Prinzipien aufnehmen zu können. Diese Läuterung war abgeschlossen in der Mitte der lemurischen Zeit.

Die letzten Menschen während des Mondendaseins sind unsere physischen Vorfahren. Die haben sich auf der Erde zunächst etwas weiterentwickelt. Die Erdenmenschen der vorlemurischen Zeit sind die richtigen Nachkommen der Mondenbewohner. Daher nennen wir auch die Mondenbewohner die Väter oder Pitris der Erdenmenschen. Diese Erdenmenschen konnten zunächst ihre vorderen Gliedmaßen nicht zur Arbeit verwenden. Es waren tierähnliche Gestalten von einer gewissen großen Schönheit. Sie bestanden aus viel weicherem Material, als heute die physische Materie ist; ihre Materie war noch viel weicher als die, die wir jetzt bei den niederen Tieren finden. Sie war durchscheinend und das innere Feuer leuchtete durch sie hindurch. In der Zeit, in der die Menschen eine frühere Entwickelungsstufe durchgemacht hatten, waren sie noch schöner und noch edler gestaltet.

In der Zeit, welche der lemurischen voranging, haben wir die hyperboräische Zeit auf der Erde, die Zeit der Sonnenmenschen, der Apollomenschen. Die waren aus einer noch edleren und noch weicheren Materie. Dann kommen wir noch weiter zurück, zu der allerersten Rasse, zu den polarischen Menschen. Die haben damals in dem tropischen Polarklima gelebt, eine Rasse, die dadurch zu einer besonderen Höhe kommen konnte, daß ihr eine merkwürdige große Hilfe geleistet worden ist. Die schönsten Gestalten der Mondpitris kamen auf die Erde herunter. Die polarischen Menschen waren sehr ähnlich vierfüßigen Tieren, aber sie waren aus einer weichen, biegsamen Materie gestaltet, ähnlich wie eine Qualle, aber viel wärmer. Den Menschen mit den besten Gestalten, den edelsten Bestandteilen kam damals etwas Besonderes zu Hilfe, nämlich daß mit der Erde noch Wesenheiten verbunden waren, die früher eine höhere Stufe erreicht hatten.

Die Sonne ist in aller Esoterik zunächst als ein Planet erkannt; sie ist erst später Fixstern geworden. Die Reihenfolge der Stadien, welche die Erde durchlaufen hat, ist: Saturn, Sonne, Mond, Erde. Als die Sonne selbst Planet war, da war alles, was jetzt auf dem Monde und auf der Erde ist, noch in der Sonne. Später haben sich Sonne und Mond herausgelöst aus der Erde.

Wir denken uns nun in die Zeit der alten Sonne zurück. Da hat alles, was jetzt auf der Erde lebt, auf der Sonne gewohnt. Diese Wesen waren damals ganz anders gestaltet. Damals hatte der Mensch nur den physischen Körper, der weit weniger dicht war als jetzt, und den Ätherkörper. Die ganze Lebensart des Menschen war damals pflanzenartig. Die Wesen lebten im Licht der Sonne. Dieses Licht kam ihnen damals von dem Mittelpunkt ihres eigenen Planeten. Sie waren damals ganz verschieden von dem heutigen Menschen. Im Vergleich zu dem heutigen Menschen stand der Sonnenmensch auf dem Kopfe und das Licht schien ihm auf den Kopf. Alles was mit der Fortpflanzung zusammenhängt, das entwickelte sich frei nach der anderen Seite. Der Mensch streckte damals sozusagen die Beine in die Luft. Die Pflanze ist auf dieser Stufe stehengeblieben, sie wurzelt heute noch im Boden und streckt die Organe der Fortpflanzung, Staubgefäße und Stempel, in die Luft: (Pflanze). Dieser Sonnenmensch entwickelte sich in sieben verschiedenen Stufen. Er steht so auf dem Planeten, wie die heutige Pflanze in der Erde wurzelt. Dann, bei der dritten Verkörperung der Erde, wurde er zum Mondenmenschen. Da bückte er sich: das Vertikale wurde zum Horizontalen (Tier). Es entstand in ihm die Anlage zum Rückgrat. Das Symbol dafür ist das Tau = T. Auf der Erde drehte er sich vollkommen um. Dafür ist das Symbol das Kreuz. Das Kreuz ist die Symbolisierung der Entwickelung von der Sonne durch den Mond zur Erde hin. Auf der Erde hat sie das Kreuz erreicht in seinem obersten Balken. Sie schreitet weiter, indem sie das Kreuz auf dem Rücken trägt.

Die Sonnenmenschen waren auch zu einer gewissen hohen Entwickelung gelangt. Es gab auch Adepten der Sonne, die weitergekommen waren als die übrigen Sonnenmenschen. Sie gingen nach dem Monde hinüber. Auch dort hatten sie die Möglichkeit, höher als die Mondenmenschen zu sein, und sie entwickelten sich dort zu ganz besonderer Höhe. Sie waren die Vorfahren der Erdenmenschen, aber den anderen weit vorausgeeilt. Als nun in der zweiten Epoche des vierten Globus die Hyperboräer in ihren weichen Formen lebten, da waren diese Sonnensöhne in der Lage, sich zu inkarnieren und bildeten eine besonders schöne Rasse. Sie waren die Solarpitris. Die bildeten sich schon in der Hyperboräerzeit eine aufrechte Form. Sie wandten den Hyperboräerkörper ganz um; dazu wären damals die anderen Menschen nicht imstande gewesen. Die Solarpitris wurden in der Hyperboräerzeit die schönen Apollomenschen, die schon in der zweiten Rasse aufrechtgerichtet waren.

In der Sonne war alles das mit drinnen, was später als Mond und Erde herausgeworfen ist. Alles Leben und alle Wärme strömten auf der Sonne vom Mittelpunkt aus. Dann, in dem nächsten Manvantara (dem alten Mond), geht folgendes vor sich: Aus dem Dunkel des Pralaya dringt die Sonne heraus. Ein Teil der Sonnenmaterie will sich ablösen. Es entsteht zunächst eine Art Biskuitform.

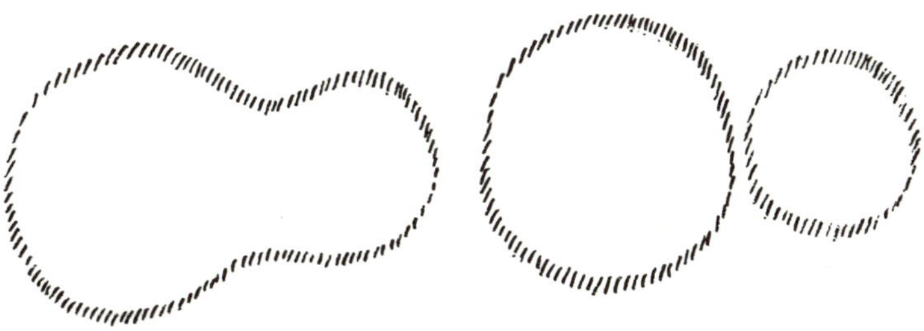

Dann löst sich der eine Teil ganz ab, und die beiden Körper gehen nebeneinanderher als Sonne und Mond. Der Sonne ist die Möglichkeit geblieben, zu leuchten und zu wärmen. Dem Monde blieb die Möglichkeit zur Kraft der Hervorbringung. Er konnte die Wesen wieder hervorbringen, die auf der Sonne gewesen waren; aber sie mußten erleuchtet und erwärmt werden von der Sonne. Auf dem nichtbeschienenen Mond mußte die Umkehrung der Wesenheiten zur Sonne hin entstehen. Alle Pflanzen drehten sich deshalb auf dem Monde um. Die Tiere drehten sich halb um, auch die Menschen taten es nur halb. Aber sie bekamen auf dem Monde als Ersatz den Astralkörper dazu, das Kama, und entwickeln dadurch von innen heraus die Wärme. Das Kama war dazumal eine noch wesentlich wärmende Kraft. Daher wenden sie sich nicht vollständig der Sonne damals schon zu. Es war auch Leben in der Finsternis. Der Mond kreiste dazumal auch um die Sonne herum, aber nicht wie jetzt unsere Erde. Der Mond drehte sich damals so um die Sonne herum, daß er immer nur die eine Seite ihr zuwendete. Ein Mondentag dauerte also so lang wie heute ein halbes Jahr. Es entstand dadurch eine ungeheure Glut auf der einen Seite und auf der anderen Seite eine ungeheure Kälte.

Auf dem alten Monde machten nun wieder die Vorgänger des Menschen eine gewisse Normalentwickelung durch. Aber es gibt auch Mondadepten, die eilen der übrigen Menschheit voraus. Diese Pitriwesenheiten am Ende der Mondenentwickelung sind viel weiter als die übrigen, ähnlich wie heute die Adepten den übrigen Menschen vorausgeeilt sind.

Jetzt kommen wir erst zur eigentlichen Erdenentwickelung. Im nächsten Pralaya, nach der Mondenentwickelung, fiel der Mond wieder in die Sonne zurück. Gemeinsam machten sie das Pralaya durch. Als die Erde nun aus dem Dunkel hervortrat, da war die ganze Sonnenmasse eins mit ihr. In der Zeit beginnt die erste oder polarische Rasse. Da sind die früheren Sonnenmenschen vermöge der damaligen Verhältnisse imstande, dieses bevorzugte Geschlecht der Sonnensöhne zu bilden, weil die Sonne noch mit der Erde verbunden ist.

Während der Hyperboräerzeit teilt sich das Ganze wiederum. Ein Teil schnürt sich wieder ab und die Erde tritt aus der Sonne heraus. An diesem Punkt beginnt die Kant-Laplacesche Theorie einzusetzen. Der damalige Zustand ist der Kant-Laplacesche Urnebel. Außen hat dies so ausgesehen wie die Ringe um den Saturn. Jetzt bildet sich die zweite oder Hyperboräerrasse heraus. Es kommen da auf der Erde allmählich die Mondenmenschensamen heraus, die Pitris in verschiedener Vollendung. Die haben damals alle noch die Möglichkeit, sich aus sich selbst heraus fortzupflanzen durch Selbstbefruchtung.

Darauf geschah eine zweite Abschnürung. Mit dem Mond geht auf der Erde alles dasjenige weg, was Selbsthervorbringungskraft ist, so daß man also jetzt drei Körper hat: Sonne, Erde, Mond. Da hört die Möglichkeit der Selbstbefruchtung auf, der Mond hat herausgezogen, was die Möglichkeit der Selbstbefruchtung gab. Jetzt steht der

Mond draußen und wir haben Wesen, die nicht mehr imstande sind, sich fortzupflanzen durch sich selbst, und jetzt entstehen in der lemurischen Epoche zwei Geschlechter.

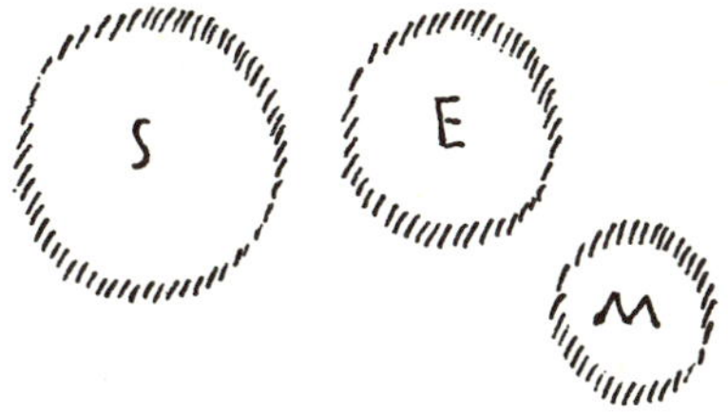

Solche Entwickelungen gehen nur vor sich unter der Leitung von höheren Wesenheiten, der Devas. Das hat den Sinn, daß die Entwickelung in einer gewissen Weise vorwärtsschreitet. Der Leiter der ganzen Bewegung ist dieselbe Gottheit, die die hebräische Tradition Jahve, Jehova, nennt. Er war eine Mondengottheit. Er hatte im höchsten Sinne die Kraft, die auf dem Monde entwickelt war, und strebte darnach, die Menschheit in diesem Sinne weiterzuentwickeln. Jahve stellt innerhalb der irdischen Welt die Gottheit dar, welche den Wesen die Möglichkeit der physischen Fortpflanzung gibt. Alles übrige (Verstand) lag nicht in der Jahve-Intention. Wenn Jahves Intention sich allein fortentwickelt hätte, würde der Mensch aber doch eines Tages aufgehört haben, sich fortzupflanzen, weil die Kraft der Fortpflanzung sich erschöpft hätte. Er hätte sich dann nur damit befaßt, schöne Formen zu erzeugen, denn das Innere, das Intellektuelle, war ihm gleichgültig. Schön geformte Menschen wollte Jehova erzeugen, eine Art schöner Statuen. Nach seiner Intention sollte die Fortpflanzungskraft so lange fortgesetzt werden, bis sie erlischt. Er wollte einen Planeten haben, der nur schöne, aber vollständig starre Formen auf sich trug. Wenn die Erde, mit dem Mond in sich, sich fortentwickelt hätte, so hätte sie sich entwickelt zu einer starren, vereisten Form. Jehova hätte seinen Planeten verewigt als Denkmal der Intention seiner Entwickelung. Dies wäre zweifellos eingetreten, wenn nicht jene Adepten, die über die Mondenentwickelung hinausgeeilt waren, jetzt hervorgetreten wären. In derselben Zeit traten sie hervor. Diese hatten dasjenige, was wir erst auf der Erde entwickelt haben, Verstand und Geist, schon auf dem Monde entwickelt. Sie nahmen sich jetzt der übrigen Menschheit an und entrissen sie dem Schicksal, dem sie sonst verfallen wären. Es wurde ein neuer Funke angefacht in dem menschlichen Astralkörper. Sie gaben gerade dem damaligen Astralkörper den Anstoß, sich über den springenden Punkt hinaus zu entwickeln. Jahve konnte sich dann auf keine andere Weise retten, als daß er seine Wirkensart änderte. Er schuf den Mann neben dem Weibe. Was sich nicht in einem Geschlecht erhalten konnte, das wurde auf zwei Geschlechter verteilt.

Es waren jetzt zwei Strömungen da, diejenige Jahves und die der Mondadepten. Das Interesse der Mondadepten lag darin, die Menschheit zu vergeistigen. Aber Jahve wollte aus ihnen schöne Statuen machen. Diese beiden Kräfte kämpften dazumal miteinander.

Wir haben es also zu tun mit einer Kraft auf der Erde, die die Macht der Selbsthervorbringung hat: Kriyashakti. Diese ist heute auf der Erde nur noch in den allerhöchsten Mysterien vorhanden. Damals hatte sie jeder in sich. Durch diese Kraft konnte der Mensch sich selber fortpflanzen; sie wurde damals in zwei Hälften gespalten. Dadurch entstanden die zwei Geschlechter auf der Erde.

Die ganze Kraft der Selbsthervorbringung zog Jehova aus der Erde heraus und setzte sie im Monde neben die Erde hin. Dadurch besteht der Zusammenhang zwischen der Reproduktionksraft und den Mondenwesen. Nun haben wir den Menschen mit der geschwächten Reproduktionskraft, aber noch nicht mit der Möglichkeit, sich zu vergeistigen. Dieses waren die Vorgänger der jetzigen Menschheit. Zu ihnen kamen nun die Mondadepten. Sie sagten ihnen: Ihr müßt nicht Jehova folgen, er wird euch nicht zur Erkenntnis kommen lassen; aber ihr sollt Erkenntnis erlangen. – Das ist die Schlange. Die Schlange steht dem Weibe gegenüber, denn das Weib hatte die Kraft, sich aus sich selbst heraus fortzupflanzen. Jetzt sagt Jehova: Der Mensch ist geworden wie unsereiner – und bringt nun den Tod in die Welt und alles, was damit zusammenhängt.

«Luzifer» nennt man die Mondadepten; sie sind die Geber dessen, was menschliche Intellektualität ist. Das gaben sie dem Astral- und dem physischen Körper, sonst hätte die Monade in diese nicht einziehen können und die Erde wäre dann ein planetarisches Denkmal von Jehovas Größe geworden. Durch das Eingreifen des luziferischen Prinzips wurde die menschliche Selbständigkeit, die Geistigkeit gerettet. Jehova hat dann, damit der Mensch sich nicht ganz vergeistige, die Selbsthervorbringungskraft halbiert. Was aber auch verlorengegangen wäre, wenn Jehova allein gearbeitet hätte, das tritt nun in der sechsten Wurzelrasse wieder ein; da wird der Mensch so vergeistigt sein, daß er Kriyashakti, die schöpferische Reproduktionskraft wieder erlangen wird. Er wird imstande sein, seinesgleichen wieder hervorzubringen. So wurde die Menschheit über eine Klippe hinübergerettet.

Der Mensch trägt also durch Jehovas Macht die Möglichkeit in sich, zu erstarren. Wenn man die drei unteren Körper beobachtet, so haben diese den Keim in sich, zum physischen Zustand der Erde zurückzukehren. Die oberen Teile: Atma, Buddhi, Manas haben erst in den Menschen einziehen können dadurch, daß die Schlange hinzukam. Der Mensch bekam dadurch neues Leben und die Kraft, bei dem irdischen Planeten zu verbleiben. Aber die Fortpflanzungskraft wurde eingeschlechtlich und dadurch ist Geburt und Tod in die Welt gekommen; vorher gab es noch nicht Geburt und Tod.

Wenn der Mensch vom Geiste aus den physischen Körper durcharbeitet, überwindet er den Tod. Die Einzelkräfte erschöpfen sich, wenn sie spezielle Formen annehmen. Die Kraft geht in die Form hinein, in immer stärkere Dichtigkeit, und darum mußte das Leben in der lemurischen Rasse einen neuen Einschlag erhalten, was durch eine Umdrehung der Erdkugel bewirkt wurde. Die Erdachse wurde allmählich umgedreht. Früher war am Nordpol Tropenklima, später kam durch die Umdrehung der Erdachse das Tropenklima in die Mitte. Diese Umkehr ging mit verhältnismäßiger Raschheit vor sich, dauerte aber doch vielleicht vier Millionen Jahre. Die lemurische Zeit war vor zweiundzwanzig Millionen Jahren. Vier Millionen Jahre brauchten die Mondpitris, um die Achse umzudrehen. Die Intelligenz der Mondpitris war damals schon viel weiter entwickelt als diejenige der heutigen Menschen.

Es entwickelte sich also damals aus dem eingeschlechtlichen Menschen der zweigeschlechtliche. In der ersten Zeit waren unter den eingeschlechtlichen Menschen sehr zurückgebliebene Individuen, aber auch sehr weit vorgeschrittene. Nur ein kleiner Teil war ein geeigneter Wohnplatz für die herabsteigenden Monaden. Damals haben sich dann die Menschen in zwei Geschlechter geteilt. Die Tiere waren schon früher in die Zweigeschlechtlichkeit übergegangen. Neben dem Menschen lebten damals auf der Erde männliche und weibliche Tiere. Es waren sehr groteske Gestalten, die damals auf der ganz andersgearteten Erde leben konnten. Sie hatten auch die Möglichkeit zu fliegen. Sie trugen die Vorboten von dem in sich, was heute die Menschen haben. Die esoterischen Religionen nennen – darauf beziehen sich gewisse Tiersymbole – die Menschen, die sich selbst hervorbringen konnten: Stiere. Der Stier ist ein Symbol der Fruchtbarkeit; voran ging der Löwe, das Symbol des Mutes, und vorher der Adler. In der Vision des Hesekiel haben, im Hinblick auf die früheren Zeiten, die Tiere Flügel, weil sie sich etwas über die Erde erheben konnten. Später entsteht erst der Mensch.

Wir haben also den Menschen, wie er sich aus der Eingeschlechtlichkeit in die Zweigeschlechtlichkeit entwickelt und daneben schon zweigeschlechtliche Tiere, männliche und weibliche. Die Menschen sind eben erst durch die Lunarpitris reif geworden, einen Körper zu haben, der fähig ist, die Monade aufzunehmen. Diese nehmen aber nur die höchstentwickelten Exemplare und entwickeln eine edelmenschliche Form; nur müssen sie sich ganz zurückhalten vom Umgang mit allem übrigen, sonst würden sie ihre edle Form verlieren. Der Körper gestaltete sich erst damals nach der Monade. Die anderen Formen, die weniger weit waren, die gefielen den herunterkommenden Monaden nicht; daher gaben sie nur einen Teil ihrer geistigen Kraft in die unvollkommenen Menschenkörper hinein, und die dritte Welle weigerte sich ganz, sich zu inkarnieren. So gab es dadurch zum Teil geistig nur sehr schwach befruchtete Menschenkörper und solche ohne allen Geist.

In der Mitte der lemurischen Zeit haben wir somit die ersten Söhne des Feuernebels; diese inkarnieren sich in dem feurigen Element, das damals die Erde umgab. Die Söhne des Feuernebels waren die ersten Arhats. Dann entstanden die beiden anderen Sorten. Diejenigen, die nur einen kleinen Funken erhalten hatten, waren in der ersten lemurischen Menschenrasse wenig geeignet, eine Kultur zu bilden und gingen bald unter. Dagegen haben diejenigen, die gar nichts bekommen haben, ihre niedere Natur besonders zum Ausdruck gebracht. Sie vermischten sich mit den Tieren. Daraus gingen die letzten Rassen der Lemurier hervor. Die wilden, tierischen Instinkte lebten in wilden, tierähnlichen Menschengestalten. Dies bewirkte eine Verschlechterung der ganzen menschlichen Substanz.

Wären damals alle Menschen befruchtet worden mit Monaden, dann wäre das ganze Menschengeschlecht viel besser geworden. Das erste Böse entstand dadurch, daß sich einige Monaden weigerten, sich zu inkarnieren. Daraus – durch die Vermischung – ging die Verschlimmerung hervor. So war der Mensch physisch wesentlich verschlechtert worden. Es war damals eine Zeit, in der das Menschengeschlecht heruntergedrückt wurde. Erst in der atlantischen Zeit bereuen die Monaden ihre frühere Weigerung, kommen herunter und bevölkern alle Menschen. Dadurch entstehen die verschiedenen atlantischen Rassen.

Wir sind bis zur Erkenntnis einer Zeit gekommen, wo etwas zur Verschlechterung der Erde geschehen ist. Die ganze Verschlechterung der Rassen bewirkte auch eine Verschlechterung der Erde. Das ist die Entstehung des Urkarmas. Damals wurde der erste Keim zu Karma gelegt. Alles Spätere ist eine Folge des Urkarmas; denn, wären die Monaden alle zur rechten Zeit in die Menschenformen geschlüpft, so hätten die Menschen die Sicherheit des Tieres, sie hätten nicht irren können, aber sie hätten nicht Freiheit entwickeln können. Die ursprünglichen Arhats können nicht irren, sie sind Engel in Menschengestalt. Die Mondadepten haben nun gerade gewisse Monaden veranlaßt, mit der Inkarnation zu warten. Dadurch kam das Prinzip des Asketentums in die Welt, das Nichtbewohnenwollen der Erde. Dieses Unpassende zwischen höherer und niederer Natur ist damals entstanden. Der Mensch wurde dadurch unsicher; er muß jetzt probieren, durch verschiedene Erfahrungen hindurchzupendeln, wie er sich in der Welt zurechtfinden soll. Weil er Urkarma hat, kommt auch sein weiteres Karma. Er kann dadurch irren.

Beabsichtigt war, daß von den Menschen Erkenntnis erlangt wird. Das konnte nur veranlaßt werden durch das Urkarma. Das luziferische Prinzip, die Mondadepten, wollten den Menschen immer mehr zur Freiheit und Selbständigkeit entwickeln. Das ist sehr schön ausgedrückt in der Sage von Prometheus: Zeus will nicht, daß die Menschen das Feuer bekommen, Prometheus aber gibt ihnen das Feuer, die Fähigkeit, sich höher und höher zu entwickeln. Dadurch verurteilt er den Menschen zum Leiden. Er muß nun warten, bis ein Sonnenheld kommt, bis das Prinzip des Sonnenhelden in der sechsten Rasse den Menschen fähig machen wird, ohne die luziferische Erkenntnis sich weiterzuentwickeln. Die so weit vorgeschritten sind wie Prometheus, sind Sonnenhelden.

So haben wir einen zweifachen Menschen erhalten: Einen, der verfallen ist dem Prinzip des Jehova, die physische Erde zu vervollkommnen, und dann den geistigen Menschen, der sich höher entwickelt. Jehova und Luzifer sind in einem fortwährenden Kampfe begriffen. Luzifer will alles zur Erkenntnis, zum Lichte heraufentwickeln. Im Devachan kann der Mensch das eine Prinzip, das des Luzifer, ein Stückchen weiter ausreifen. Er kann um so mehr davon entwickeln, je länger er im Devachan bleibt. So viele Inkarnationen muß er durchmachen, bis er dieses Prinzip ganz entwickelt hat.

Es gibt also in der Welt ein Jehovaprinzip und ein Luziferprinzip. Wenn das Jehovaprinzip allein gelehrt würde, so würde der Mensch der Erde verfallen. Wenn man die Lehren von Reinkarnation und Karma ganz von der Erde verschwinden läßt, erobert man für Jehova alle Monaden zurück und der physische Mensch würde der Erde, einem versteinerten Planeten, übergeben. Lehrt man aber Reinkarnation und Karma, so führt man den Menschen zur Vergeistigung hinauf. Daher bildete das Christentum den richtigsten Kompromiß und lehrte eine Zeitlang nicht Reinkarnation und Karma, sondern die Wichtigkeit des einen Erdendaseins, damit der Mensch die Erde lieb gewinnt, bis er reif ist für ein neues Christentum mit der Lehre von Reinkarnation und Karma, das die Erde rettet und die ganze

Saat ins Devachan hineinbringt. Im Christentum selbst kämpfen so heute die zwei Prinzipien: das eine ohne Reinkarnation und Karma, das andere mit dieser Lehre. Bei der ersten Lehre würde alles, was Luzifer bewirken konnte, den Menschen genommen werden. Sie würden tatsächlich aus der Reinkarnation herausfallen und der Erde den Rücken kehren; verschlechterte Engel werden. Die Erde ginge dann dem Untergang entgegen. Würden auf der Erde die Heerscharen Jehovas siegen, so würde die Erde als eine Art Mond zurückbleiben, als ein erstarrter Körper. Die Pflicht zur Vergeistigung wäre dann versäumt worden. Der Kampf in der Bhagavad Gita schildert den Kampf zwischen Jehova und Luzifer und ihren Heerscharen.

Es könnte heute noch möglich sein, daß das Christentum ohne die Lehre von Reinkarnation und Karma siegte. Dann würde die Erde für das Prinzip des Luzifer verlorengehen. Die ganze Erde ist noch ein Kampfplatz zwischen diesen beiden Prinzipien. Das Prinzip, welches die Erde zur Geistigkeit hinaufführt, ist Luzifer. Dazu, um diesem Prinzip gemäß zu leben, muß man erst die Erde liebgewinnen, man muß auf die Erde heruntersteigen. Luzifer ist der Fürst, der seine Regierung ausführt auf dem Felde der Wissenschaft und Kunst. Aber ganz auf die Erde heruntersteigen kann er nicht, dazu reicht seine Kraft nicht aus. Ganz allein würde Luzifer unmöglich hinaufführen können, was auf der Erde ist. Dazu gehört nicht nur die Kraft eines Mondadepten, sondern eines Sonnenadepten, der auch das Leben, das in der Zusammengehörigkeit der Menschen, nicht in Kunst und Wissenschaft sich ausspricht, aufnimmt. Luzifer wird dargestellt als die geflügelte Drachengestalt; bei Hesekiel als der geflügelte Stier.

Es kam nun ein Sonnenheld, ähnlich denen, die in der Hyperboräerzeit aufgetreten sind, der repräsentiert wurde bei Hesekiel durch den geflügelten Löwen. Dieser Held, der den zweiten Anstoß gibt, ist Christus, der Löwe aus dem Stamme Juda. Der Repräsentant des Adlers wird erst später kommen, er vertritt das Vaterprinzip. Christus ist ein Solarheros, eine Löwennatur, ein Sonnenpitri.

Das dritte ist das, was einen Adepten darstellen wird, der schon auf dem Saturn Adept war. Ein solcher kann sich jetzt noch nicht auf der Erde inkarnieren. Erst wenn der Mensch nicht nur seine höhere Natur wird hinaufentwickeln können, sondern seiner niederen Natur völlig entsagen kann und schöpferisch auftreten wird, kann sich inkarnieren dieser höchste Adept, der Saturnadept, das Vaterprinzip – der verborgene Gott.

XXIV

Berlin, 26. Oktober 1905

Wir stehen jetzt innerhalb der fünften Wurzelrasse in der fünften Unterrasse. Diese fünfte Wurzelrasse wird gewöhnlich die arische Rasse genannt und umfaßt als erste Unterrasse die alte indische Rasse, welche sich auf dem Boden Südasiens entwickelte. Dort war eine uralte südasiatische Bevölkerung, lange, lange Zeit bevor die Veden entstanden sind. Alles was wir in den Veden haben, ist ein schwacher Nachklang von dem, was als unendlich tiefe Religionsweisheit von den alten Rishis verkündet worden ist. Nachher finden wir in Vorderasien die altpersische Rasse, die ihre Religionslehren und ihre Kultur von Zarathustra erhalten hat. Nur Nachklänge davon sind die späteren Zarathustra-Kulturen Asiens. Dann finden wir als dritte Unterrasse die ägyptisch-chaldäisch-babylonisch-assyrischen Volksstämme, aus denen sich nach und nach die semitisch-jüdische Kultur entwickelt. Dann geht als vierte Unterrasse hervor die griechisch-lateinische Kultur in Südeuropa, bis zum Aufgange der germanischen Völker in Nord-, Mittel- und Westeuropa. Zwei weitere folgen noch. Sieben Unterrassen bilden zusammen eine Wurzelrasse.

Die vorhergehende Wurzelrasse hat Atlantis bewohnt, denjenigen Teil der Erde, der später vom Atlantischen Ozean überflutet wurde. Dazu gehören folgende sieben Unterrassen: Erstens die Rmoahals, zweitens die Tlavatlis, drittens die Tolteken, viertens die Urturanier, fünftens die Ursemiten, sechstens die Akkadier, siebentens die Mongolen.

Noch weiter zurück kommen wir zu dem Kontinent Lemurien zwischen Afrika, Asien und Australien. Wir kommen da in Zeiten hinein mit ganz anderen Verhältnissen. Dann geht es noch weiter zurück zur zweiten Wurzelrasse, der hyperboräischen, und zur ersten Wurzelrasse, der polarischen. Es folgen also jetzt noch zwei Unterrassen und zwei Wurzelrassen.

Beim Zurückgehen kommt man zu einem Menschen aus einer viel feineren und immer feineren Materie. Im Anfange ihrer Entwickelung war die Erde feine ätherische Materie; alle Wesen waren damals auch aus solcher feiner Äthermaterie. Am Ende ihrer Entwickelung wird die Erde wieder aus einer solchen feinen Äthermaterie sein. Einen solchen Zustand, durch den die Erde hindurchgeht von der feinsten Äthermaterie anfangend und sich dann verdichtend und wieder zurückgehend in einen Zustand feiner physischer Äthermaterie, nennt man einen Globus. Der physische Globus entwickelt sich also aus einem noch feineren Zustande als dem des feinsten physischen Äthers. Das Ätherische entsteht aus dem Astralen und geht zurück in das Astrale.

Alle Wesen sind auf dem vorhergehenden Globus in einem astralen Zustande. Der astrale Globus schwebt heute nicht irgendwo im Himmelsraume, sondern die Wesenheiten, die auf demselben waren, verdichteten sich und der astrale Globus verdichtete sich mit. Dieser Globus ist die Erde selbst. Das Übergehen vom astralen Globus zum physischen ist eine Verwandlung des Zustandes. Es entwickelten sich auf dem astralen Globus auch sieben aufeinanderfolgende Zustände. Man hat sich in der theosophischen Literatur angewöhnt, auch diese Zustände Rassen zu nennen; es gab also sieben astrale Rassen. Auch der Astralglobus hat sich erst nach und nach zur Astralmaterie verdichtet. Der astrale Globus war früher noch viel feiner, und zwar aus der Materie, aus der heute unsere Gedanken gewoben sind. Man nennt sie daher mentale Materie und den Globus Mentalglobus. Dort auf dem mentalen Globus waren sieben aufeinanderfolgende mentale Rassen der Menschheit mit alledem, was dazugehört. Dem geht voran ein noch feinerer Entwickelungszustand von noch feinerer Materie, der Arupa-Mentalglobus: arupa, weil noch keine Formen vorhanden sind, sondern alles nur angedeutet ist. Man nennt das vier Globen, es sind aber in Wirklichkeit vier aufeinanderfolgende Formen der Erde. So haben wir sieben Globen:

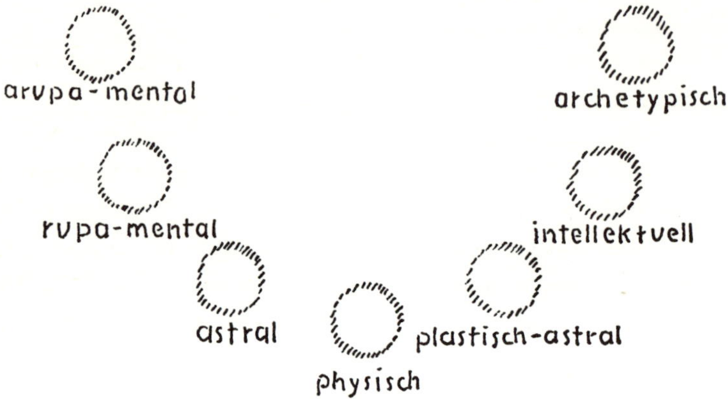

Nun verfolgen wir die physische Erde, bis sie am Ende angekommen sein wird. Sie geht wieder über in eine Äthererde, dann in eine astrale Erde. Auf der früheren astralen Erde sind die Wesen noch unbestimmte Wesen, welche durch Kräfte, die außerhalb sind, ihre Formen bekommen. Wenn der Mensch wieder auf einer astralen Erde sein wird, wird er sich selbst seine Form geben können. Auf der früheren astralen Erde haben Jehova und seine Scharen dem Menschen die Form gegeben. Aber auf der plastisch-astralen Erde wird der Mensch sich aus seiner inneren Kraft heraus selber seine Form geben, daher nennt man dies den plastischen Globus, und ähnlich verhalten sich die folgenden Globen, ein Rupa- und ein Arupaglobus. Der Mensch muß sich vollständig verfeinern, bis er zuletzt nur noch wie ein Keim, wie ein Samenzustand sein wird von dem, was er alles in sich aufgenommen hat. Alle Erlebnisse sind dann zuletzt in ihm wie in einem Punkt als Kraft konzentriert. Die Keime, die auf dem ersten Globus vorhanden waren, enthielten das noch nicht. Aber auf dem letzten Globus enthalten die Keime alles, was sie auf den verschiedenen Globen erfahren haben.

Zwischen den einzelnen materiellen Stufen dieser Globen ist kein gradueller Unterschied, sondern ein etwas schroffer Zustand. So wie wenn man Salz nimmt, es in Wasser auflöst und es dann wieder hervorgehen läßt, so kommt ein Globus in einen Schlafzustand (Pralaya) und daraus geht der folgende Globus hervor. Zwischen zwei Wachzuständen gehen die Globen durch einen kleinen Schlafzustand hindurch. Wenn der Mensch auf der letzten, der siebenten Stufe angelangt ist, dann macht er einen längeren Schlafzustand durch. Er ist bereichert und kann den Weg nun wieder durchmachen auf einer höheren Stufe. Dazu muß er vorher durch ein längeres Pralaya hindurchgehen. Dieses längere Pralaya ist aber nicht ein undifferenzierter, gleichförmiger Schlafzustand, sondern er ist sehr differenziert.

Wenn der Mensch okkulte Fähigkeiten so weit entwickelt hat, daß er bewußt schläft im traumlosen Schlaf, dann hat er ein devachanisches Bewußtsein entwickelt. Das ermöglicht ihm zu verfolgen, was zwischen dem Tode und einer nächsten Geburt vorgeht. Dieses Bewußtsein kann noch gesteigert werden. Dann wird er fähig, zu beobachten, was zwischen den Globen vorgeht. Als dritten Grad des Bewußtseins erlangt man die Fähigkeit, zu beobachten, was zwischen den Runden vorgeht. Dieser dritte Zustand entspricht also einem Bewußtsein zwischen zwei Runden. Zwischen zwei Erdenleben beobachten können, ist der erste Grad des höheren Bewußtseins; zwischen zwei Globen der zweite, und zwischen zwei Runden der dritte Grad. Der bewußte Schlaf, der dazu befähigt, ist ganz andersgeartet.

Zwischen der letzten Runde eines planetarischen Zustandes und der ersten des nächsten liegen jenseits des Bewußtseins noch fünf weitere Zustände. Die sieben Runden und die fünf Zustände des Pralaya nennt man zusammen die zwölf Stufen des Weltenjahres. Dann wird die ganze Sache wiederum, aber auf einer höheren Stufe, durchgemacht.

Wir sind jetzt in der vierten Runde der Erde und es gingen drei andere voran. Bevor die Keime zum jetzigen Menschen da waren, war der Mensch schon dreimal samenhaft vorhanden; in jeder Runde einmal. In jeder Runde haben wir sieben Entwickelungszustände, die man Globen nennt, und wiederum sieben auf jedem Globus, die man Rassen nennt. Sieben solche Runden machen zusammen einen Planeten aus. Die erste Runde begann mit einem Arupazustand und verdichtete sich bis zur Erde. Viermal ist unsere Erde schon physisch geworden. Dreimal wird sie es noch werden. Eine jede solche Verdichtung und Auflösung gehört einer Runde an. Sieben solche Runden nennt man ein planetarisches System.

Als die erste Erdenrunde aufging, war die ganze Nachkommenschaft dessen, was sich auf dem Mondplaneten entwickelt hatte, keimhaft da. Zwischen der letzten Mondenrunde und der ersten Erdenrunde war ein langer Pralayazustand. Damals waren die Mondenmenschen Menschenvorfahren, die auf einer Zwischenstufe standen zwischen den jetzigen Menschen und der jetzigen Tierheit, der niederen Natur nach. Die jetzigen Tiere sind etwas hinabgestiegene Mondenmenschen, und die Menschen sind hinaufgestiegene Mondenmenschen. Aber auch die Pflanzen waren auf dem Monde anders als die jetzigen. Das Pflanzenreich stand zwischen dem heutigen Mineralreich und dem Pflanzenreich, ähnlich wie jetzt ein Torfmoor halb mineralisch und halb pflanzenartig ist. Der Mond war im Grunde genommen eine große Pflanze. Sein Boden bestand aus ineinandergeschlungenen Pflanzen. Felsen gab es damals noch nicht. Dieses pflanzenartige Mineralreich verdichtete sich erst auf der Erde zu dem jetzigen Mineralreich. Unsere heutigen Quarze, Malachite und so weiter sind verdichtet aus den Mondpflanzen; die Dolomitenmassen sind aus ursprünglichen Pflanzen entstanden. Auf dem Monde war also ein Reich eingeschaltet zwischen dem heutigen Mineral und der Pflanze. Darin wurzelten die Mondgewächse, sie brauchten den Boden des Mondes. Solche Gewächse, die auf der Erde den Anschluß nicht gefunden haben, wurden parasitär, müssen noch immer auf Pflanzen wachsen, zum Beispiel die Mistel. Diese wächst auf Pflanzen, wie auf dem Monde alle Pflanzen auf einer halb pflanzlichen Grundlage gewachsen sind. Loki, der Mondengott, tötet den Baldur mit der Mistel, der Mondpflanze. So finden wir auf dem Monde:

ein Reich zwischen Mineralreich und Pflanzenreich
ein Reich zwischen Pflanzenreich und Tierreich
ein Reich zwischen Tierreich und Menschenreich.

Dies waren die Samen, die herüberkamen auf die Erde.

Während der ersten Erdenrunde gliederte sich allmählich das Menschenreich ab. Der Mensch wurde menschlicher, das Tier tierischer. Die äußeren Körper der Menschen fingen in der ersten Erdenrunde an menschlicher zu werden. Während der zweiten Runde gliederte sich das Tierreich heraus, während der dritten das Pflanzenreich, während der vierten das Mineralreich. Dann machte der Mensch einen neuen Aufstieg. Die ersten drei Runden waren Wiederholungen früherer Zustände und eine Vorbereitung, um in der vierten Runde, im mineralischen Reich, das Neue aufzunehmen. Jetzt verarbeitet der Mensch das Mineralreich. Wenn er das Mineralreich zum Produkt seiner Tätigkeit umgearbeitet haben wird, dann wird eine Zeit kommen, in der er das alles so umgearbeitet haben wird, daß kein Bröselchen vom Mineralreich mehr da sein wird, das der Mensch nicht künstlich verarbeitet hat. Dann kann sich das Ganze umwandeln in lauter astrale Formen.

Das ist die Erlösung eines Reiches. Der Mensch erlöst in der vierten Runde das Mineralreich, wenn er es zum Kunstwerke gestaltet haben wird. Dann geht alles durch ein Pralaya hindurch, es ist dann kein Mineralreich mehr da, sondern die ganze Erde ist dann eine Pflanze geworden. Der Mensch wird dann um eine halbe Stufe höher gehoben und alles andere mit ihm; zum Beispiel wird der Kölner Dom in der fünften Runde als Pflanze aufgehen.

Man arbeitet nicht umsonst, wenn man das Mineralreich formt. Die Maschine, der Kölner Dom wachsen nachher als Pflanzenwelt hervor aus dem, was dann Boden sein wird. In der Atmosphäre der fünften Runde finden wir in lebendigen Wolkengebilden alles das, was heute gemalt worden ist. Wir haben es da zu tun mit einer Wiederholung auf höherer Stufe, wo all unsere Arbeit in der mineralischen Welt rings um uns herum aufwächst.

In der fünften Runde erlösen wir die Pflanzenwelt, in der sechsten die Tierheit, in der siebenten Runde das Menschenreich. Dann ist der Mensch reif, einen neuen Planeten zu betreten. Damit er sich hinaufentwickeln konnte, mußten die anderen Reiche etwas hinuntergestoßen werden und er muß sie später erlösen. Nach der siebenten Runde und einem Pralaya geht er dann über auf einen anderen Planeten.

Sieben Runden zu sieben Globen zu je sieben Rassen sind im ganzen 343 Zustände auf der Erde. Die ganze Erdenentwickelung hat den Sinn, im Menschen waches Tagesbewußtsein zu erzeugen, während die ganze Mondenentwickelung den Sinn hatte, im Menschen das Bilderbewußtsein zu entwickeln. Voraus ging der traumlose Schlafzustand auf der Sonne; da war der Mensch noch eine schlafende Pflanze. Ein noch früherer Zustand, ein tiefer Trancezustand, war vorhanden auf dem Saturn, der heute noch in gewissen pathologischen Fällen eintritt. Die einzelnen Planeten haben also den Sinn, die aufeinanderfolgenden Bewußtseinszustände auszubilden:

1. Saturn = Tieftrancebewußtsein
2. Sonne = Traumloses Schlafbewußtsein
3. Mond = Traumschlaf oder Bilderbewußtsein
4. Erde = Wach- oder Gegenstandsbewußtsein
5. Jupiter = Psychisches oder bewußtes Bilderbewußtsein
6. Venus = Überpsychisches oder bewußtes Lebensbewußtsein
7. Vulkan = Spirituelles oder selbstbewußtes Allbewußtsein.

Wie sich jetzt die menschlichen Verhältnisse nach der Naturgrundlage richten, so werden sie sich später nach dem Sittlichen richten. Sie werden sich gliedern nach Karmastufen, nach sieben Sittlichkeitsgraden (ethische Menschheitskategorien). Die Kastenbildung ist eine Vorausnahme dieser späteren sittlichen Gliederung. Karmakategorien sollten dadurch angedeutet werden.

XXV

Berlin, 27. Oktober 1905

Wenn wir die aufeinanderfolgenden Planeten betrachten, so ist jeder solcher Planet ein Entwickelungszustand, der sieben Runden, sieben mal sieben Globen und sieben mal sieben mal sieben Rassen hat. Jeder solcher Planet ist dazu da, einen Bewußtseinszustand durch alle Stadien hindurch zu leiten. Diese Stadien benennt man in den verschiedenen esoterischen Religionen in verschiedener Weise. In der christlichen Esoterik heißen:

ein Bewußtseinszustand	=	Macht
eine Runde	=	Reich, Weisheit
ein Globus	=	Herrlichkeit, Gloria.

Wenn wir in der christlichen Esoterik von Macht sprechen, meinen wir den Durchgang durch einen Bewußtseinszustand. Der Durchgang durch eine Runde ist der Durchgang durch ein Reich. In den aufeinanderfolgenden Runden macht der Mensch sieben Reiche durch: erstes Elementarreich, zweites Elementarreich, drittes Elementarreich, Mineralreich, Pflanzenreich, Tierreich, Menschenreich. Den Durchgang durch die sieben Formzustände oder Globen nennt man Herrlichkeit. Herrlichkeit bedeutet das, was nach außen scheint, was Gestalt und Form annimmt. Das Vaterunser gibt uns in seinem Schlusse: «Denn Dein ist das Reich, die Macht und die Herrlichkeit», einen Aufblick zum Weltgeschehen. Wenn das wiederum im Bewußtsein vorhanden sein wird, dann ist wieder eine Gotteserkenntnis möglich.

Zunächst sind alle, am meisten die exoterischen Religionen, abgefallen [von wahrer Gotteserkenntnis]. Sie sind die Träger des Egoismus, da sie nicht bedacht sind auf die ganze Welt, auf die Macht, das Reich und die Herrlichkeit. Wenn diese Worte wieder lebendiges Bewußtsein werden, wenn sie wieder Sinn bekommen, dann werden die Religionen wieder das sein, was sie sein sollen.

Der Saturnzustand war da, um einen ganz tiefen Trancezustand im Menschen zu entwickeln; den kennt der Mensch jetzt fast gar nicht mehr. Er kennt nur den traumlosen Schlaf wie die Pflanzen und den traumerfüllten Schlaf wie auf dem Monde, ein Bilderbewußtsein. Der Grund, warum der Mensch den tiefen Trance nicht mehr kennt, ist der: Wenn der Mensch schläft, hebt sich nur der Astralleib heraus und der physische Körper und der Ätherkörper bleiben im Bette liegen. Könnte man den Ätherkörper im Schlafe mitnehmen, wie es der Chela kann, dann würde der physische Körper allein zurückbleiben; der hat dann ein dumpfes Bewußtsein. Das kommt in abnormer Weise auch vor bei Medien, und ganz merkwürdige Dinge werden da zutage gefördert. Solche Leute zeichnen dann merkwürdige kosmische Gebilde. So wurde zum Beispiel ein Mädchen durch ein Glas Portwein in Trance versetzt und zeichnete in diesem Zustande eigentümliche Gebilde auf, in denen man Karikaturen unseres Weltensystems sehen konnte, auch Anklänge an unsere Namen dafür fand sie. Medien haben die Anschauungen dadurch, daß sie imstande sind, den Ätherkörper aus dem schlafenden physischen Körper mit herauszunehmen und in dem schlafenden physischen Körper bewußt zu schauen. Sie können sich dann auch noch des physischen Körpers bedienen, dann wird der physische Körper in merkwürdiger Weise hellsichtig. Das vollzieht der Chela bewußt, während es das Medium unbewußt vollzieht. Durch ein solches hellsehendes Bewußtsein sind die Planetensysteme entdeckt worden. Alle die Zustände, in die die Chelas und Adepten sich versetzen können, sind nichts anderes als das Bewußtsein durch den physischen Körper; sie machen das alles durch bei völligem Bewußtsein.

Auf der Venus wird sich ein völliges Bewußtsein im Ätherleib entwickeln. Während der Mensch schläft, wird er dort ein Bewußtsein über die andere Seite der Welt gewinnen. Auf dem Vulkan ist der Geist völlig losgelöst; den Ätherleib hat er dann auch mitgenommen. Dieser Zustand befähigt dann den Menschen zu einem genauen Erkennen der ganzen Welt.

Wir unterscheiden:

auf dem Saturn	=	Trancebewußtsein, Allbewußtsein
auf der Sonne	=	Traumloser Schlaf, auf das Lebendige beschränktes Bewußtsein
auf dem Monde	=	Bilderbewußtsein
auf der Erde	=	Wachbewußtsein
auf dem Jupiter	=	Astrales Bewußtsein, wiederum erweitert
auf der Venus	=	Ätherbewußtsein, noch mehr erweitert
auf dem Vulkan	=	Allbewußtsein.

Ein jeder solcher Bewußtseinszustand muß durch alle Reiche hindurchgehen, durch sieben Runden oder Reiche und in jeder Runde durch sieben Globen hindurch ausgestaltet werden. Die geringfügigeren Kräfte werden in den sogenannten Rassen ausgestaltet. So arbeitet eine Schöpfung das, was veranlagt war, allmählich aus dem Inneren heraus aus.

Am besten kennt heute der Mensch das Mineralreich, weil er darinnen lebt. Alles was vorkommt in den höheren Reichen, versteht heute der Verstand nicht. Das ist eine notwendige Entwickelungsphase gewesen. Heute aber kann man nicht mehr mit der bloßen Wissenschaft sich begnügen. Alles ist in einer fortwährenden Entwickelung begriffen.

Sehen wir uns das Mineralreich an, irgendeinen Stein, so erblicken wir da einen begrenzten Raum, eine begrenzte Form. Vom Mineralreich als solchem sehen wir gar nichts, sondern wir sehen nur das zurückgeworfene Licht. In einer gewissen Form werden die Sonnenstrahlen zurückgeworfen. Wenn man eine Glocke anschlägt, hört man einen Ton; eine Wirkung der Glocke geht in unser Ohr hinein. Alles was wir in der Welt wahrnehmen im mineralischen Reich, ist eine in irgendeiner Form des Raumes zusammengedrängte Ganzheit. Zieht man die Farbe eines Gegenstandes ab, den Ton, den Geschmack, dann bleibt nichts übrig. Wir wissen nur dasjenige, was sich zusammengefügt hat. Daß Licht und Ton an solchen Formen erscheinen, das macht das Mineralreich aus. Man denke sich eine Welt, in der nur die Wahrnehmungsqualitäten durch den Raum strömen und nicht an bestimmten Formen wahrgenommen werden. Man denke sich farbige Wolken durch die Welt ziehen, Töne durch die Welt tönen, alle unsere Sinnesempfindungen den Raum ausfüllend, ohne an eine Form gebunden zu sein: dann hat man das dritte Elementarreich; das sind die Elemente Licht und Feuer, den Raum durchsetzend. Der Mensch ist selbst im Astralreich eine farbige Wolke.

Wir wollen nun noch ein Stück vorwärtsgehen. Wenn wir eine Gedankenform sehen, so ist sie eine solche farbige Wolke, eine in sich vibrierende Bewegung. Will man einen Gedanken erzeugen, dann muß man die betreffende Figur hineinzeichnen in den Astralraum. Darauf beruht das Wirken der Magier; sie zeichnen die Formen in den Raum hinein und umgeben sie dann [mit astraler Materie]. Man leitet dann längs der Figur astrale Materie. Das dritte Elementarreich ist nicht unregelmäßig, aber ein in solchen Linien durcheinandergehendes Schwirren, alles ein Ausdruck von schönen Formen, die in sich selbst Leuchtkraft haben. Sie sind wie Leuchtkörper, die durch den Raum schwirren, aus dem Inneren leuchtend.

Die Töne, die den Raum durchtönen, werden nach Zahlen geordnet. Was besonders in Betracht kommt, ist, daß die Dinge von vornherein in einer bestimmten Weise, in bestimmten Verhältnissen zueinander standen. Eine Figur konnte auf eine andere so wirken, daß sie sie nicht verletzte, oder so, daß sie sie zum Zerstieben brachte. Das nannte man das Maß der Dinge. Alles war geordnet nach Maß, Zahl, Gestalt. Man denke sich die Sinnesqualitäten hinweg, die Welt angefüllt mit solchen Gedankenfiguren: Das ist dann das zweite Elementarreich. Das liegt dem dritten zugrunde. Da haben wir nur Formen, die von Gedanken gewoben werden, den Weltenäthergedanken.

Das erste Elementarreich ist schwer zu schildern. Nehmen wir einmal an, wir fassen den Gedanken einer solchen Figur, wie zum Beispiel einer Spirale, dann den Gedanken einer Lemniskate. Man versetze sich nun in die Absicht, bevor die Form entstanden ist, also erst in die Absicht zu der Spirale und dann in die Absicht zu der Lemniskate. Man denke sich eine Welt, erfüllt mit solchen Gedankenkeimen. Diese formlose Welt ist das erste Elementarreich.

Das vierte Elementarreich ist das Mineralreich, das von außen zurückwirft, was es empfängt. Das Pflanzenreich wirft nicht nur die

Sinnesqualitäten zurück, sondern es wirft sie zurück innerlich belebt. Es wirft die Formen zurück. Das zweite Elementarreich ist das formende des dritten Elementarreiches. Das Mineralreich ist verdichtet aus Eigenschaften des dritten Elementarreiches. Die Pflanze wirft die Form des zweiten Elementarreiches zurück, entwickelt also die Form aus sich heraus. Das Tierreich wirft auch noch die Absichten zurück, die im ersten Elementarreich liegen.

Der Mensch war in der ersten Runde im ersten Elementarreich. Als er damals physisch geworden war, war er in der ersten Runde und im ersten Elementarreich auf der physischen Formstufe. In dem physischen Zustand des ersten Elementarreiches der ersten Runde waren die Gedankenkeime physisch geworden. Die Erde bestand damals aus lauter physischen Kugeln, so klein, daß man sie nicht hätte sehen können; sie waren lauter Kraftpunkte. Es verdichteten sich allmählich diese Kraftpunkte; sie unterschieden sich nicht dazumal. Physisch ist damals das kondensierte Elementarreich schon. Wenn man sich den Menschen als bloßes Gedankenwesen denkt, dann kann man ruhig durch ein solches Wesen hindurchgehen, wenn man es auch nicht sieht. Wenn er physisch geworden ist, kann man nicht hindurchgehen, wenn man ihn auch nicht sieht. Die physischen Kraftpunkte wurden wieder astral, gingen dann zur folgenden Runde über.

In der zweiten Runde bestand die Erde aus lauter Formen. Die Welt war eine sehr schön geformte Kugel, in der alle Dinge, die herauskamen, schon typisch vorhanden waren. Es ist die prophetische Ausgestaltung alles dessen, was herauskommt in den anderen Reichen. Auf der Erde waren die Farben und Formen Vorbilder der jetzigen Menschen. Auf dem nächsten Planeten werden die Farben und Formen Vorbilder dessen sein, was der Mensch dann sein wird.

Der Mensch wird in der fünften Runde, der plastisch-astralen, nicht mehr nötig haben, die Hand zu behalten. Die Hand wird erst gebildet werden, wenn er sie braucht, wie ein Fühlarm, weil dann das Ganze eine Pflanze geworden ist. Es ist dann auch jede Absonderung ein Pflanzenprodukt. So sind auch alle die Dinge, die vom Menschen ausgehen, dann pflanzliche Wesenheiten. Wir leben dann im Pflanzenreich.

In der sechsten Runde leben wir im Tierreich. Es ist dann alles, was vom Menschen ausgeht, was von ihm ausströmt, ein lebendiges Produkt, das in sich Leben und Empfindung hat. Ein Wort wird dann ein lebendes Wesen, ein Vogel, den man hinaussendet in die Welt.

In der siebenten Runde schafft der Mensch sich selbst. Er ist dann imstande, sich fortwährend zu verdoppeln und zu vervielfältigen. In der siebenten Runde sind dann alle auf der Stufe angelangt, auf der heute unsere Meister stehen. Dann ist unser Ich der Träger aller Erdenerfahrungen. Das ist in der Loge der Meister zunächst konzentriert. Das höhere Ich schließt sich dann zusammen, wird atomistisch und bildet die Atome des Jupiter.

Die weiße Loge ist als eine Einheit gedacht, ein Ich, das alles umfaßt. Alle die menschlichen Iche und jede Sonderheit sind aufgegeben und zusammengeflossen in dem umfassenden Allbewußtsein; lauter große, aufgegangene Kreise, jeder in einer besonderen Farbe, alle zu einem einzigen Kreis zusammengelegt. Wenn man sie alle aufeinandergelegt denkt, dann gibt das eine Gesamtfarbe. Da sind alle Iche darin, aber als ein Ganzes. Diese ganz große Kugel zusammengezogen, gibt das Atom. Dieses vervielfältigt sich, sich selbst erzeugend. Das sind dann die Atome, die den Jupiter bilden. Die Mondadepten haben die Atome der gegenwärtigen Erde gebildet. Man kann das Atom studieren, wenn man den Plan der Adeptenloge auf dem Monde studiert.

Zusammenfassung

Jedes Reich muß durch sieben Formen gehen:

1. Arupa	=	Anlage zur Form
2. Rupa	=	Form
3. Astral	=	Aus dem Inneren schimmernd, scheinend
4. Physisch	=	Im Raum undurchdringlich
5. Plastisch	=	Aus sich heraus sich gestaltend
6. Intellektuell		
7. Archetypisch		

XXVI

Berlin, 28. Oktober 1905

Heute wollen wir die vierte Erdenrunde besprechen. In unserem ganzen Entwickelungsverlauf haben wir sieben Planeten – Saturn, Sonne, Mond, Erde, Jupiter, Venus, Vulkan –, und in bezug auf jeden Planeten sieben Runden zu betrachten. Den Durchgang durch eine Runde nennen wir auch ein Reich, und die vierte Runde auf der Erde nennen wir das Mineralreich. Wir sind jetzt auf dem vierten Planeten, in der vierten Runde und innerhalb dieser Runde auf dem vierten Formzustand oder Globus. Immer ist das Physische der vierte Globus.

Wir stehen also gerade in der Mitte unserer Evolution. Das wird häufig empfunden wie etwas außerordentlich Wichtiges für den Menschen. Drei Planeten, drei Runden, drei Globen haben wir hinter uns und ebenso viele haben wir noch vor uns. Aber wenn wir auf dem Monde stünden, würden wir noch einen Planeten vor dem Saturn sehen; wenn wir auf dem Jupiter stünden, würden wir den Saturn nicht mehr sehen, dafür aber einen Planeten hinter dem Vulkan. Die genaue Mitte unserer jetzigen Entwickelung war vorhanden bei der vierten Unterrasse der vierten Wurzelrasse, bei den Urturaniern, der vierten atlantischen Unterrasse.

Es ist eine Art von geistiger Finsternis eingetreten in einem bestimmten Moment der Entwickelung. Die Menschheit ist in ein finsteres Zeitalter eingetreten. Dieses finstere Zeitalter nennt man Kali Yuga. Was der Mensch heute weiß, das weiß er noch von dem Standpunkte aus, auf dem er gestanden hat in früheren Zeiten seiner Entwickelung. Am Ende der fünften Runde wird die Menschheit wieder geistig sehen können, und nach rück- und vorwärts schauen können.

Die vierte Erdenrunde begann damit, daß aus dem Dunkel des Pralaya, in welchem alles aufgelöst war, der erste arupische Erdenglobus hervortrat. Da war alles, was heute auf der Erde ist, in gestaltlosen Gedanken vorhanden. Man kann davon den richtigen Begriff erhalten, wenn wir uns möglichst beschränken auf alles, was physisch ist, und uns das in Gedankenkeimen vorstellen. Die Gestalten waren noch nicht vorhanden, sondern nur die Gedanken *vor* der Ausgestaltung. Wenn wir uns fragen: Wer hat denn diese Gedanken? – so bekommen wir als Antwort: Diese Gedanken hatten damals geistige Wesenheiten, welche mit der Erde in Verbindung stehen. Jehova und seine Scharen waren zum Beispiel solche geistige Wesenheiten, die alles rund um uns auf der Erde erfüllten. Als Gedanken der Geister waren damals alle Gedanken vorhanden im Arupaglobus.

Was hat denn die Götter veranlaßt, gerade den Menschengedanken zu beabsichtigen? Was gab ihnen dazu das Modell? Das waren die damals schon vorhandenen, aber noch nicht mit dem Menschlichen verbundenen Monaden. Langsam haben sie sich herausgebildet als Gedanken der Götter.

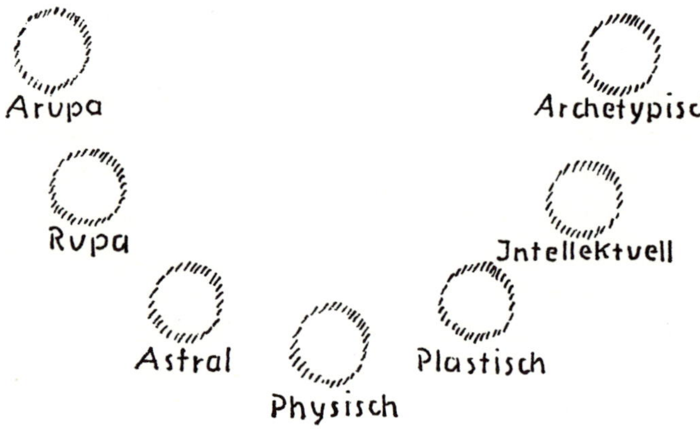

Dann verdichtet sich die Arupakugel; es wächst sich alles zu Gedankengestalten aus. Die ganze Erde war davon so angefüllt, als wenn wir in ein von kleinen Kristallen angefülltes größeres Modell hineinschauen. Darin waren alle Gestalten der Menschen, Tiere und Pflanzen wie Schablonen vorhanden. Daran arbeiten geistige Wesenheiten, wie ein Werkbaumeister an seinen Modellen. Sie werden von außen zusammengestellt. Das Ganze geht dann in astrale Materie über. Es entsteht der astrale Erdenglobus. Dazwischen sind kurze Pralayas. Wiederum sind es hier die äußerlich wirkenden göttlichen Mächte, welche ausströmen die astrale Materie und die Formen mit Licht und Farbe erfüllen. Hier befinden sich alle Astralgestalten der Menschen und Tiere, ferner das ganze Pflanzenreich in einem großen astralen Meere. Dann verdichtet sich das immer mehr und mehr, und es entsteht die physische Erde als der vierte Globus.

Bis dahin, bis zum Anfang der vierten Runde waren Sonne und Mond noch mit der Erde vereinigt; sie bildeten einen Leib mit der Erde. Während des großen Pralayas vor der ersten Erdenrunde waren sie wieder mit der Erde zusammengeschmolzen, und während der drei ersten Erdenrunden waren die drei zusammengeblieben. Es entstand dann eine Art Biskuitform. In der dritten Erdenrunde ragte aus dem Erdensonnenball auf der einen Seite wie eine Beule die Erde, und auf der anderen Seite der Mond heraus. Der Körper schleppte damals tatsächlich zwei solche Säcke mit. In der vierten Erdenrunde war zuerst der Körper wieder gerundet, dann aber entstanden wieder die sackartigen Ausbildungen im Äther und ragten an den Seiten hervor.

Wir haben es also hier zu tun mit einer Erde, die noch mit der Sonne und auch noch mit dem Monde vereinigt ist. Am meisten Leben war damals in der Region zwischen dem Monde und der Erde. Das hat sich in der mohammedanischen Paradiesessage richtig erhalten.

Nun tritt folgendes ein. Als die zweite Wurzelrasse der vierten Erdenrunde heranrückt, spaltet sich die Sonne ab, und in der dritten Wurzelrasse der Mond. Es entwickelt sich alles das physisch heraus, was früher nur auf dem astralen Globus vorhanden war. Jetzt tritt auch der Mensch physisch hervor, jetzt aber so gegliedert, daß er die Monade aufnehmen konnte in seinem immer mehr sich reinigenden Astralleib. Würde der Mensch diese vorher aufgenommen haben, so würde er mit der Monade Manas, Buddhi, Atma aufgenommen haben, würde sehr weise geworden sein, aber die Weisheit wäre eine Art Traumweisheit gewesen.

Über den physischen Körper und den Ätherkörper hat der Mensch zunächst keine Macht. Er vermag auch zunächst nichts über seine vom Monde herrührenden niederen Leidenschaften; diese kommen mit Notwendigkeit heraus bis zu der Zeit, als der Mensch seine Erdenzeit beginnt. Hätte der Mensch einfach die Monade in die veredelte

Tierheit aufgenommen, so hätte er nicht irren können. Er wäre geworden, wie Jehova beabsichtigt hatte: ihn zwar mit aller Weisheit auszustatten, aber ihn dabei zu einer lebendigen Statue zu gestalten. Da traten diejenigen Wesenheiten ein, die sich auf dem Monde schneller, über das Maß der Mondenentwickelung hinaus entwickelt hatten: die luziferischen Wesenheiten. Luzifer ist eine Macht, die Begeisterung hat für die Weisheit, die ebenso vehement ist wie beim Tier die Sinnlichkeit. Die Gier nach der Entwickelung der Weisheit, das ist Luzifer. Er ist mit all den Dingen ausgestattet, die vom Monde herrühren. Wenn Luzifer die Entwickelung allein aufgenommen hätte, dann wäre ein Kampf entstanden zwischen Luzifer und den alten Göttern.

Das Bestreben Jehovas war die Ausgestaltung der Form. Luzifer hätte in dem astralen Material die Leidenschaft für die verfrühte Vergeistigung entwickeln können. Die Folge wäre ein heftiger Kampf zwischen den Jehovageistern und den Scharen des Luzifer gewesen. Es war die Gefahr vorhanden, daß durch Jehova einige zu lebenden Statuen würden und andere zu rasch vergeistigten Wesen durch Luzifer. Wenn die Möglichkeit eintreten sollte, Material für einen Ausgleich zu finden, so mußte dieses Material anderswo hergenommen werden. Die eben beginnende weiße Loge mußte, um den Kampf zwischen Jehova und Luzifer zu paralysieren, das Material von einem anderen Planeten hernehmen. Dieses unterschied sich wesentlich von der vom Monde herübergekommenen Astralmaterie, von dem astralkamischen Material der Tierheit. Es gab die Möglichkeit, Stoffe von anderen Planeten herüberzuführen: neue Leidenschaften, weniger vehement, doch auf die Selbständigkeit bedacht. Das neue Material wurde geholt vom Mars. In der ersten Hälfte unserer Erdenentwickelung wurde also astrales Material vom Mars eingeführt. Ein grandioser Fortschritt wurde bewirkt durch die Einführung des astralen Materials vom Mars.

Die äußere Kultur auf der Erde ist dadurch gegeben worden, daß auf der einen Seite das Verhärten, und auf der anderen Seite das Vergeistigen verhindert wurde. Luzifer hat zu seinem Träger gemacht das, was von den Marskräften gegeben war. Das Neue auf der Erde bezeichnet man als Mars. So ging es bis zur Mitte der atlantischen Rasse. Da trat wiederum eine neue Frage auf. Der Mensch hatte die Weisheit in sich aufgenommen, aber der Weisheit allein würde es in der Zukunft nicht möglich sein, gestaltenschaffend auftreten zu können. Man würde das Mineralreich zusammenbauen können durch Luzifer, aber beleben könnte Luzifer das nicht. Leben hätte der Mensch niemals unter dem Einflusse der anderen Mächte geben können. Deshalb mußte ein Sonnengott kommen, eine höhere Wesenheit als Luzifer. Das waren die sogenannten Solarpitris. Der Vorzüglichste derselben ist Christus. Wie Luzifer das Manaselement repräsentiert, so repräsentiert Christus das Buddhielement.

Die menschlichen Astralleiber mußten noch einen dritten Einschlag bekommen. Dieser wurde vom Merkur heruntergeholt. Christus vereinigt seine Herrschaft mit der des Luzifer. Will man nun die Höhen hinauf den Weg zu den Göttern finden, so braucht man den Götterboten Merkur. Er ist derjenige, der die Wege des Christus von der Mitte der atlantischen Wurzelrasse an vorbereitete, um später in die Astralleiber eintreten zu können, die das Merkurialelement aufgenommen haben.

Alle unsere jetzigen Metalle sind erst allmählich so geworden, wie sie jetzt sind. Gold, Silber, Platin und so weiter verhalten sich alle so: Wenn man sie erhitzt, so werden sie zuerst warm, dann flüssig, dann gasförmig. So waren einstmals alle Metalle in der gasförmigen Erde. Gold hat sich auch erst verdichtet mit der Erde, es war einstmals ganz ätherisches Gold. Wenn wir zurückgehen zu der Zeit, als die Erde noch mit der Sonne vereinigt war, da gab es da drinnen noch kein festes Gold. Die Teile des weißen Sonnenäthers sind flüssig und dann fest geworden. Das sind die Goldadern, die jetzt in der Erde sind. Gold ist verdichtetes Sonnenlicht, Silber aber ist verdichtetes Mondenlicht. Alle mineralischen Stoffe haben sich allmählich verdichtet. Wenn die Menschen nun sich immer mehr vergeistigen werden, dann wird das Quecksilber (Merkur) fest werden. So wie das Wasser jetzt, so bildeten einstmals auch das Gold und das Silber Tropfen. Es hängt mit dem ganzen Prozeß der Erdenentwickelung zusammen, daß das Merkur jetzt noch flüssig ist. Es wird fest werden, wenn der

Götterbote Merkur seine Aufgabe erfüllt haben wird. Vom Merkur ist damals, in der Mitte der atlantischen Wurzelrasse, in ätherischer Form das Quecksilber geholt worden. Hätten wir nicht das Quecksilber, so hätten wir nicht das Christus-Prinzip. In den Tropfen des Quecksilbers hat man das zu sehen, was in der Mitte der atlantischen Zeit der Erde einverleibt wurde.

Als das Marsprinzip (Kama-Manas) der Erde einverleibt wurde, da wurde vom Mars das Eisen auf die Erde heruntergeholt. Das Eisen stammt vom Mars. Es war zuerst in astraler Form vorhanden und hat sich dann verdichtet. Wenn wir die Erde zurückverfolgen bis zu jenem Zeitpunkte, so finden wir immer weniger warmblütige Tiere. Erst in der Mitte der lemurischen Zeit tritt zugleich mit dem Marsimpuls das warme Blut auf. Eisen kam damals ins Blut hinein. Eisen ist das, was in allen okkulten Schriften mit dem Mars zusammengebracht wird, Quecksilber mit Buddhi-Merkur. Gewisse Leute haben das von den Adepten gelernt. Die Erde wird deshalb aufgefaßt als Mars und Merkur. Alles was nicht vom Mars und vom Merkur stammt, ist vom Monde herübergekommen.

Die Wochentage sind ein Abbild der planetarischen Entwickelung. Die Folge der Planeten ist in wunderbarer Weise in den Wochentagen aufgeschrieben:

Saturn	Samstag	Saturday
Sonne	Sonntag	Sunday
Mond	Montag	Monday
Mars (Tiu)	Dienstag	Tuesday
Merkur (Wotan)	Mittwoch	Wednesday, Mercredi
Jupiter (Donar)	Donnerstag	Thursday, Jeudi
Venus (Freya)	Freitag	Friday, Vendredi
Vulkan (die Oktav zu Saturn)	Samstag	Saturday

In dem Ausspruch, daß Christus der Schlange den Kopf zertreten habe, finden wir einen tiefen Ausdruck für die Esoterik. Der Kopf der Schlange ist die bloße Weisheit, sie muß überwunden werden. Die eigentliche Weisheit liegt im Herzen, darum muß der Kopf der Schlange zertreten werden. In der Herakles-Sage ist dieselbe Wahrheit schon ausgesprochen worden. Er tötet die lernäische Hydra, der Kopf wächst immer neu. Das bloße Manas wird immer wieder kommen. Er muß das Blut entfernen (Kama), dann wird die Hydra besiegt. Das Blut kam mit der Marsweisheit (Kama-Manas) auf die Erde herein.

In manchen anderen Dingen liegt ein tiefer Sinn. Dem Marszeitalter geht die Abtrennung des Mondes voran. Der Mond enthielt das Silber. Noch früher fand die Abtrennung der Sonne statt. Das Gold ist verdichtetes Sonnenlicht. Es hängen zusammen: Sonnenlicht und Gold, folglich Goldenes Zeitalter; Mondenlicht und Silber – Silbernes Zeitalter; Mars und Eisen – Ehernes Zeitalter.

Wir sind jetzt auf dem mittleren, dem vierten Globus. Auf dem fünften Globus tritt die Fähigkeit auf, sich von innen heraus selbst zu organisieren. Dann verwandelt sich die Erde in eine solche Kugel, auf der der Mensch die Gestalt von innen heraus bildet. Die Erde ist dann ein plastischer Globus. Der sechste Globus ist derjenige, auf dem der Mensch sich nicht nur plastisch gestaltet, sondern in die Gestalt seine eigenen Gedanken hineinlegen kann. Auf dem fünften Globus kann der Mensch sich zum Beispiel eine Hand bilden; auf dem sechsten Globus kann er dann seine Gedanken herumschicken. Auf dem siebenten Globus wird alles wieder gestaltlos. Es geht dann alles wieder in den Samenzustand über.

Wir wollen nun unser jetziges Ich betrachten. In ihm sind eine Menge von Vorstellungen und Begriffen. Wenn wir die Kulturwelt ansehen, so sagen wir: Aus dem Ich heraus ist die Kulturwelt entstanden. Alles das war einmal in einem Menschenkopf darinnen, es war im Ich enthalten. Daraus ist es zusammenkombiniert. Alle Dinge, die künstlich entstanden sind, sind aus dem Ich herausgeboren. In der Mitte der lemurischen Zeit war das Ich noch leer; da konnte der Mensch noch nichts. Er lernte erst nach und nach in primitivster Weise die Welt von außen kennen. Sein Ich war damals wie eine hohle Seifenblase. Als er einen Stein ansah, spiegelte sich dieser in ihm, er sah vielleicht eine Schärfe daran, fing an andere Steine damit zu behauen. So fing er an, die mineralische Welt zu formen. Was in seiner Umgebung war, das spiegelte sich immer mehr in dem zunächst leeren Ich ab. Am Ende des physischen Globus werden wir alles als Spiegelbild in unserem Ich haben. Wenn wir nun alles darinnen haben, dann gestalten wir alles von innen heraus. Das ist das Plastische auf dem nächsten Globus. Der Baumeister des Kölner Doms hat in seinem Ich kombiniert – dieser Inhalt seines Ich wird durch Buddhi belebt und dann gestaltet er auf dem fünften Globus alles plastisch heraus. Auf dem sechsten Globus wird alles das als Gedanke vorhanden sein, und auf dem siebenten Globus wird alles wieder in das Atom zusammengezogen. In der nächsten Runde erschafft dann der Mensch das neue Pflanzenreich aus dem Ich heraus.

Das Ich war in der Mitte der lemurischen Zeit wie ein Loch, das in die Materie hineingebohrt wurde. Alle unsere Iche waren damals solche Löcher in der Materie, die wir seitdem ausgefüllt haben. In der nächsten Runde wird der Inhalt als Pflanze herauskommen, denn in dieser fünften Runde geschieht mit dem Pflanzenreich dasselbe, was jetzt mit dem Mineralreich geschieht. Die ganze Erde ist dann ein einziges großes, belebtes Wesen. Bewußtes, empfindendes Leben hat dann der Mensch erlangt und er gestaltet es dann aus sich heraus. In der sechsten Runde gibt es auch kein Pflanzenreich mehr; der Mensch läßt dann in Form von rein intellektuellen Gebilden lebendige, empfindende Gedanken in seine Umgebung gehen. In dieser sechsten Runde, auf dem sechsten Globus, in dessen sechstem Entwickelungsstadium, der sechsten Rasse entsprechend, da entscheidet sich etwas Wichtiges. Da wird alles im Devachanzustand angelangt sein, was sich aus allen Reichen heraus entwickeln kann. Ist dann jemand nicht so weit, daß er bis zur Devachanstufe erhoben werden kann, dann bleibt er in der Tierheit. Das entscheidet sich bei der Zahl 666, der Zahl des Tieres.

Bei der siebenten Runde hat sich die Menschheit vollständig gereinigt. Das Menschenreich gibt sich dann seine Ziselierung. Sie ist die schnellste Runde. Der Mensch ist, wenn er da heraustritt, zum Gott geworden und entwickelt sich hinüber zum Jupiter.

In jeder Runde ist der erste Globus oder Formzustand so, daß wir es da noch nicht eigentlich mit einer Form zu tun haben, sondern die Form ist erst in der Anlage enthalten. Daher zählt zunächst die Esoterik den Arupaglobus nicht mit zu den Formzuständen, sondern zu den Lebenszuständen; ebenso auch den siebenten Globus, den archetypischen. Wir haben also eigentlich nur fünf Formzustände. Der erste und der letzte Globus jeder Runde sind Lebenszustände. Die ganzen Zustände der Runden nennt man auch Lebenszustände, weil das Durchgehen durch ein Reich einen Lebenszustand darstellt.

In der ersten Runde war das Leben im ersten Elementarreich, in der zweiten Runde im zweiten Elementarreich, in der dritten Runde im dritten Elementarreich, in der vierten Runde im Mineralreich. In der fünften Runde ist das Leben im Pflanzenreich, in der sechsten Runde ist das Leben im Tierreich, in der siebenten Runde ist das Leben im Menschenreich.

Wenn man das Leben in der siebenten Runde, im Menschenreich betrachtet, so ist das etwas, was in die nächste Runde hineinleuchtet, in welcher der Mensch schon in einen anderen Bewußtseinszustand übergegangen sein wird. Der Sinn einer Runde besteht darin, eine neue Lebensetappe zu erreichen. Der Sinn der siebenten Runde besteht darin, in eine neue Bewußtseinsstufe hinüberzuleiten. Der Esoteriker rechnet daher nur sechs Lebenszustände und die siebente Runde als neuen Bewußtseinszustand.

Wenn wir Form-, Lebens- und Bewußtseinszustände in Zahlen aufschreiben wollen, so bekommen wir 5 Globen oder Formzustände, 6 Runden oder Lebenszustände, 10 Planeten oder Bewußtseinszustände. Zählen wir die ganze Evolution vom Saturn bis zum Vulkan, so haben wir das ausgedrückt in dem, was Sie bei *Helena Petrowna Blavatsky* finden als Zahl der Prajapatis 1065, das heißt: 10–6–5.

XXVII

Berlin, 30. Oktober 1905

Der Gang der Entwickelung in der Welt tritt uns in drei Stufen entgegen: in Bewußtsein, Leben und Form. Das Bewußtsein in seinen verschiedenen Arten drückt sich aus in den sieben Planeten: Saturn, Sonne, Mond, Erde, Jupiter, Venus, Vulkan. Auf jedem Planeten geht es durch sieben Lebensreiche, und jedes Lebensreich geht durch sieben Formzustände.

Unsere physische Erde ist ein solcher Formzustand, der vierte Formzustand oder Globus in dem vierten Lebensreiche des vierten Planeten oder Bewußtseinszustandes. Wir denken uns nun die Erde, wie sie jetzt ist und fragen uns: Was tun wir hier? – Wir nehmen die Gegenstände draußen im Raume, zunächst im Mineralreiche, und bilden daraus Kunstwerke. Da kombinieren wir; wir bilden aus Einzelheiten ein Ganzes. Dies ist ein Schaffen innerhalb der Form. Nun kann noch auf andere Weise etwas Neues entstehen, nämlich auf ähnliche Art wie zum Beispiel aus einer Pflanzenwurzel Stengel, Blätter und Blüten entstehen. Diese Blüte setzt man nicht zusammen wie eine Maschine, durch Kombination, sondern sie muß hervorwachsen aus dem, was schon da ist. Das ist ein Vorgang innerhalb des Lebens. Aus dem, was da ist, wird etwas Neues geschaffen.

Bei der dritten Art der Hervorbringung, bei derjenigen aus dem Bewußtsein, geht etwas hervor auf solche Weise, daß wir sagen können: Es war vorher im Grunde genommen eigentlich nichts da – ein Nichts.

Versetzen wir uns an den Uranfang einer solchen planetarischen Entwickelung, ganz an den Anfang der Saturnentwickelung. Was haben wir da zu beobachten? Es war noch kein physischer Planet da, nicht einmal in der feinsten Arupaform war ein Planet vorhanden, sondern wir sind da noch *vor* dem Augenblicke, wo der Saturn im ersten Anfange da ist. Da ist von unserer Planetenkette noch gar nichts vorhanden; wohl aber die ganze Frucht der vorhergehenden Planetenkette ist da, so ähnlich, wie wenn wir am Morgen aufwachen, noch nichts getan haben und lediglich die Erinnerung an das, was wir am vorherigen Tage getan haben, in unserem Geiste enthalten ist. So haben wir – wenn wir uns so ganz in den Anfang der Saturnentwickelung versetzen – in den sich offenbarenden Geistern die Erinnerung an eine vorherige Planetenkette, an das, was vorher gewesen ist.

Nun versetzen wir uns an das Ende der Planetenkette, in die Zeit, da die Vulkanstufe zu Ende geht. Während der Planetenkette ist nach und nach als Schöpfung zutage getreten, was an Anlage am Anfange vorhanden war. Wir haben also zuerst einen Ausfluß des Bewußtseins; aus dem Inhalt des Früheren heraus, aus der Erinnerung heraus schafft das Bewußtsein das Neue. Es ist am Ende also etwas da, was am Anfange nicht da war: nämlich alle Erfahrungen. Was am Anfange da war, ist herausgeflossen in lauter Dinge und Wesenheiten. Ein neues Bewußtsein ist am Ende entstanden mit einem neuen Inhalt, ein neuer Bewußtseinsinhalt. Es ist etwas, was aus dem Nichts hervorgegangen ist, aus Erfahrungen. Wenn wir das Erneuern im Leben betrachten, müssen wir uns sagen, es muß ein Same da sein, der das möglich macht. Aber der neue Bewußtseinsinhalt am Ende einer planetarischen Entwickelung ist tatsächlich aus dem Nichts hervorgegangen, aus Erfahrungen; dazu braucht man keine Grundlagen, es schafft etwas, was aus dem Nichts entsteht. Man kann nicht sagen, wenn eine Persönlichkeit die andere anschaut, sie habe der anderen etwas entzogen, wenn sie in der Folge die Erinnerung an die andere Persönlichkeit in sich trägt. Diese Erinnerung ist aus dem Nichts hervorgegangen. Das ist eine dritte Art des Schaffens: aus dem Nichts heraus. Die drei Arten des Schaffens sind also folgende:

Kombinieren der vorhandenen Teile (Form)
Hervorgehenlassen neuer Gebilde mit neuem Lebensinhalt aus vorhandenen Grundlagen (Leben)
Schaffen aus dem Nichts heraus (Bewußtsein).

Es sind dies drei Definitionen von Wesenheiten, die eine Planetenkette hervorbringen, einer planetarischen Kette zugrunde liegen. Man nennt sie die drei Logoi. Der dritte Logos bringt aus der Kombination hervor. Wenn aus der einen Substanz etwas anderes hervorgeht mit neuem Leben, so ist das der zweite Logos, der hervorbringt. Überall aber, wo wir ein Hervorgehen haben aus dem Nichts, da haben wir den ersten Logos. Daher nennt man den ersten Logos oft auch das in den Dingen selbst Verborgene, den zweiten Logos die in den Dingen ruhende Substanz, die Lebendiges aus Lebendigem schafft, den dritten Logos den, der alles Vorhandene kombiniert, aus den Dingen die Welt zusammensetzt.

Diese drei Logoi gehen in der Welt immer durch- und ineinander. Der erste Logos erfährt auch die innere Weisheit und auch den Willen. Im Schaffen des ersten Logos ist Erfahrung, das heißt, Gedankensammeln aus dem Nichts und dann wieder Schaffen nach den Gedanken aus dem Nichts. Die Schöpfung aus dem Nichts ist aber nicht so gemeint, als ob gar nichts dagewesen wäre, sondern daß im Laufe der Entwickelung Erfahrungen gemacht werden und daß im Laufe des Werdens Neues geschaffen wird, daß das, was da ist, gleichsam abschmilzt und aus der Erfahrung heraus Neues geschaffen wird.

Diese Schöpfung geschieht vergleichsweise so: Jemand sieht einen anderen Menschen an und merkt sich das Bild. Wäre er schöpferisch begabt wie der erste Logos, dann könnte er sich folgendes sagen: Ja, ich habe NN gesehen und ich kenne auch den Begriff des umgekehrten NN. Ich kann mir auch ein negatives Bild von ihm machen: Also statt wo Schwarz ist, Weiß und umgekehrt. So hat er aus der Erfahrung des Objekts und dessen Negativs ein vollständig neues Gebilde geschaffen. Dies könnte er mit Leben begaben. Es wäre ein neues Gebilde, das früher nicht da war. Nehmen wir nun an, jemand macht dieses so mit vielen Menschen und die vielen Menschen würden zugrunde gehen, so würde der Beobachter nach seinen Erfahrungen eine neue Welt schaffen können.

Indem man die Welt betrachtet, sieht man fortwährend die drei Logoi ineinanderwirken. Wir wollen uns innerhalb unseres Planetensystems das Wirken der drei Logoi in bezug auf den Menschen vorstellen. Denken wir uns den Punkt des Anfanges der Saturnentwickelung, als noch nichts da war. Was geschieht da? Da wird alles, was vorher vorhanden war, gleichsam wie ausgeträufelt. Alle Dinge, die vorher da waren, werden ausgeströmt. Was auf diese Weise entsteht, das würde die allererste Stoffergießung sein aus der Summe der Erfahrungen von früher. Alles was früher aufgenommen worden ist, wird in Form von Stoff ausgeströmt. Darin ist auch der Stoff enthalten, aus dem später die Menschheit entsteht. Dieser Stoff ist zunächst bloß als Stoff da. Diese Ausströmung muß dann fortwährend aufgebaut, zusammenkombiniert werden. Diese Kombination des ausgeströmten Stoffes ist eine neue Schöpfung. Das ist zunächst ein Schaffen des dritten Logos; nach der Ausströmung des Stoffes also ein Schaffen des dritten Logos.

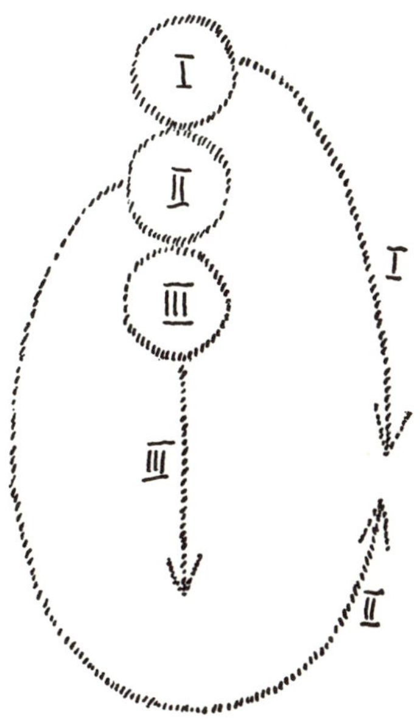

Was bedeutet das nun für den Menschen? Für den Menschen bedeutet das nun, daß zunächst alle die Teile zusammenkombiniert werden, die dann seinen physischen Körper bilden. Der Mensch war damals, auf dem Saturn, ein richtiger Automat. Wenn man damals in ihn ein Wort hineingesprochen hätte, hätte er es wieder herausgesprochen. Formen der Wesen werden gebildet. Dies nennt man die Arbeit des dritten Logos und sie dauert bis in die Sonnenzeit hinein, in der

der Mensch dann auch den Ätherkörper, das Leben bekommt. Dies ist die Arbeit des zweiten Logos. Nun gehen wir weiter bis in die Erdenzeit. Da bekommt der Mensch selbst ein Bewußtsein, das heißt die Möglichkeit, Erfahrungen zu sammeln aus dem Nichts heraus. Dies ist die Arbeit des ersten Logos. Der Mensch auf dem Saturn erhält das, was Form in ihm ist, von dem dritten Logos. Der Mensch auf der Sonne erhält das, was Leben in ihm ist, von dem zweiten Logos. Der Mensch auf der Erde erhält das, was Bewußtsein in ihm wird, von dem ersten Logos.

Der Begriff des Bewußtseins muß uns noch ein wenig klarer werden. Wir müssen uns dazu vollständig herausarbeiten den Begriff des Bewußtseins auf einem bestimmten Plan. Der Mensch ist bewußt, aber es handelt sich darum, zu wissen, wo sein Bewußtsein ist. Der Mensch ist jetzt bewußt auf dem physischen Plan, wenn wir von dem Wachbewußtsein sprechen. Aber das Wachbewußtsein könnte ja auch auf dem Astralplan sein. Wenn bei einem Geschöpf das Leben auf dem physischen Plan und das Bewußtsein auf dem Astralplan ist, so ist das ein Tier.

Beim Menschen ist das Bewußtsein im Kopfe lokalisiert. Beim Tier, zum Beispiel beim Tiger, ist das Bewußtsein auf dem Astralplan. Es schafft sich außerhalb des Kopfes einen gewissen Angriffspunkt, durch den es auf den Tiger wirkt. Wenn der Tiger Schmerz empfindet, dann geht der Schmerz auch über auf den Astralplan. Das Organ dafür ist bei dem Tiger *vor* dem Kopfe, an der Stelle, wo beim Menschen die Stirne ist. Beim Menschen ist der Punkt bereits in den Kopf eingeschlossen und mit dem Vorderhirn ausgefüllt; es ist das Bewußtsein eingefangen worden durch das Gehirn und den Vorderschädel und ist daher auf dem physischen Plan. Bei dem Tiger und überhaupt bei allen Tieren liegt der Knotenpunkt des Bewußtseins vor dem Kopfe, im Astralen, da geht es in die Astralwelt hinein. Bei der Pflanze ist es wiederum anders. Wenn wir ihr Bewußtsein verfolgen könnten, würden wir, von oben nach unten gehend, immer an der Wurzelspitze herauskommen. Wenn wir dann die Linie des Wachstums verfolgen, so würden wir an den Mittelpunkt der Erde kommen. Da ist der Sammelpunkt aller Empfindungen, der Aufsaugepunkt des Bewußtseins der Pflanzen. Er steht direkt in Verbindung mit der mentalen Welt. Die gesamte Pflanzenwelt hat ihr Bewußtsein im Mentalen.

Bei der gesamten mineralischen Welt ist das Bewußtsein auf den höchsten Gebieten der Mentalwelt, auf dem Arupaplan. Die Steine haben ihr Bewußtsein so, daß wenn wir den Punkt suchen wollten, wir ihn wie eine Art Sonnenatmosphäre finden würden. Wenn wir auf der Erde die mineralische Welt bearbeiten, Steine klopfen, steht jede einzelne Tat zu dieser Sonnenatmosphäre in einer gewissen Beziehung. Dort spürt man, was der Mensch hier arbeitet. Da haben wir also eine Reihe von Wesenheiten auf dem physischen Plan, deren Bewußtsein aber auf verschiedenen Planen liegt.

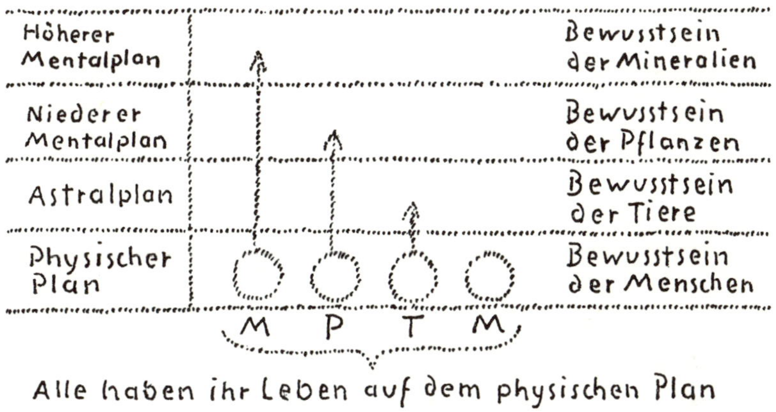

Menschen und Tiere unterscheiden sich dadurch, daß sie ihr Bewußtsein auf verschiedenen Planen haben. Es gibt nun auch noch andere Wesen als Mineralien, Pflanzen, Tiere und Menschen. Es gibt Wesen, die ihr Bewußtsein im Physischen haben und ihren Körper im Astralen. Ein solches Wesen ist sozusagen das umgekehrte Tier. Solche Wesen gibt es wirklich, es sind die Elementarwesen. Machen wir uns zu ihrem Verständnis klar, was zum physischen Plan gehört.

Physisch ist: Erstens die feste Erde, zweitens Wasser, drittens Luft, viertens Äther (Wärmeäther, Lichtäther, chemischer Äther, Lebensäther). Bleiben wir bei den vier unteren Formen unseres physischen Planes, scheiden wir die ätherische Welt davon ab.

In allen vier Formen des physischen Planes können Bewußtseine liegen, während der Körper eines solchen Wesens im Astralen liegt. Man denke sich das Bewußtsein in der festen Erde, den Körper im Astralen; oder ein Wesen, das im Wasser sein Bewußtsein hat, und dessen Körper im Astralen ist; dann ein solches mit dem Bewußtsein in der Luft und dem Körper im Astralen; und eines mit dem Bewußtsein im Feuer und dem Körper im Astralen. Die heutige Menschheit weiß nicht viel von diesen Wesen, man kennt sie in unserer Zeit nur durch die Poesie. Die Bergleute aber kennen solche Wesen sehr gut. Ein Gnom ist nur wahrnehmbar für den, der auf dem astralen Plan schauen kann, aber Bergleute besitzen manchmal ein solches astrales Schauen, sie wissen, daß Gnomen Wirklichkeiten sind. So sind in unserer Erde eigentlich Bewußtseine vorhanden, und was der Naturforscher heute Naturgesetze nennt, das sind die Gedanken von Wesenheiten, die auf dem physischen Plan denken, aber ihren Körper auf dem Astralplan haben. Wenn in der Physik etwas von einem Naturgesetz steht, so können wir uns sagen: das sind Gedanken eines Wesens, das auf dem Astralplan seinen Körper hat. Die Naturkräfte sind schaffende Wesenheiten und die Naturgesetze sind ihre Gedanken.

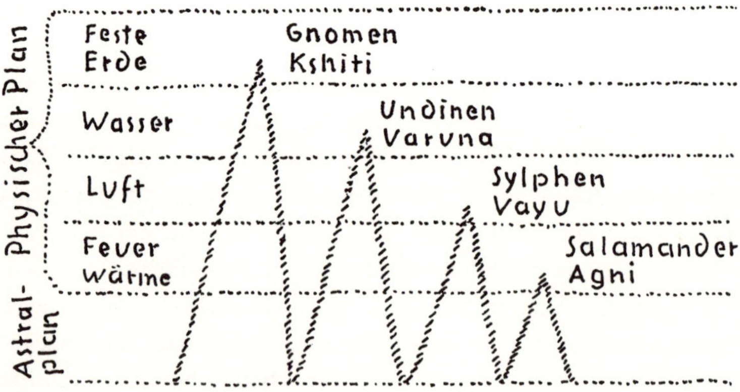

Im Mittelalter versuchte der Alchimist, sich die Geister dienstbar zu machen. *Goethe* hat das recht gut gewußt; Faust will Feuerluft haben; da soll der Salamander hervorgehen, der auf dem Astralplan seinen Körper hat. Wir haben also um uns Wesenheiten, die tatsächlich im Feuer ihr Bewußtsein haben, denen wir Schmerz verursachen, wenn wir Feuer anzünden, denn dadurch verursacht man eine gewisse Veränderung des betreffenden Körpers der Wesenheit auf dem Astralplan. Wenn man Licht anzündet, verändert man diese astrale Wesenheit. Ebenso wenn man auf anderen Gebieten der Elemente und der Naturkräfte Veränderungen hervorbringt, verändert man etwas an diesen astralen Wesenheiten. Wir bevölkern den Astralplan fortwährend mit Wesenheiten, indem wir dies oder jenes tun. Denken wir uns diesen Gedanken klar aus, dann haben wir den Sinn der kirchlichen Zeremonie: nämlich nicht beliebige Dinge vorzunehmen auf dem physischen Plan, sondern solche, die sinnvoll sind, wodurch sinnvolle Wesenheiten auf dem Astralplan entstehen. Wenn man zum Beispiel mit Weihrauch räuchert, macht man etwas Planvolles; man verbrennt bestimmte Stoffe und schafft Wesenheiten von einer bestimmten Sorte. Wenn man ein Schwert nach vier Seiten durch die Luft führt, schafft man ein bestimmtes Wesen. Ebenso der Priester, wenn er bestimmte Handbewegungen macht bei bestimmten Lauten, wie zum Beispiel bei o, i, u, verstärkt durch die Wiederholung: Dominus vobiscum. Der Klang ist regelmäßig angeordnet, die Luft wird in bestimmte Erschütterungen gebracht, die dadurch verstärkt werden, daß man bestimmte Handbewegungen macht, und es wird eine Sylphe hervorgerufen. Auch Zeichen, Griff und Wort der Freimaurer bringen bestimmte Gebilde hervor, die eine Gesetzmäßigkeit in der physischen Welt ausdrücken. Durch planvolles Gebrauchen dieser Worte schafft man ein Band vom einen zum anderen, man hüllt sich ein in eine astrale Materie, die durch Zeichen, Griff und Wort geschaffen worden ist.

Der Mensch tut das alles natürlich auch im gewöhnlichen Leben fortwährend, aber da tut er es unsystematisch, er schafft sich widersprechende Wesenheiten. Die Kunst besteht darin, vom physischen Plan auf höhere harmonisch hinaufzuwirken. In den Kultuszeremonien sollen durch bestimmte Handlungen nicht widersprechende, sondern harmonische Wesenheiten erschaffen werden. Der Mensch ist zunächst nicht imstande, diese Dinge in Harmonie zu bringen. Aber für alles, was der Mensch so schafft auf dem Astralplan, gibt es gewisse dirigierende Wesenheiten. So haben wir eine Welt von Elementarwesen um uns mit einem König. Bei den Indern werden genannt der König der Gnomen: Kshiti, der alleroberste Gnom; das oberste Wesen unter den Undinen: Varuna; das oberste Wesen unter den Sylphen: Vayu; und alles, was im Feuer sein Bewußtsein hat, wird dirigiert durch den König des Feuers: Agni. Bei allem Feuer- und Wasserwirken und so weiter haben wir es zu tun mit diesen bestimmten Devawesenheiten. Alles Feuer, das wir hier auf der Erde haben, ist der Stoff, der aus den Wesen, die zu Agni gehören, gewoben ist. Zeremonielle Magie ist die niedrigste Art der Zauberei und besteht darin, daß man sich gewisse Kunstgriffe aneignet auf dem physischen Plane, um bestimmte Gebilde und Wesenheiten auf dem Astralplan zu schaffen. Es gibt Schulen, in denen zeremonielle Magie heute noch getrieben wird. Ein solches Treiben verursacht einen großen Hang zur Astralwelt und bewirkt sehr häufig Selbstmord, weil dann der Mensch fast nur in der astralen Welt tätig ist und sich abgewöhnt hat, die physische Welt um ihrer selbst willen zu nehmen. Er hat den Hang zur anderen Welt ausgebildet und der physische Körper ist ihm dann oft hinderlich.

Nun werden Sie auch den Zusammenhang mit dem Feuerdienst begreifen, der in der Religionsgeschichte hervorgetreten ist. Die Anhänger des Zarathustra versuchten, durch das Feueropfer der Priester gewisse Gebilde auf dem astralen Plane tatsächlich zu schaffen. Auf der Erdkugel geht jetzt alles physisch vor sich. Aber man kann aus dem Gesagten sehen, daß sich fortwährend astrale Wesenheiten bilden unter dem Einflusse unserer Taten. Alle Handlungen sind begleitet von astralen Wesenheiten. Das sind unsere Skandhas, die unser Karma vollziehen. Aber auch alle physischen Tatsachen lassen astrale Wesenheiten im Astralen zurück. So zum Beispiel entspricht auch dem Kölner Dom eine ganz bestimmte Wesenheit auf dem Astralplan. Durch alles, was auf der Erde geschieht, wenn alle physische Materie umgearbeitet ist und die Erde sich auflöst, wird von selbst der nächste astrale Globus gebildet. Er ist einfach da als die astralen Wesenheiten, als die Wirkungen aller früheren physischen Vorgänge. Darum muß der Mensch fortwährend im Karma wirken. Er muß die grotesken astralen Wesenheiten, die er verpfuscht hat, im nächsten Leben wieder zurechtbringen, sonst wären diese als sinnlose Geschöpfe für den nächsten Globus da. Das ist Karma, das der Mensch ausbessern muß. Was da im Großen vorgeht auf der Erde, das geht beim Menschen auch im Kleinen vor. Man denke sich ein Kind. Man erzieht es falsch, man verzieht es durch Leckereien und so weiter. Das zieht nicht nur Vorgänge im physischen Körper nach sich, sondern das teilt sich dem Astralen fortwährend mit, so daß man tatsächlich den Astralkörper mitverändert. Was man dem Säugling beibringt, physisch, das geht in seinen Astralkörper über, das ist da in Form von bestimmten Gebilden vorhanden. Was so hineingearbeitet ist, wird aber stufenweise wieder herausgearbeitet. In der Zeit des höheren Alters rächen sich die Sünden, die an dem Kinde begangen worden sind. Diese Sünden bleiben durch die ganze Lebenszeit hindurch und sind von großer Wichtigkeit gerade für den letzten Lebensabschnitt des Menschen. Nach dem mittleren Zeitpunkt des Lebens geschieht eine Art von Umkehr; das Astrale wirkt dann

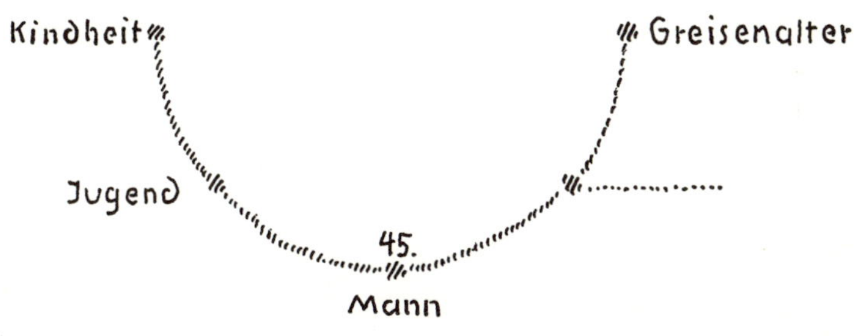

in den physischen Plan hinein. Der Mensch legt in der Kindheit im Astralen den Grund zu dem, was er im Alter haben wird. Wenn der Mensch einsieht, was an ihm gesündigt worden ist und er daraufhin an sich selbst arbeitet, dann kann er die Schäden im Astralleib wieder ausmerzen, sonst wird er im Alter unter denselben Schwächen seiner

Kindheit zusammenbrechen. Auf den Astralkörper wirkt aber nur dasjenige ausgleichend, was man bewußt hineinarbeitet. Wenn man später nicht bewußt die entgegengesetzten Eigenschaften hervorruft, kann man die Fehler nicht ablegen.

XXVIII

Berlin, 31. Oktober 1905

Noch ein besonderes Beispiel wollen wir geben dafür, wie man sich in die Tiefen der religiösen Schriften versenken und immer mehr verstehen kann, was darinnen steht.

Wenn wir unsere Sinnesorgane betrachten, so wie man sie gewöhnlich betrachtet, so haben wir durch das Geruchsorgan die Möglichkeit, den Stoff selbst wahrzunehmen. Ohne daß Stoff ausströmt, ist es unmöglich, daß der Mensch riecht. Es ist eine Verbindung mit dem Stoffe selbst, die da vor sich geht. Das Geschmacksorgan verbindet sich nicht mit dem Stoffe selbst, sondern löst die Dinge auf und nimmt die Wirkung wahr. Den Geschmack können wir also einen chemischen Sinn nennen, weil er in die Beschaffenheit des Stoffes eindringt. Der dritte Sinn, das Gesicht, hat gar nichts mehr mit Stoff zu tun, denn er nimmt nur Bilder wahr, die vom Stoffe entworfen sind. Der vierte, der Tastsinn, hat noch viel weniger mit dem, was Stoff ist, zu tun, da er nur Eigenschaften der Umgebung an den Gegenständen, wie Wärme und Kälte, wahrnimmt; das ist ein Zustand des Stoffes, der hängt nicht mehr vom Stoffe selbst ab, sondern davon, welcher Zustand ringsherum ist. Das Gehör hängt gar nicht von der Luft ab, denn wir nehmen nur die Schwingungen der Luft, die Vibrationen wahr, dasjenige, was durchaus in einer zum Materiellen ganz äußerlichen Beziehung steht. Es ist der Stoff, die Luft, nur das Durchgangsmittel für die Schallwellen.

Die unterste Stoffwahrnehmung ist der Geruch, dann kommt der Geschmack, dann das Gesicht, dann der Tastsinn und dann der Gehörsinn. Wir können uns nun fragen – nehmen wir den Tastsinn: Was ist Wärme und Kälte? – Was im Wärmeäther enthalten ist. Also der Tastsinn nimmt wahr den Wärmeäther, das Gesicht nimmt wahr den Lichtäther, der Geschmack nimmt wahr den chemischen Äther, der Geruch nimmt wahr den atomistischen oder Lebensäther, das Gehör nimmt wahr die Luft. Ein sechster und ein siebenter Sinn, die sich erst künftig entwickeln werden, würden wahrnehmen das Wasser und die Erde.

So haben wir in unseren Sinnen eine aufeinanderfolgende Stufenreihe für das, was wir unsere Stoffe nennen. Verfolgen wir zunächst unsere drei unteren Sinne.

Der Gesichtssinn nimmt durch den Lichtäther die Gegenstände um uns herum wahr. Es gab aber eine Zeit, wo es ringsherum finster und dunkel war. Versetzen wir uns zurück an den Zeitpunkt, als dem Menschen eben das Gesicht aufgegangen ist und die Außenwelt als solche uns wahrnehmbar wurde. Vorher war das Auge noch nicht nach außen aufgeschlossen. Man denke sich dieselbe Kraft, die das Auge von außen empfängt im Lichtäther, von innen nach außen ergossen, in der entgegengesetzten Richtung nach außen strömend durch die Augen. Wenn das der Fall wäre, so würde das Wesen die anderen um es herum beleuchten. Solches war vorhanden in einer gewissen Zeit, als die Menschen das Zyklopenauge besaßen. Das Leuchten war durch das ausströmende Licht bewirkt; das strömte von innen nach außen. Der Mensch beleuchtete damals – wie manche Meerestiere noch heute – die Gegenstände ringsherum und seinen eigenen Körper. Dazumal hatte der Mensch noch kein Bewußtsein für sich, sondern er war damals lediglich ein Mittel für die entsprechende Gottheit, um für die Gottheit die Welt zu beleuchten. Die Gottheit hatte kein anderes Mittel, die Gegenstände ringsherum zu sehen, als die Augen der Menschen.

Als der Mensch noch keinen Verstand hatte, da war es möglich, daß das aktive Licht der Gottheit durch ihn hindurchging und die Gegenstände beleuchtete. Der Mensch war Mittler für die Gottheit. Diese wollte durch das Licht die festbegrenzten Gegenstände sichtbar machen. Dadurch, daß das Licht durch den Menschen hindurchging, wurde der Mensch selbst gestaltet. Bevor das Licht durch den Menschen hindurchging, brauchte die Gottheit noch nicht das Licht, weil die Gegenstände noch nicht fest waren, sondern flüssig, so daß man das Licht noch nicht brauchen konnte. Das ist der Zustand, den die Bibel schildert: «Es war finster auf der Tiefe und der Geist Gottes brütete über den Gewässern». Die Welt war damals richtiges Wasser, auch Gold und Silber und die anderen Metalle rannen damals, waren flüssig. Als innerhalb des Wassers wie Eisbrocken die festen Gegenstände entstanden, da gliederte sich der Mensch ab, und das Licht wurde notwendig. Gott sprach: «Es werde Licht, und es ward Licht», und da bekam der Mensch auch erst seine Gestalt. Das ist der Moment, als der Lichtäther hineingeleitet wird und sich die festen Bestandteile absondern: «Gott machte eine Feste.» Früher war alles eine wässerige Substanz. So wie der Lichtäther in das Feste geleitet wurde, so wurde der chemische Äther in das Wasser geleitet. In den Menschen wurde die chemische Verwandtschaft hineingearbeitet, als er noch flüssig war. Die chemischen Verwandtschaftsverhältnisse, nach denen sich heute die verschiedenen Substanzen verbinden, wurden dem einzelnen eingeprägt. Dann kommen wir in einen Zustand zurück, da der Mensch und auch die ganze Erde noch luftförmig war; da wurde ihm der Lebensäther oder der atomistische Äther eingeflößt. Der Lebensäther wurde damals durch den Menschen in die Welt hineingeleitet.

Nun fassen wir noch einmal den Zustand ins Auge, der war, als Gott sprach: «Es werde Licht!» Die Erde fängt an, sich zu verdichten. Die Erde wird beleuchtet. Das war also so, daß der Mensch damals eigentlich erst anfing, fest zu werden. Nun mußten ihm die früheren Kräfte erhalten bleiben. Wir haben jetzt den Zustand erreicht, da der Mensch das Licht durch sich selbst hindurchgehen läßt. Dann fand eine vollständige Umkehrung statt. Der Mensch fing nun an, das Licht von außen wahrzunehmen.

Ursprünglich wurde durch ihn in diese Welt hineingeleitet:

1. der atomistische oder Lebensäther
2. der chemische Äther
3. der Lichtäther

Umkehr:

3. Wahrnehmung des Lebensäthers
2. Wahrnehmung des chemischen Äthers
1. Wahrnehmung des Lichtäthers.

Dann bekommt der Mensch das Licht aus der Welt zurück (Umkehrung des Wirbels). Er hat früher selbst geleuchtet, jetzt strömt das Licht in ihn ein. Er hat sich zugeschlossen; dadurch ist er bewußt geworden. Das Licht leuchtet in ihm auf; der Mensch fängt an, die Welt ringsherum in sich abspiegeln zu lassen. Das nächste ist, daß der Mensch anfängt, die Gegenstände hinsichtlich ihrer chemischen Beschaffenheit kennenzulernen. Er bekommt Sympathie oder Antipathie für die Stoffe, eine Verwandtschaft mit der übrigen Welt. Dann nimmt er zuletzt auch den atomistischen oder Lebensäther in sich selbst wahr.

Durch das Hineinleiten des Lichtes in die Welt hat der Mensch seine feste Gestalt bekommen. Durch das Hineinleiten des chemischen Äthers hat er Verwandtschaft mit der Welt bekommen. Durch das Hineinleiten des atomistischen Äthers hat er das Leben bekommen.

Also bekam er durch die Augen: die Gestalt; durch den Geschmackssinn: die Verwandtschaft mit der Welt; durch seinen Geruchssinn, die Nase: das Leben. Jehova blies den lebendigen Odem in seine Nase ein.

Wenn wir uns mit solchen Vorstellungen den religiösen Schriften nähern, dann finden wir, daß die tiefsten Wahrheiten in sie hineingelegt sind. Wir wollen sehen, ob sie ursprünglich in der Weise hineingelegt worden sind, wie wir sie jetzt haben.

Man stelle sich beispielsweise vor den Baumeister des Gotthardtunnels und dann den Beschreiber. Der Mann, der den Gotthardtunnel gebaut hat, braucht vielleicht gar nicht so viel Ingenieurkunst im bewußten Zustande gehabt zu haben, aber er hat einen Gedanken in die Wirklichkeit umgesetzt. So verhalten sich die uralten Weisen zu den jetzigen. Damals besaßen sie eine schaffende Weisheit. Jetzt haben wir die wahrgenommene Weisheit. Die schaffende Weisheit ist diejenige Weisheit, die den Menschen einstmals gemacht hat, Stück für Stück aufgebaut hat, die heute der Anatom herausholt und beschreibt. Die schaffende Weisheit ist genau dieselbe, wie die heute herausgeholte Weisheit; sie ist in die Welt hineingelegt worden. In der uralten Weisheit hat man es mit dem Plane der Welt zu tun. Nun können Sie verstehen, warum der Mystiker sich in sich selbst zurückziehen muß. Der eigentliche Mystiker muß ein Erforscher des Inneren sein. Er versucht, diejenigen Stadien der Entwickelung wieder aufzusuchen, durch die er geschaffen worden ist.

Könnten wir die Augen vollständig vor allem Licht verschließen und dann in uns Licht schaffen, bis die Welt von innen heraus beleuchtet erscheint, dann könnten wir uns in uns selbst versenken in die schaffende Weisheit und im Inneren alles durchschauen. Das hat einen praktischen Wert, denn man erinnert sich daran, daß im Grunde genommen der Mensch sich dadurch aufgebaut hat, daß er durch das Mineral-, Pflanzen- und Tierreich hindurchgegangen ist; das ist auch alles in ihm. Was draußen in der Welt ist, sind die zurückgebliebenen Reste dessen, was der Mensch einmal auch war.

Das menschliche Herz war in seiner Entstehung in Verwandtschaft mit dem, was draußen vor sich gegangen ist. In dem Augenblicke, wo man sich in das Herz vertieft, schafft man sich die Umwelt, wie sie damals war, als in der lemurischen Zeit das Herz entstand. Wenn man sich auf die Tätigkeit des Herzens konzentriert, kann man hervorzaubern die ganze Umgebung der damaligen lemurischen Zeit, als das Herz sich bildete. Es tauchen dann die lemurischen Landschaften in uns auf. Wer aufs Herz sich konzentriert, sieht die Entstehung des Menschengeschlechtes.

Durch Konzentration auf das Innere des Gehirns, das erst nach und nach während der atlantischen Zeit entstanden ist, sieht man die atlantischen Landschaften auftauchen. Konzentriert man sich auf das Sonnengeflecht, so wird man zu den Hyperboräern geführt. So steigt man rückwärts auf in die verflossenen Welten. Das ist kein In-sich-Brüten, sondern ein wirkliches Wahrnehmen der einzelnen Organe in ihrer Verwandtschaft mit der Welt. Auf diese Weise hat *Paracelsus* seine Mittel gefunden und kuriert. Er wußte, daß Digitalis purpurea entstanden ist, als das menschliche Herz entstand. Durch Konzentration auf ein Organ erscheinen entsprechende Heilmittel. So stehen die Glieder des Makrokosmos mit der mikrokosmischen Natur des Menschen in Zusammenhang.

Jetzt kann man leicht verstehen, was es heißt: der Mensch bekommt rotes, warmes Blut und die höheren Tiere auch. Das heißt, der Mensch wird von da an befähigt, sich von der ganzen Umgebung abzusondern, selbständig, eine in sich geschlossene Ganzheit zu werden. Der Fisch ist das nicht. Der Fisch ist so warm wie seine Umgebung. Mit dem roten, warmen Blute kam die Fähigkeit für den Menschen, in sich Wärme zu entwickeln. Da konnte der Mensch sich von seiner Umgebung absondern. Vorher war er so warm wie seine Umgebung. Was ist da eigentlich geschehen?

Man betrachte den undifferenzierten menschlichen Organismus vor der lemurischen Zeit. Wir haben ein gleichmäßiges Wärmeverhältnis auf der ganzen Erde. Der Wärmezustand im Menschen ist ebenso wie der Wärmezustand außen. Nun wird der Wärmezustand im Inneren ein höherer. Dieser Wärmezustand im Menschen bedeutet nun Eigenwärme, Wärme, die in Anspruch genommen wird in der Besonderheit; und draußen in der Welt entsteht das Entgegengesetzte: Wärme, Feuer, das hergegeben wird. Vorher gab es draußen auch noch kein Feuer. Es wurde erst möglich, in der Natur Funken zu erzeugen, als drinnen im Menschen Feuer auftrat. Draußen war seit der Zeit das wohltätige Feuer, das hergegeben wird, und im Menschen das egoistische Feuer.

Und nun haben wir den Zeitpunkt, in welchem das Feuer für den Menschen geistigen Wesen entzogen wurde. Dem Körper eines bestimmten geistigen Wesens haben die Menschen ihre Wärme entzogen – Agni! Dadurch mußte sich das, was früher da war als Feuergeist in der Welt, zurückziehen und konnte dann nur noch zeitweise erscheinen in Gestalt von Feuer. Die Prometheus-Sage beruht auf dieser Tatsache. Der Gott hat seinen früheren Körper verloren und schafft sich in dem äußeren Feuer einen neuen Körper. Da haben Sie ein ganz besonderes Beispiel, wie der Mensch in gewisser Weise zerstörend wirkt auf die Elementarkräfte der Natur. Der Mensch hat das Element Feuer selbst hervorgerufen, indem er selbst ein Sonderwesen geworden ist. Darum ist es ein okkulter Satz, daß der Mensch im

Grunde genommen den Elementarwesen gegenüber ein Zerstörer ist. Das geht sehr weit und läßt uns klar erscheinen, daß der Mensch heute noch in seiner Umwelt fortwährend neue Verhältnisse, neue Naturkräfte schafft, indem er sich selbst weiterentwickelt. Er gestaltet die Erde aus. Das Feuer ist entstanden in der lemurischen Zeit, daher konnte Lemurien durch das Feuer untergehen, welches der Mensch selbst geschaffen hatte.

Der atlantische Kontinent ist durch das Wasser untergegangen. Der fünfte Kontinent wird untergehen durch das Böse. Es läßt sich dabei eine Art Rückgang beobachten in folgender Weise:

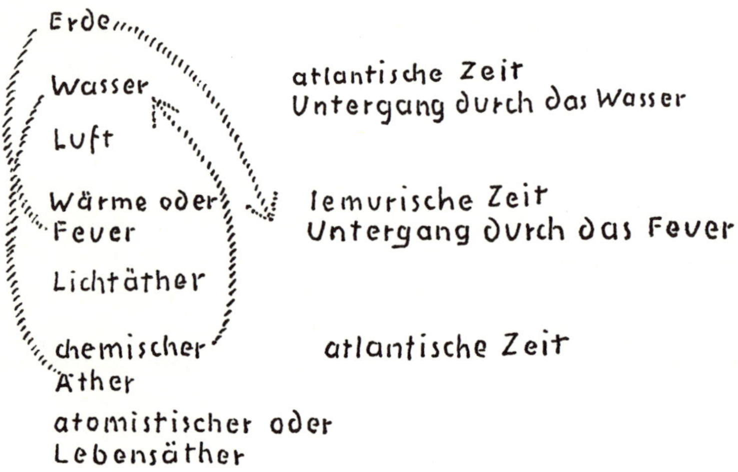

Das nächste war – während der atlantischen Zeit – das Schaffen des Menschen an seinem eigenen Ätherkörper. Er hat da die Luft aus seiner Umgebung angezogen. Er hat seinen Ätherkörper in der Weise verändert, daß die Verhältnisse auf Atlantis ganz andere geworden sind. Die Oberfläche der Erde während der Atlantis war einst nur Nebel, eine solche Atmosphäre, daß ein Regenbogen dort nicht möglich war. Der Mensch wirkte damals auf das Wasser. Zur lemurischen Zeit wirkte er auf die feste Erde, das brachte das Feuer heraus; in der atlantischen Zeit wirkte er auf das Wasser, das bewirkte das Licht.

(Es entspricht dem Licht unseres Verstandes im Inneren.) Dann wirkte er auf die Luft.

Die fünfte Wurzelrasse wird der Mensch durch das, was man das Böse nennt, zugrunde richten. Dann kommt die sechste Wurzelrasse. Die fünfte Wurzelrasse ist diejenige, die Manas auf dem physischen Plane entwickelt.

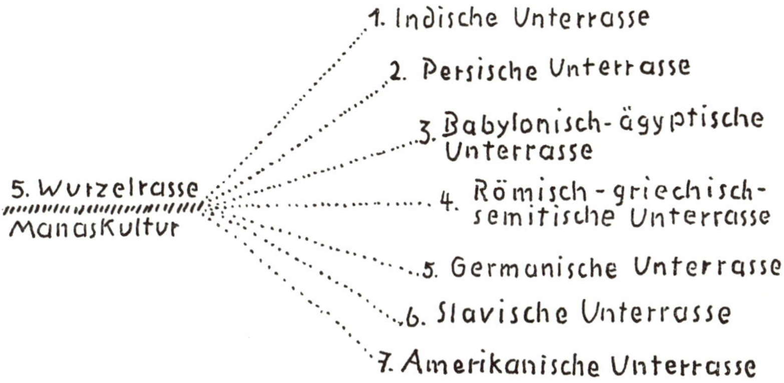

In der urindischen Kultur lebte man in einem Zustande, der dem Manas in einer Art tiefem Trancezustande entspricht. Da wird den alten Indern von den Rishis die uralte Weisheit geoffenbart. Die zweite Offenbarung geschah bei den Persern in einem Zustande, ähnlich dem unseres tiefen Schlafes. In diesem Zustande hörte der Mensch das Wort. Es war der Zustand des alten persischen Schlaftrance. «Honover» heißt das Wort bei den Persern.

Dritte Offenbarung: Die vorderasiatischen Völker, Babylonier, Ägypter nehmen durch Manas im Bilderbewußtsein wahr; sie haben Visionen oder Traumgesichte.

Vierte Offenbarung: Helles, waches Tagesbewußtsein wurde ausgebildet bei den Semiten, den Griechen und Römern. Da wird Manas wahrgenommen im hellen Tagesbewußtsein, als verkörperter Mensch, Christus Jesus.

Bei den Indern finden wir also den Trance des physischen Körpers. Bei den Persern finden wir den Tiefschlaf des Ätherkörpers.

Bei den vorderasiatischen Völkern finden wir das Bilderbewußtsein des Astralkörpers. Bei den semitischen, griechischen, römischen Völkern das Wachbewußtsein des Ich.

Jetzt, in der fünften Unterrasse, hat man nicht die Wahrnehmung eines wandelnden Manas, sondern das Höchste sieht diese Rasse in dem psychischen Erleben der einfachen Begriffe. Unsere Unterrasse hat das psychische Manas entwickelt, die gewöhnliche Wissenschaft.

Die sechste Unterrasse wird ein überpsychisches Manas entwickeln. Was beim Menschen jetzt bloß eine Art Wissen ist, das wird in der sechsten Unterrasse unmittelbare Wirklichkeit, soziale Kraft. Die sechste Unterrasse hat den Gesellschaftsorganismus sozial zu durchdringen mit demjenigen, was alle vorhergehende Entwickelung hervorgebracht hat. Da wird erst das Christentum sozial gestaltend hervortreten. Die sechste Unterrasse wird die grundlegende Keimrasse für die sechste Wurzelrasse. Die fünfte Wurzelrasse stammt ab von den Ursemiten, der fünften Unterrasse der vierten Wurzelrasse. Die haben das eigene Ich entwickelt, das den Egoismus hervorbringt. Das Selbständigwerden verdankt die Menschheit den Ursemiten. Der Mensch muß sich erst selbst finden, dann aber auch sich selbst wieder hingeben. Er muß sich dem hingeben, was den Gedanken wirklich macht. Die sechste Unterrasse ist dazu bestimmt, anstelle der Verwandtschaft des Blutes die Verwandtschaft des Manas zu setzen, die Verwandtschaft im Geiste. Der Gedanke, der altruistisch ist, wird die Anlage zur Überwindung des Egoismus entwickeln.

Die siebente Unterrasse wird eine Frühgeburt sein. Sie wird zu früh in eine noch viel stärkere Wirklichkeit umsetzen, was aus dem Manas herauskommt.

In der sechsten Unterrasse wird die Anlage gegeben werden zur Überwindung des Egoismus, aber so, daß Gleichgewicht gehalten wird zwischen Selbstheit und Selbstlosigkeit. Der Mensch der sechsten Unterrasse wird sich weder verlieren nach außen, noch sich abschließen nach innen. Bei der siebenten Unterrasse tritt eine Art Hypertrophie ein. Der Mensch strömt dann nach außen aus, was er jetzt in sich hat: seinen Egoismus. Die Mitglieder der sechsten Unterrasse dagegen halten das Gleichgewicht. Die siebente Unterrasse verhärtet den Egoismus. Da wird später das englisch-amerikanische Volk als etwas Starres hineinragen in die sechste Wurzelrasse, wie heute die Chinesen ein starrer Rest sind der atlantischen Zeit, der vierten Wurzelrasse.

Von der anglo-amerikanischen Rasse geht der Weltegoismus aus. Von jener Seite her wird die ganze Erde überzogen werden von Egoismus. Aus England und Amerika kommen alle die Erfindungen, die die Erde überziehen wie ein Netz des Egoistischen. So wird von dorther die ganze Erde überzogen werden von einem Netz des Egoistisch-Bösen. Aber von einer kleinen Kolonie im Osten wird wie von einem Samen das neue Leben für die Zukunft ausgebildet.

Die englisch-amerikanische Kultur zehrt die Kultur Europas auf. Die Sekten in England und Amerika stellen nichts anderes dar als die unglaublichste Konservierung von alten Dingen. Aber solche Gesellschaften wie die Heilsarmee, die Theosophische Gesellschaft und so weiter entstehen gerade dort, um die Seelen herauszuretten aus der Dekadenz, denn Rassenentwickelung geht nicht parallel mit Seelenentwickelung. Aber die Rasse selbst geht ins Verderben. Es ist darin die Anlage der bösen Rasse.

In der vierten Unterrasse wurde die Arbeit
als Tribut geleistet (Sklavenarbeit).
In der fünften Unterrasse wird die Arbeit
als Ware geleistet (verkauft).
In der sechsten Unterrasse wird die Arbeit
als Opfer geleistet (freie Arbeit).

Die wirtschaftliche Existenz wird dann getrennt sein von der Arbeit; es wird kein Eigentum mehr geben, alles ist Gemeingut. Man arbeitet dann nicht mehr für seine eigene Existenz, sondern leistet alles als absolutes Opfer für die Menschheit.

XXIX

Berlin, 3. November 1905

Nun wollen wir in noch geheimnisvollere Gebiete des Karmawirkens hineinleuchten und einen Blick in das karmische Wirken innerhalb der Völker- und Menschenzusammenhänge tun. Wer Ernst macht mit dem Prinzip, die Welt nicht aus materiellen Prinzipien, sondern aus dem Geiste heraus zu erklären, wird das verstehen.

Man hat durch die Geschichte erfahren, daß Krankheiten im Laufe der Menschheitsentwickelung auftreten, die früher nicht da waren. Es gibt Zeit- und Volkskrankheiten. Nun werden wir heute etwas hören zunächst über die Entstehung solcher Zeit- und Volkskrankheiten. Aus dem Geiste heraus wollen wir das begreifen. Der Arzt erklärt sie, indem er sagt, diese oder jene Krankheiten kommen durch die Bazillen. Wir aber müssen fragen: Woher kommen die Bazillen selber? – Sie sind genauso inkarnierte Lebewesen wie der Mensch. Auch bei solchen Wesen, die als Zerstörer des Menschenlebens wirken, müssen wir fragen: Woher kommen sie? Was hat sie hineingebracht in ihr gegenwärtiges materielles Dasein? Was waren sie, bevor sie sich inkarniert haben?

Nehmen wir zum Beispiel an, irgendein Volk oder eine Rasse geht zugrunde, sie geht ihrem Untergange entgegen. Sie wehrt sich gegen diesen Untergang. Dieses Sich-Wehren gegen den Untergang ist ein geistiger Ausdruck, etwas, das in dem Astralkörper des betreffenden Volkes lebt. Würde solch ein untergehendes Volk für sich allein hinsterben, so würden die Gefühle, die sich da ausleben, keine besondere Wirkung haben auf andere in der Welt. Nehmen wir aber an, daß es mit einem anderen Volke in Konflikt kommt und das andere in Furcht und Schrecken versetzt, so entsteht bei dem anderen Volke eine Wirkung. Dann haben wir zweierlei: Das untergehende Volk und etwas, was entsteht aus dem Zusammenflusse zwischen dem sich gegen den Untergang wehrenden Volke und dem, was entsteht aus Furcht und Schrecken bei dem anderen Volke. Das ist etwas Bleibendes.

Nehmen wir als Beispiel einen speziellen Fall: die Mongolenstürme des Mittelalters, als die Mongolen mit den europäischen Völkerschaften zusammenstoßen und innerhalb dieser Völkerschaften Furcht und Schrecken verbreiten. Solche Furcht und solcher Schrecken sind dann in den Völkern vorhanden. Wenn man diese Völkermassen ansieht, die da heranstürmten, von denen die Mongolenstürme die letzten sind, und sich in die Stimmung der ganzen mittelalterlichen Völkerschaften versetzt, so sieht man, wie sich aus den untergehenden, sich ihrer Haut wehrenden letzten Stämmen der vierten Wurzelrasse und den in Furcht und Schrecken versetzten Europäern, geistige Gebilde formten. Man nehme an, einem solchen Ansturm würde mit Kühnheit und Liebe begegnet, so würden die Verwesungsstoffe aufgelöst. Aber Furcht, Haß und Schrecken konservieren solche verwesenden Gebilde, und Wesen wie Bazillen finden daher einen Nährboden. Sie inkarnieren sich später in denjenigen materiellen Gebilden, die für ihre Inkarnation geeignet sind. So haben sich in die Furcht und den Schrecken der europäischen Völker die Verwesungsstoffe als Verwesungssamen eingebettet. Und das sind kleine Lebewesen. So entstand der mittelalterliche Aussatz, die Miselsucht. Das waren Verwesungsstoffe der untergehenden Mongolenvölker.

Woher kommen nun jene Zerstörer der menschlichen physischen Natur? Sie kommen von früheren geistigen Ingredienzien, von Versündigungen. Das ist das Karma, wie es in den Volkskörpern wirkt. Daraus können Sie ermessen, wie das moralische Leben eines Volkes das äußere Leben der Zukunft bedingt. Ein Volk hat es in der Hand, für die physische Zukunft durch ein entsprechendes moralisches Leben in der Gegenwart zu sorgen.

In allen Geheimschulen Europas spricht man davon, daß die ganzen Bakterienkrankheiten der modernen Zeit einen ähnlichen Ursprung haben. Die Bazillenkrankheiten werden auf ihren geistigen Ursprung zurückgeführt. Das ist eine esoterische Tradition bei den Rosenkreuzern und in anderen Geheimschulen, wo diese Dinge gelehrt werden. Eine Grundlehre gibt es in kleinen Kreisen von Geheimschulen, die besteht darin, daß in den siebziger Jahren ganz bestimmte Kämpfe innerhalb der astralen Welt stattfanden, und daß sich da etwas zum Besseren gewendet hat, wenn auch... (Lücke im Text.) Diese Vorgänge nennt man den Kampf zwischen den Scharen des aus der christlichen Esoterik genommenen Erzengels Michael und den Scharen des Gottes Mammon. Mammon ist der Gott der Hindernisse, der der fortschreitenden Bewegung die zerstörenden, hindernden Dinge in den Weg legt. Auf der anderen Seite sieht man in diesem Gotte Mammon den Erzeuger ganz bestimmter Gebilde, solcher Gebilde, die eben in den Infektionskrankheiten auf das menschliche Leben zerstörend wirken. Die in früheren Zeiten unbekannten Infektionskrankheiten rühren von dem Gotte Mammon her.

Sie werden ermessen können, daß die esoterischen Schulen die fortschrittliche Gesinnung im tiefsten Inneren des Menschen erzeugen müssen, denn man sieht als den eigentlichen Urquell dieser modernen Krankheiten nichts anderes als die Rückschrittlichkeit, den Urkonservatismus der sogenannten oberen Klassen gegenüber den verarmten unteren Klassen, den gedrückten Volksmassen, die zustreben einer neuen... (Lücke im Text.) Sie werden gehemmt, aufgehalten durch das, was der Gott Mammon bewirkt. Zwei Mächte finden wir einander gegenüberstehend: die Empfindungswelt der untergehenden oberen Schichten, die uralte Zeiten konservieren möchten, und das Gefühl des Hasses bei den unteren Klassen, ein astralisches Leben, das von den großen Massen den anderen entgegengeschleudert wird. In diesem Gegensatz sieht der Esoterismus wieder einen Verwesungsstoff und darin die Ursache der modernen Infektionskrankheiten. Wer diese Dinge durchschaut, wird sich selbstverständlich darum doch nicht gegen die Versuche der modernen Medizin mit ihren äußerlichen Mitteln wenden. Aber eine wirkliche Besserung wird nie auf diesem äußeren Wege kommen.

Was später auftritt, zeigt sich vorher immer schon durch die Erkenntnis der Esoterik. Sie besteht in dem richtigen Durchschauen dessen, daß man mit der Moral der Gegenwart die bessere Gesundheit in der Zukunft herbeiführen kann. Man kann hieraus wiederum ermessen, wie tief diejenigen zu schauen vermochten, die die theosophische Bewegung in die Welt eingeführt haben. Sie ist entstanden aus der Erkenntnis solcher Zusammenhänge. Man hat vorausgesehen, daß der Drang des Kampfes aller gegen alle immer schärfere Formen annehmen wird. Die Dinge, die da kommen müssen, vollziehen sich mit einer inneren Notwendigkeit, so wie die Dinge im Osten sich entwickeln wie ein Feuer, wo ein besonders brennbares Material da ist. Es wäre unsinnig, solche Dinge aufhalten zu wollen. Die passenden und brauchbaren Mittel, um den Kampf aller gegen alle aus dem Wege zu schaffen, suchte schon die theosophische Bewegung durch die Verbreitung des Grundsatzes der Brüderlichkeit. Denn die Verbrüderung löst auf, was an Verwesungsstoffen, was an Haß in die Welt strömt. Und wir stehen, was Rassen betrifft, in einem Niedergang. Wird dieser Niedergang durch den Glauben, daß man ihn aufhalten könnte, und durch Haß konserviert, und nicht durch Liebe aufgelöst, so muß natürlich das Allerschlimmste daraus folgen. Die theosophische Bewegung will ihn durch Liebe auflösen. Die Begründer derselben wissen, daß die Theosophische Gesellschaft nicht nur Heilmittel, sondern die Quelle für die Entwickelung der Menschheit in die Zukunft hinein ist.

So sieht man, wie das Physische eine Folge des vorhergehenden Geistigen ist, und wie die Menschen es unter Umständen in der Hand haben, durch Kenntnis der Zusammenhänge das Physische mit seinem geistigen Ursprung zu verbinden. Wer zum Beispiel weiß, wie eine bestimmte Krankheit zusammenhängt mit bestimmten Empfindungen und Gefühlen, der weiß, daß er durch das Hervorrufen dieser Gefühle auch die Krankheit hervorrufen kann. Der schwarze Magier kann dieses Wissen zum Verderben der Masse verwenden. Deshalb können die tieferen okkulten Wahrheiten nicht ohne weiteres allen gelehrt werden, da sie sofort eine scharfe Trennung in Gute und Böse veranlassen würden. Das ist das Gefährliche bei der Verbreitung der okkulten Lehren. Denn man kann niemanden lehren gesund zu machen, ohne gleichzeitig zu lehren krank zu machen. Wo okkulte Lehren mehr ins Volk gedrungen sind, da sind solche Dinge vorgekommen. In gewissen Gegenden des Morgenlandes kann man die wahren Berichte darüber hören, daß es Sekten gibt, die sich das Erzeugen von bestimmten Krankheiten zur Aufgabe machen. – So dringt man immer mehr ein in die Erklärung des Materiellen aus dem Geistigen.

Wir wollen nun versuchen, jetzt über etwas größere Zeiträume hinüberzublicken. Man weiß, daß heute eine schöne Ergänzung besteht zwischen alledem, was tierisch lebt und der Pflanzenwelt. Die Pflanze verwendet den Kohlenstoff für sich und atmet den Sauerstoff aus und schafft dadurch fortwährend den Quell für dasjenige, was ringsherum tierisch atmen soll. Dieser Quell entspringt der pflanzlichen Welt. Alles was heute atmet, ist da durch das Wirken dieser geheimnisvollen Werkstätte der Pflanzenwelt. Hieraus kann man sich einen Begriff verschaffen, wie Welten untergehen; wie die Welt unterging, die unserer Erde voranging. Das Atmen war auf dem Monde nicht so vorhanden, wie es heute bei Tier und Mensch ist. Ein ganz anderer Prozeß war anstelle des Atmungsprozesses auf dem Monde; der ging allmählich in das Atmen über. Man kann sich ein Bild des früheren Prozesses machen, wenn wir auf ein Überbleibsel dieser Zeit sehen: die wechselwarmen Tiere, die die gleiche Wärme wie die Umgebung haben. Auf dem Monde war Feuer- oder Wärmeatmung vorhanden. Das Aufnehmen und Ausgeben von Feuer oder Wärme entsprach damals dem jetzigen Aufnehmen und Ausgeben der Luft. In der Mitte der lemurischen Zeit fing der Atmungsprozeß an, die Form anzunehmen, die er heute hat.

Ein materielles Abbild des geistigen Vorganges der Einbettung der Monade in den niederen Menschen ist das Atmen. Atmen heißt: das Einziehen der Monade. Im Hathajoga macht der Schüler deshalb auch einen Atmungsprozeß durch. Der Schüler regelt rhythmisch, was der Mensch als natürlichen Vorgang hat, um das Atmen, das heute ein natürlicher Vorgang ist, unter seine Herrschaft zu bekommen. So wie, bevor der Mensch zu diesem Atmungsprozeß überging, er in ähnlicher Weise von außen Wärme aufnahm und abgab und dieses sich in den Prozeß des zirkulierenden warmen Blutes verwandelte, so sucht der Hathajoga-Schüler auch den Atmungsprozeß zu einem inneren zu gestalten, ihn innerlich in seine Gewalt zu bekommen. Die Hathajoga-Regeln bedeuten die Verwandlung der Atmung in einen solchen Prozeß, der nicht von innen nach außen geht, sondern in einen innerlich geregelten Prozeß, so wie jetzt auch der Blutkreislauf ein geregelter innerer Prozeß ist. Bei den wechselwarmen Tieren verhält sich der Prozeß der Blutzirkulation zu demjenigen des Menschen so, wie der Atmungsprozeß beim gewöhnlichen Menschen zu dem Atmungsprozeß des Hathajoga-Schülers. Hinter all diesen Dingen stecken ganz tiefe Entwickelungsgedanken, die die Grundlage von realen Prozessen sein sollen.

Was jetzt gewöhnlich gar nicht mehr verstanden wird, ist, daß in der Luft etwas vorhanden ist, was geistig ist. Als noch ein Bewußtsein davon vorhanden war, nannte man den Geist: Luft, Wind = Pneuma. «Pneuma» bedeutet einen Luftzug und auch das Seelisch-Geistige. Die Bezeichnung rührt von Zeiten her, in denen man noch von den wirklichen Zusammenhängen ein Bewußtsein hatte. Nehmen wir nun die Tatsache, daß sich auf dem Vorgänger unserer Erde (Mond) gewisse Wesenheiten über die damalige Menschheitsstufe hinaus entwickelt hatten. Es waren dies die luziferischen Wesenheiten. Wenn man diese betrachtet, muß man sich aber sagen: sie lebten nicht in einer Umgebung, die wie die heutige Erde ist. Sie konnten nicht in Luft atmen, also konnten sie auch nicht den Geist aufnehmen. Denn die Aufnahme von Geist entspricht der Luftatmung. Also waren sie genötigt, dasjenige im Wärmeprinzip auszuführen, was heute in der Luft geschieht. Wir unterscheiden auf der Erde sieben Zustände des Physischen: Erstens Lebensäther; zweitens chemischer Äther; drittens Lichtäther; viertens Wärmeäther; fünftens Luft; sechstens Wasser; siebentens Festes. Die luziferischen Wesenheiten mußten also innerhalb der Wärme dasselbe ausführen, was der Mensch heute in der Luft ausführt. Nun können Sie sich denken, daß daher diese Wesenheiten, die dem Menschen das freie Bewußtsein, die Selbständigkeit gegeben haben, in gewisser Weise mit dem Feuer verknüpft sind. Sie sind bei ihrem Auftreten aus diesem Grunde mit einer gewissen Gier geknüpft an alles dasjenige, was im Menschen als Wärme, als Feuer auftritt. Die Gier hängt sich an die Eigenwärme des Menschen. So sind die Geber der Erkenntnis und Freiheit mit etwas verknüpft, das sich zu inkarnieren versucht in der Wärme des Menschen nach der Art, wie es früher auf dem Monde geschah. Das ist der Zusammenhang zwischen der Erkenntnis und zwischen Geburt und Tod, Krankheit und so weiter in der Welt. Mit der Erkenntnis kamen Geburt und Tod und Krankheit in die Welt; der Mensch hat damit die Erkenntnis erkauft. Daher sehen wir auch den Zusammenhang zwischen gewissen Wärmeerscheinungen und der Krankheit, nämlich dem Fieber. Das ist der Ursprung des Fiebers. Davon hatte man noch Traditionen bis in das 19. Jahrhundert.

Bei dem früheren Planeten, dem Vorgänger unserer Erde, hatte man es noch nicht mit Menschen, Tieren, Pflanzen und Mineralien, wie sie heute sind, zu tun. Damals bestanden drei Reiche, die zwischen den unseren lagen. Es waren da als ein oberstes Reich Wesen, die noch nicht so tief herabgesunken waren wie die heutigen Tiere, und noch nicht so hoch heraufgekommen wie der heutige Mensch. Damals atmeten die Pflanzen auch noch nicht Sauerstoff aus. Sauerstoff, diese Lebensluft, gab es damals noch nicht. Erst mit der Entstehung unseres Pflanzenreiches wurde in den Stickstoff der Sauerstoff gemischt. Der Mond war umgeben mit einer Stickstoffatmosphäre. In der zweiten Hälfte des vergangenen Planeten strebten zwar die Wesenheiten schon zu solchen Gestalten, die atmen können, die mit Lungen und so weiter begabt sind, aber erst in dem Zyklus unserer Erde bildet sich das jetzige Pflanzenreich aus. Es entwickelten die tierischen Wesenheiten dann die Organe zum Atmen. Sie drängten das Pflanzenreich um eine Stufe herunter, damit es ihnen Sauerstoff zum Atmen gäbe.

Auf diese Vorgänge auf dem Vorgänger unserer Erde mußte notwendig ein Zustand folgen, wo das Leben in derselben Form nicht mehr möglich war. Die Form hatte sich zu etwas anderem herausgebildet und brauchte einen neuen Planeten. Das vorhergehende Reich mußte untergehen. Es erstickte die ganze Welt des Lebenden auf dem vorhergehenden Planeten. So gehen Planeten mit ihrem Leben zugrunde, und in dem, was sich vorbereitet, in dem Körper des Mutterplaneten entwickelt sich ein neues Leben. So ist der Untergang und Aufgang von Planeten zu verstehen.

Heute lebt der Mensch so, daß er, wie er früher die anderen

Reiche in sich gehabt hat, das Böse in seinem Karma noch in sich hat. Das arbeitet er jetzt aus sich heraus. Zukünftig wird Gutes und Böses in äußeren Formen da sein, eine Rasse der Guten und ein Reich der Bösen nebeneinander. In der Zukunft blickt das Menschenantlitz in verklärter Gestalt hervor aus dem abgesonderten, hinuntergestoßenen Bösen des Tierischen. Denken wir uns das verklärte Menschenantlitz, das heute wie ein Rätsel schlummert in der tierischen Materie, abgesondert von dem Tierisch-Bösen und symbolisch dargestellt – Sie können es sich nicht besser [dargestellt denken] als in der großen Intuition der ägyptischen Sphinx. Sie ist nicht etwas, was nur auf die Vergangenheit weist, sondern sie weist auch auf die Zukunft hin. Das Rätsel der Sphinx – umgesetzt in die griechische Sage – ist das Rätsel des Menschen. Nicht umsonst haben die alten Ägypter die Sphinx hingesetzt vor die Tempel der Initiation. Initiation ist das Verpflanzen des Zukunftsgeheimnisses in die Seelen. Beim Eingang in die Tempel war durch die Sphinx schon das Milieu geschaffen für die Initiation.

Was äußerlich den Sauerstoff als Leib hat, das ist innerlich die Monade. Sobald Sauerstoff auf der Erde auftritt, hat die Monade die Fähigkeit, sich zu inkarnieren. Es ist die Sucht, die Monade für sich zu bekommen, wenn der Schüler viel Sauerstoff einzuatmen und in sich zu behalten sucht. Sauerstoff ist nicht nur etwas materiell Äußerliches. Man muß den Sauerstoff seinem Geist nach untersuchen. So haben wir äußerlich Sauerstoff, innerlich die Monade. Der Atmungsprozeß bildete daher in der lemurischen Zeit den Körper für die herabsteigenden Söhne des Manas.

XXX

Berlin, 4. November 1905

Heute sollen im Anschluß an den letzten Vortrag einige aphoristische Bemerkungen über die Entwickelung der verschiedenen Rassen folgen. Vorher aber soll auf einige Dinge aufmerksam gemacht werden, deren Gründe in nur wenigen Büchern angegeben sind.

Die sogenannten Ernährungsgesetze in den verschiedenen Kulturen scheinen zunächst sehr willkürlich zu sein. Sie sind es aber nicht, sie sind aus Wissen und Weisheit heraus geboren. Wir müssen aber streng Rücksicht darauf nehmen, daß unsere gegenwärtige Menschheit gar nicht imstande ist, solche Dinge befolgen zu können, wie wir sie heute besprechen wollen. Sie werden aber später gewisse Grundlagen abgeben für bestimmte Gesetze des sozialen Lebens. Also niemand darf glauben, daß man gleich Adept wird dadurch, daß man übergeht zum Vegetarismus und so weiter.

Es gibt eine gewisse Pflege der Heilkunde bei orientalischen Völkerschaften, die so betrieben wird, daß die betreffenden Ärzte vor allen Dingen auf die Ernährung ihres eigenen physischen Körpers das größte Gewicht legen. Da wo das alte spirituelle Leben noch besteht, gibt es Menschen, die in der alten Weise Heiler geworden sind dadurch, daß sie sich ausschließlich von Milch nähren. Sie sind sich klar darüber, daß, weil sie alles andere ausschließen, sie in sich dann physisch heilende Kräfte gewinnen, besonders zur Heilung von sogenannten Geisteskrankheiten.* Sie haben ihre besonderen Verrichtungen. Sie wissen ganz genau, wenn sie bloß Milch genießen, daß sie dann bestimmte Kräfte entwickeln.

Wir wollen uns klarmachen, auf welcher Intuition das beruht. Diese tiefe Intuition können wir in folgender Weise verstehen. Wir wissen von einem bestimmten Hergang in der menschlichen Entwickelung. In der Mitte der lemurischen Zeit spaltete sich das ursprünglich Menschliche in ein aufsteigendes Menschliches und ein Tierisches. Damit war verknüpft, daß die Kräfte, die die Erde hatte,

* Siehe Hinweis auf Seite 278.

als sie noch mit dem Monde vereint war, sich auch gespalten und ein Teil derselben mit dem Monde sich von der Erde getrennt haben.

Denken wir uns die Zeit, in der die Erde noch mit dem Monde vereint war. Da stand der Mensch auf einer ganz anderen Entwickelungsstufe. Er hatte damals schon das warme Blut, war aber noch nicht in zwei Geschlechter gespalten. Mit der Abtrennung des Mondes hat man die Spaltung in zwei Geschlechter zu beobachten, so daß, wenn Sie heute nach dem Monde hinaufblicken, Sie sagen können: Daß du herausgegangen bist aus der Erde, hat bewirkt, daß sich die menschliche Produktionskraft in zwei Teile gespalten hat. – Es gab auch eine Zeit auf der Erde, in der die Menschheit unmittelbar verknüpft war mit dem Tierischen, eingesenkt in das Tierische und sich auch von dem Tierischen ernährte. Diese Art der Ernährung wird schwer verstanden werden von dem, der nicht hellseherische Kräfte hat. Eine Vorstellung davon können wir uns aber bilden, wenn wir die regelmäßige Ernährungsweise der Säugetiere betrachten, die durch ihre eigene Milch ihre Jungen ernähren. Mit der Spaltung der Produktionskraft trat auch diese Art der Ernährung auf. Früher konnten die Menschen den Nahrungsstoff aus der unmittelbaren Umgebung aufnehmen, so wie heute die Lunge die Luft aufnimmt. Der Mensch war damals durch Saugfäden verbunden mit der ganzen ihn umgebenden Natur, so ähnlich wie heute der menschliche Embryo im Leibe der Mutter ernährt wird. Das war die alte Ernährungsform auf der Erde. Ein Rest davon ist das heutige Säugen der Säugetiere, und die Milch ist wie die Nahrung, die der Mensch in der vorlemurischen Zeit genoß, sie ist die alte Götternahrung, die erste Form der Nahrung auf der Erde. Damals war eben die Natur der Erde so, daß diese Nahrung überall herausgesogen werden konnte. So ist die Milch ein Produkt aus der ersten menschlichen Ernährungsform. Als der Mensch im Physischen noch näher dem Göttlichen war, da sog er die Milch aus der Umgebung heraus. Die Okkultisten wissen, wie die Menschen zusammenhängen mit der Natur.

Der Milchgenuß ist eine uralte umgewandelte Ernährungsform. Die erste Nahrung war für den Menschen immer die Milch. In dem

Ausspruch: Die Milch der frommen Denkungsart – ist diese mit Absicht so genannt.

Wir fragen, was hat das ursprünglich bewirkt, daß die Milch so, wie das damals war, aus der Umgebung herausgesogen wurde? Die Mondkräfte in der Erde haben das möglich gemacht; sie waren wie ein allgemeines Blut der ganzen Erde. Aber als der Mond heraustrat, konnten die Mondkräfte nur noch konzentriert werden auf besondere Organe in den Lebewesen.

Der Okkultist nennt die Milch: die Mondnahrung. Mondsöhne sind diejenigen, die sich von Milch nähren. Der Mond hat die Milch gereift. Es hat sich bewahrheitet, daß die orientalischen Heiler, die nur von Milch leben, die Urkräfte wieder aufnehmen, die auf der Erde waren, als die Milch noch in Strömen auf der Erde floß. Sie sagten sich: Das sind die Kräfte, die den Menschen ins Dasein riefen. Diese hervorbringenden Kräfte müssen auch gesundheitsbringend sein, also eignen wir uns die Macht an, Gesundheit zu fördern, wenn wir nur Milch genießen und alles andere ausschließen.

Versetzen wir uns in die vorlemurische Zeit. Da herrschte also der Zustand, daß die Milch äußerlich aus der Umgebung gesogen wurde. Dann kam ein Zustand, da die Milch allgemeine Menschennahrung wurde, und dann der Zustand, da die Muttermilch genossen wurde. Vor der Zeit, in der die Milch allgemein aus der Natur gesogen wurde, da gab es eine Zeit, in der die Sonne noch mit der Erde verbunden war. Da bestand eine Sonnennahrung. Ebenso wie die Milch vom Monde zurückgeblieben ist, sind auch Produkte zurückgeblieben, die von der Sonne gereift sind. Alles was von der Sonne durchscheint wird, Blüten und Früchte der Pflanzen, gehören zur Sonne. Sie waren früher dem Mittelpunkt der mit der Sonne verbundenen Erde zugeneigt. Sie steckten in der Sonne mit den Blüten. Als sich die Erde von der Sonne trennte, blieben die Pflanzen bei ihrem alten Charakter: sie wendeten ihre Blüten nun wieder der Sonne zu. Der Mensch ist die umgekehrte Pflanze. Was an der Pflanze oberhalb der Erde wächst, verhält sich ebenso zur Sonne wie die Milch zum Monde, ist also Sonnennahrung. Es trat an die Stelle der bloßen Milchnahrung allmählich eine Art von Pflanzennahrung, und zwar von den oberen Teilen der Pflanze. Das war die zweite Art der menschlichen Ernährung.

So standen sich, als die lemurische Zeit zu Ende ging, zwei Geschlechter gegenüber: Ein Geschlecht, die eigentlichen Mondsöhne, welche Tiere züchteten und sich nährten von dem, was die Tiere gaben, von der Milch der Tiere; und ein zweites Geschlecht, das sich von Pflanzen nährte, von dem, was der Boden hergab.

Diese Tatsache wurde dargestellt in der Geschichte von Kain und Abel. Abel ist ein Hirte, Kain ein Ackerbauer; Abel [repräsentiert] das Mond- und Kain das Sonnengeschlecht. Diese Allegorie ist etwas ganz Großartiges. Die Geheimlehre deutet das in etwas versteckter Weise an. Jenes göttliche Wesen, welches den Menschen die Möglichkeit gegeben hat, ein Mondenwesen zu sein, sich aus der umgewandelten Mondnahrung zu ernähren, nannte das jüdische Volk Jehova. Er war die nährende Naturkraft: die fließt dem Abel zu, er nimmt sie aus seinen Herden. Und es war ein Abfall von Jehova, als man zu der Sonnennahrung überging. Darum mochte Jehova das Opfer des Kain nicht, weil es das Opfer einer Sonnennahrung war.

Wenn wir zurückgehen in die ältesten Zeiten, so haben wir überhaupt keine andere Nahrung als die Milch, diejenige Nahrung, die der Mensch von den lebendigen Tieren gewinnt. Das ist die ursprüngliche Nahrung wie noch jetzt in den ersten Wochen, und der morgenländische Heiler bezieht den Spruch: «Wenn ihr nicht werdet wie die Kindlein, könnt ihr nicht in die Himmelreiche kommen», auf diese Ernährungsweise. Alle diese Dinge haben ihre Bedeutung.

Nun kommen wir von der lemurischen Zeit zu der atlantischen Zeit, zu den Völkern, die auf dem Gebiete des heutigen Atlantischen Ozeans wohnten. Bei den Atlantiern kommt etwas auf, was es früher nicht gab: Sie beginnen sich zuerst zu ernähren von dem, was nicht dem Leben entnommen ist, sie ernähren sich von dem Toten. Sie nehmen das in sich auf, was das Leben aufgegeben hat. Das ist ein ganz wichtiger Übergang in der Menschheitsentwickelung. Dadurch, daß die Menschen sich nun von dem Toten ernährten, wurde es möglich, daß zum Egoismus der Übergang gewonnen wurde. Dieses Sich-Ernähren von dem Toten bedeutet den richtigen Zusammenhang mit der Ichsucht. Selbständig wird der Mensch dadurch, daß er das Tote aufnimmt. Der Mensch nimmt nun das Tote in seinen verschiedenen Formen auf: Zunächst in den entstehenden Jägervölkern, die die Tiere töten. Ferner kommen Völker auf, die nicht bloß das an der Sonne Gereifte, sondern das unter der Erde Gereifte zu sich nehmen. Das ist ein ebenso Totes wie das tote Tier. Alles was in des Tieres niederster Natur lebt, was mit Blut getränkt ist, hat sich abgewendet von der Mondkraft. Die Mondkraft ist noch in der Milch, die mit dem Lebensprozeß zusammenhängt. Der Mensch nimmt die absterbenden Teile auf, wenn er das Tote genießt. Ebenso tot ist alles, was von der Pflanze unter der Erde wächst, was nicht durchwärmt und durchglüht ist von dem Lebensprinzip der Sonne. Es entspricht also die Wurzel demjenigen, was bei dem Tiere der mit Blut durchtränkte Körper ist.

Später kam dazu noch eine Nahrung, die es vorher gar nicht gegeben hat. Der Mensch setzte das bloß Mineralische seiner Speise zu, das was er der Erde entnahm, Salz und so weiter. So ging der Mensch in seiner Ernährung durch die drei Reiche. Dies ist ungefähr der Weg, den die atlantische Entwickelung hinsichtlich der Ernährung durchgemacht hat: Als erstes entstanden Jägervölker, als zweites Ackerbauer, das Kainsgeschlecht, und als drittes entwickelte sich die Bergmannskunst, die zutage fördert, was unter der Erde ist.

Alle diese Dinge stellen das Abgewendete von der eigentlichen Lebens- oder Produktionskraft dar. Was tot ist im Tier, ist vom Leben abgewendet. Was im Boden ist von der Pflanze, das ist auch vom Leben abgewendet. Alles Salz ist das Tote des Mineralreiches, das was als Rückstand verbleibt.

Nun kommen wir zu der fünften Menschenrasse. Es besteht fort der Milchtrinker neben dem Fruchtesser; die anderen Dinge kommen dazu als etwas Neues. Was in der fünften Wurzelrasse vorzugsweise zutage tritt, das ist das, was mineralisch zunächst gewonnen wird, das heißt durch einen chemischen Prozeß. In der Genesis wird dies angedeutet. Was ist das, was durch den chemischen Prozeß gewonnen wird? Man steigt auf in der Entwickelung, man wendet die Chemie auf die Pflanzen, auf die Frucht an. Daraus entsteht der Wein. Den hat es in der Atlantis nicht gegeben. Daher wird in der Bibel gesagt, daß Noah, der Urvater der neuen nachsintflutlichen Rasse, zunächst berauscht wird durch den Wein. Durch einen mineralisch-chemischen Prozeß wird etwas hergestellt aus dem Pflanzenreich. Der Wein spielt dann in der ganzen fünften Wurzelrasse eine bestimmte Rolle. Alle Initiierten vom Anfang der fünften Wurzelrasse haben ihre Traditionen noch herübergenommen aus der Zeit der atlantischen Rasse, als es noch keinen Wein gab: Die indischen, persischen und ägyptischen Initiierten brauchten keinen Wein. Was bei den heiligen Handlungen eine Rolle spielte, war lediglich Wasser.

Mit der fünften Wurzelrasse kam also der Wein herauf, bei dem die mineralische Behandlung der Pflanze mitwirken muß. Die drei ersten Unterrassen waren Wiederholungen von Früherem. Die vierte Unterrasse entwickelte zuerst das Neue, was mit der fünften Wurzelrasse heraufgekommen war. Sie nahm eine gewisse Heiligkeit für den Wein in Anspruch. Daher treten Kulthandlungen auf, bei denen der Wein eine Rolle spielt (Dionysoskultur). Es entsteht sogar ein Weingott.

Nach und nach hat sich das in der Menschheit vorbereitet. Zunächst tritt die Weinkultur bei den Persern auf. Da ist der Wein aber noch etwas ganz Weltliches. Erst nach und nach findet er auch Eingang im Kultischen, im Dionysoskult. Die vierte Unterrasse ist diejenige, die zuerst das Christentum hervorbringt und auch diejenige, die siebenhundert Jahre vorher ihre Mission ankündigt durch die Dionysosspiele. Sie nehmen zunächst den Wein auf in den Kultus. Diese Tatsache hat in wunderbarer Weise derjenige Evangelist dargestellt, der am meisten vom Christentum gewußt hat: Johannes. Er bespricht gleich anfangs die Verwandlung des Wassers in Wein, denn das Christentum ist zunächst für die vierte Unterrasse der fünften Wurzelrasse gekommen. Eine Lehre brauchte man, welche heiligt, was auf den physischen Plan herauskommen muß. Der Wein schneidet den Menschen von allem Spirituellen ab. Wer Wein genießt, kann nicht zum Spirituellen kommen. Er kann nichts wissen von Atma, Buddhi, Manas, von dem was bleibt, was sich wiederverkörpert. Das mußte sein. Der ganze Gang der Menschheitsentwickelung ist ein absteigender und ein aufsteigender. Der Mensch mußte einmal bis zum tiefsten Punkt herabsteigen. Und damit er ganz auf den physischen Plan herunterkommt, darum tritt der Dionysoskult ein. Der menschliche Körper mußte präpariert werden zum Materialismus durch die Dionysoskultur, deshalb mußte eine Religion auftreten, die das Wasser in Wein verwandelt. Früher herrschte strenges Weinverbot für die Priester; sie konnten Atma, Buddhi, Manas erfahren. Es mußte nun eine Religion geben, die ganz herunterführte auf den physischen Plan, sonst wären die Menschen nicht ganz heruntergestiegen. Diese Religion, die sie da herunterführte, mußte eine äußere Offenbarung haben, eine solche Offenbarung, daß abgesehen wird von Atma, Buddhi und Manas, von der Reinkarnation, und nur den Hinweis auf das Allgemeine hat. Das nächste ist, daß der Wein wieder in Wasser verwandelt wird.

Wenn nicht früher das Wasser in Wein verwandelt worden wäre, so hätte der Mensch nicht alles aufgenommen, was unten im irdischen Tale ist. Im Beginne des Johannes-Evangeliums findet man nun [in der Schilderung der Verwandlung von Wasser in Wein bei der Hochzeit zu Kana] dargestellt, wie Christus gerechnet hat mit demjenigen, was da war. Er rechnete aber auch mit der Zukunft dadurch, daß er seinerseits das Abendmahl einsetzt. Dieses Abendmahl ist das größte Symbol Desjenigen, der seine Kulturströmung mit dieser vierten Unterrasse begonnen hat. Wenn er also der richtige «Menschensohn» war, der am tiefsten heruntergestiegen ist, um am kraftvollsten wieder hinaufzuheben, dann mußte er sich halten an das, was da war und den Menschen zeigen, wie der physische Inhalt der Rasse mit seiner eigentlichen Sendung zusammenhängt. Sollte die Menschheit wieder aufwärtsgehen, so mußte sie ein Symbol haben, welches wiederum vom Toten zum Lebendigen hinführt: Brot und Wein. Brot ist im okkulten Sinne dasjenige, was entsteht, wenn man die Pflanze erst getötet hat. Wein entsteht wiederum dadurch, daß man die Pflanze tötet, sie mineralisch behandelt. Wenn man das Pflanzliche bäckt, tut man dasselbe, wie wenn man das Tier tötet. Wenn wir dem Pflanzenreich Wein entnehmen, tun wir in gewissem Sinne dasselbe, wie wenn wir dem Tiere Blut abzapfen. Brot und Wein liegen da als Symbol der vierten Unterrasse. Was sich in Zukunft entwickeln soll, ist ein weiterer Aufstieg von der Pflanzen- zur mineralischen Nahrung. Brot und Wein müssen wieder geopfert, aufgegeben werden. Insofern also Christus in der vierten Unterrasse erscheint, weist er hin auf Brot und Wein: «Dies ist mein Leib – dies ist mein Blut.» Damit wollte er einen Übergang schaffen von der Tiernahrung zur Pflanzennahrung, den Übergang zu etwas Höherem.

Es gab damals zwei Menschenklassen: Erstens die, die sich von Fleisch und Blut nährten; das sind die vorchristlichen Menschen, mit denen Christus gar nicht gerechnet hat. Zweitens diejenigen, die nur Pflanzen töten, der Pflanze das Blut abzapfen: die Wein trinken und Brot essen. Mit diesen rechnet er noch; sie sind die Vorboten derjenigen Menschheit, die in der Zukunft sein wird.

Die Bedeutung des Abendmahles ist die, von der Ernährung vom toten Tiere überzugehen zu der Ernährung von der toten Pflanze. Wenn unsere fünfte Unterrasse zu Ende gegangen sein wird, in der sechsten Unterrasse, da wird man das Abendmahl verstehen. Da wird kein Tierisches mehr genossen werden. Bis dahin wird es möglich sein, daß auch die dritte Form der Ernährung eintreten wird, die rein mineralische. Der Mensch kann sich dann selbst die Nahrung schaffen. Er nimmt jetzt das auf, was die Götter für ihn geschaffen haben. Später steigt er auf und wird selbst im chemischen Laboratorium das zubereiten, was er an Nahrungsstoffen braucht.

So sehen Sie, daß alles aus tiefen Intuitionen heraus entsteht. Wenn wir bei den alten Orientalen allerlei Vorschriften finden darüber, was gegessen werden soll, so sind das eigentlich keine Gebote, sondern Erzählungen: Du sollst nicht verlangen, daß Stoffe anders wirken als sie wirken.

Dasjenige, was Christus nachher abtötet, was wirklich geopfert wird, nachdem er das Abendmahl genommen, das ist der physische Leib. Dieser stirbt. Der wird bei dem ganzen Menschengeschlecht sterben. Gegen die Mitte der sechsten Wurzelrasse, im letzten Drittel, wird es keinen physischen Leib mehr geben. Da wird der ganze Mensch wieder ätherisch sein. Er geht in die feinere Stofflichkeit über. Dies wird aber nicht eintreten, wenn der Mensch es nicht selbst herbeiführt. Dazu muß er erst übergehen zu der Nahrung, die er im Laboratorium selbst zubereitet. So daß der Mensch in demselben Maße, in dem er seine Nahrung nicht mehr der Natur entnimmt, sondern der eigenen Weisheit, dem Gotte im Inneren, er auch der eigenen Vergottung entgegeneilt.

Wenn der Mensch anfangen wird, sich selbst zu ernähren, wird auch der Grund gelegt zu etwas Höherem, nämlich dazu, daß er sich selbst fortpflanzen kann. Er schafft allmählich ein Leben für sich aus der mineralischen Welt.

Das ist der große Gang der menschlichen Entwickelung. Was heute der Naturwissenschafter kennt, ist nur ein kleiner Ausschnitt aus dem großen Kreislauf.

Mit dem Saturn kommen wir in die mineralische Zeit hinein. In der atlantischen Zeit wird durch den Genuß des Toten dasjenige vorbereitet, was den Egoismus hervorbringt. Bis zur fünften Unterrasse, den Ursemiten, wird so ganz langsam das menschliche Ich ausgebildet. In der sechsten Unterrasse der fünften Wurzelrasse wird dieses Ich wieder zu einer höheren Entwickelungsstufe kommen. Das bedeutet, daß wir vor einem neuen sogenannten Wirbel des Daseins stehen. Der jetzige Wirbel hat begonnen in der Zeit, als die Ursemiten den Grund zur jetzigen Wurzelrasse gelegt haben.

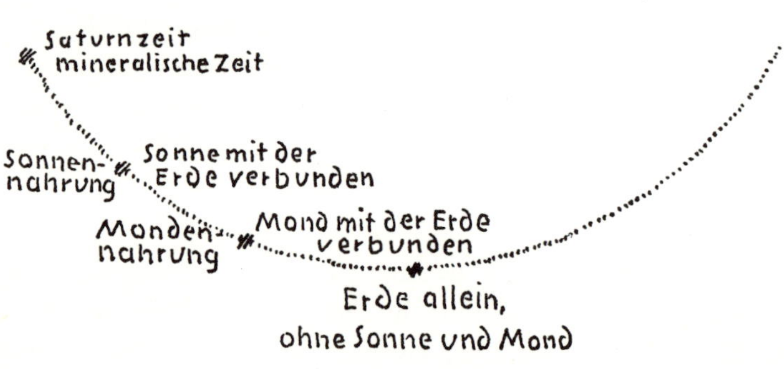

Der ursemitischen Kultur verdanken wir alles, was bis jetzt war. Aber jetzt beginnt ein neuer Einschlag mit den slawischen Völkern, der in die Zukunft hineingeht. Es wird von einem Volke zugleich mit einem gewissen Bruch mit der Vergangenheit ein neuer Einschlag in die Welt gebracht. Das arbeitet sich als verborgene Spiritualität aus dem russischen Bauern heraus. Das bildet den zweiten Teil des kommenden Wirbels. Gegenwärtig ist eine gewisse Kultur in der Zersetzung begriffen und ein Neues bereitet sich vor. Im Westen bereitet es sich vor und im Osten wird es sich ausleben. Aber das Alte muß das Neue anregen. Überall, wo wir neue Ansätze haben in unserer Zeit, da ist alles keimhaft, klobig, ungeschickt. Das Alte dagegen ist ausziseliert, hat aber den Charakter der Kritik, der Zersetzung. Aus dem semitischen Zweige werden die Träger der alten Kultur geboren, die die Träger dessen sind, was sich in den Wirbel hineinwirbelt.

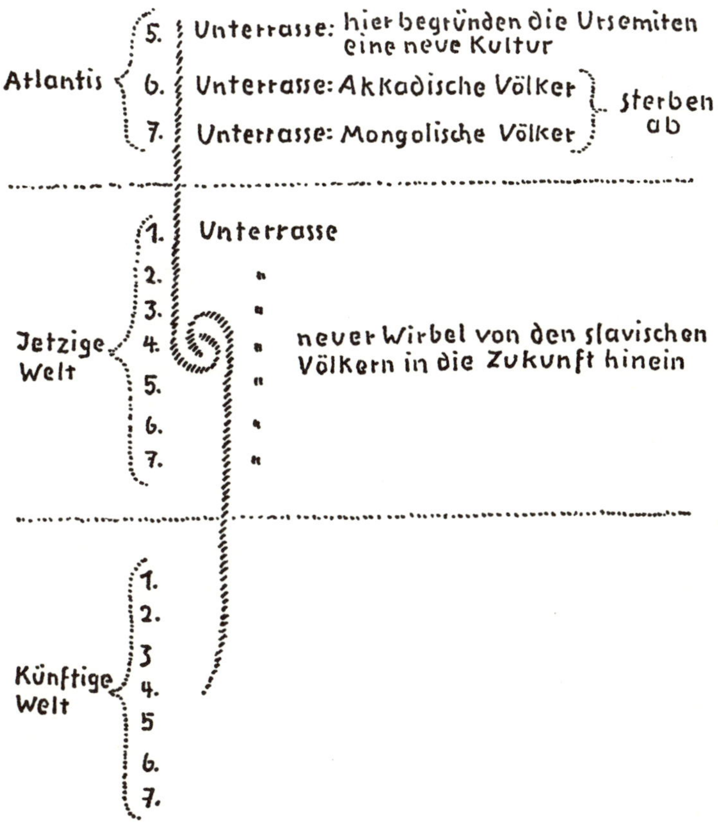

Sie haben alle etwas Semitisches an sich. Beispiele: *Lassalle, Marx*. Das wirbelt sich nun hinein. Eine Fortsetzung von da ist nicht möglich. Es muß nun ein Sprung gemacht werden, wie von einem Ufer zum anderen, zur Spiritualität der künftigen Kultur des Ostens. Das ist ein völlig neuer Ansatz.

Das Künftige ist zunächst klobig und natürlich infiziert vom Alten. *Haeckel* ist ein Mensch, der mitten im Strome darinnen schwimmt und von beiden Wirbeln mitgerissen wird. Der erste Teil in Haeckels «Welträtsel» ist positive, elementare Theosophie; der zweite Teil ist negativ, alles vernichtend; das ist ein Wirbel.

Man kann die Gegensätze auch beobachten im Sozialismus des Ostens und des Westens. Der Sozialismus des Westens ist ein Sozialismus der Produktion, der Sozialismus des Ostens ist ein Sozialismus der Konsumtion. Wer sozial regelt, was hervorgebracht wird, rechnet mit der Habsucht, dem Egoismus. Wer die Konsumtion regelt, sieht auf das, was die anderen von ihm haben wollen; er sieht auf seine Mitmenschen, rechnet mit der Brüderlichkeit. Der Sozialismus der Produktion – Marx, Lassalle – sieht auf den Arbeiter nur, insofern er Produzent ist. Im Osten wird die Konsumtion in den Vordergrund gestellt, zum Beispiel bei *Kropotkin, Bakunin, Herzen*. Sie können die Dinge aufeinanderplatzen sehen, wenn Sie Kropotkin verfolgen. Er hat gleich verstanden das Prinzip der gegenseitigen Hilfeleistung bei den Tieren. Der Sozialismus des Westens ist ganz auf Kampf gebaut. So greifen die Strömungen der Weltenentwickelung ineinander.

XXXI

Berlin, 5. November 1905

Unserer fünften Wurzelrasse, der jetzigen nachatlantischen Menschheit, ist die atlantische vorangegangen, auf dem jetzt versunkenen Kontinent zwischen Europa und Amerika. Die Atlantier sind in keiner Weise zu vergleichen mit denjenigen Menschen, die heute den Erdball bewohnen. Denn selbst die Überbleibsel jener alten Rasse haben verschiedenes gelernt von den späteren Bewohnern des fünften Kontinents, und wir könnten uns daher den Zustand jener Kultur nicht daraus konstruieren. Im Anfange der atlantischen Kultur gab es keine Werkzeuge. Durch die hellseherischen Kräfte war es dem Atlantier möglich, sich die Erde dienstbar zu gestalten. Die Zubereitung der Metalle findet sich aber erst gegen Ende der atlantischen Zeit.

Von der atlantischen Bevölkerung wurde eine kleine Gruppe ausgesondert, so wie sie jetzt wieder in der Theosophischen Gesellschaft ausgesondert werden soll. Ihre Aufgabe war es, eine neue Kultur hinüberzutragen in die fünfte Wurzelrasse. Den Ort, wo jene wohnten, die dazu ausersehen waren, eine kleine Kolonie, abgesondert von der übrigen Kultur, anzulegen, würden Sie im heutigen England und Irland finden. Da wohnten dazumal die Ursemiten. Das waren die ersten Menschen, die imstande waren, verstandesmäßig zu denken. Alles Vorstellen der Atlantier war noch ein bildhaftes. Die Wölbung der Stirne nach vorne, die Bildung des Denkhirns, trat zuerst auf bei der ursemitischen Bevölkerung, die keine Ähnlichkeit hatte mit den jetzigen Semiten. Diese ursemitische Bevölkerung, die sozusagen das Denken erfand, die wanderte durch Europa hindurch nach Asien hinüber und begründete zunächst dort eine Kultur. Die Ursemiten bildeten die fünfte Unterrasse der Atlantier. Die sieben Unterrassen der atlantischen Wurzelrasse waren folgende: Erstens die der Rmoahals, zweitens die der Tlavatlis, drittens die der Urtolteken, viertens die der Urturanier, fünftens die der Ursemiten, sechstens die der Urakkadier, siebentens die der Urmongolen.

Von der fünften Unterrasse der Atlantier stammt also die fünfte

Wurzelrasse ab. Wenn wir einen Blick hinüberwerfen nach Asien, so finden wir da zunächst als erste Unterrasse der fünften Wurzelrasse, der alten indischen Rasse, jenes Volk, welches später mehr nach Süden wanderte und dort die Stammväter bildete der späteren Inder. Die wesentlichste Eigenschaft dieses nach dem nördlichen Indien hin lebenden Stammvolkes war, daß es in bezug auf die materielle Kultur keinen rechten Sinn entwickelte. Es hatte geistige Anschauungen höchster Art mit einem ganz und gar unentwickelten Sinn für die materielle Kultur. Weltabgewandt waren die alten Inder; ihre Seele war der atlantischen noch vollständig ähnlich darin, daß sie in sich eine unendlich herrliche Bilderwelt entwickeln konnte. Durch Joga-übung, aus dem Inneren heraus, entwickelte sich bei ihnen später eine fein ausgebildete, uns heute gelehrt erscheinende Anschauung von der Welt. Davon sind in der äußeren Überlieferung nur noch Bruchstücke vorhanden. Die Veden und die Bhagavad Gita geben von den gewaltigen Anschauungen der Inder kein richtiges Bild mehr, sondern nur noch Nachklänge. Auch in der Vedantaphilosophie ist nur noch ein ganz abstrakter Nachklang der ursprünglich wörtlich gelehrten Anschauung der Inder überliefert.

Denken Sie sich den Sinn, der dann in der späteren Kabbalistik herausgekommen ist in einer Form, die sich auf andere Dinge, mehr auf kniffiige Kleinigkeiten erstreckte, denken Sie sich diesen Sinn angewendet auf hohe Weltgedanken. Wenn später der Jude darüber nachdenken konnte in der Kabbalistik, so rührte das davon her, daß die spätere jüdische Geheimlehre nur noch ein verkommenes Abbild, ein Nachklang ist jenes feinverzweigten Gedankensystems der uralten Inder. Und das, was Brahmanenlehre wurde, das ist durchaus nicht nur Religion in dem Sinne, wie die späteren Systeme, sondern Wissenschaft, Dichtung und Religion in einem einzigen großen Ganzen. Das alles war wie die feinste Auslese, wie der herausgezogene Extrakt dessen, was sich in der alten atlantischen Kultur entwickelt hatte.

Auch die europäischen Völker waren von der Atlantis herübergekommen in den Westen und nach Mitteleuropa. Da entwickelte sich eine ganz andere Lehre. Da waren Völkerschaften übriggeblieben, die noch nicht dazu auserwählt waren, neue Kulturen zu begründen, aber in der Anlage auch das hatten, was in Indien so großartig zum Ausdruck kam, was nur hier auf einer viel, viel älteren Stufe stehengeblieben ist. Was von Europa ausgegangen war, das rückte immer weiter und weiter gegen Asien vor. Eine gemeinschaftliche Lehre bildete die Grundlage und ist hier in Europa in einer gewissen Grobheit geblieben.

Die indische Lehre kam heraus in den Veden. «Veda» bedeutet dasselbe wie «Edda». Nur ist das in den Veden Enthaltene eine feinere Ausbildung dessen, was in gröberer Weise hier in Europa als Edda zurückgeblieben ist, und erst am Ende des Mittelalters Aufzeichnung gefunden hat. Wir müssen uns vorstellen, daß diese ursprüngliche große geistige Lehre durch die nachrückenden Völkerschaften eine gewisse Veränderung erfahren hat. Ihre ursprüngliche Größe bestand in der Erfassung der gewaltigen, göttlichen Einheit, die durch die indischen Schauer erkannt wurde. Das war nicht mehr der Fall bei der nächsten, der persischen Rasse. Ein anderer Zug dieser uralten indischen Anschauung ist der, daß der Zeitbegriff in ihr fast vollständig fehlt. In der zweiten Unterrasse, der urpersischen, tritt gleich der Zeitbegriff hervor. Die Zeit wird von dem Inder zwar erkannt, aber mehr gleichförmig; der Begriff der Geschichte, des Fortschreitens vom Unvollkommenen zum Vollkommenen aber fehlt. Beherrscht war das Denken von der Anschauung, daß alles aus der göttlichen Vollkommenheit emaniert wird.

Das persische Denken wird beherrscht vom Gedanken der Zeit. Zervan Akarana ist eine Hauptgottheit bei den Persern, und das ist eigentlich die Zeit. Wie kam man zum Begriff der Zeit? Wer wie der uralte Inder vor allem die ureinheitliche Gottheit sucht, muß sie sich als das absolut Gute vorstellen. Das Böse, das Unvollkommene in der Welt, das war für den alten Inder nichts als Illusion; Illusion war ein sehr wichtiger Begriff. Diese Alten sagten: Es gibt in der Welt überhaupt nichts Unvollkommenes und Böses. Wenn ihr glaubt, daß es etwas Böses gibt, so habt ihr die Welt nicht genug illusionsfrei angesehen. Der Rost zum Beispiel, der das Eisen frißt, ist anderswo ein großes Gutes; ihr müßt nur suchen, wo. Wenn ihr einen Verbrecher durch den Schleier der Illusion betrachtet, wird er euch als solcher erscheinen; seht ihr aber von der Illusion ab, so werdet ihr erkennen, daß es das Böse gar nicht gibt. – Diese Lehre hängt innig zusammen mit einer Weltabgewandtheit.

Anders war es in der zweiten Unterrasse. Da, bei den uralten persischen Völkern wurde das Gute in den Weltprozeß gelegt, an das Ziel gestellt. Es wurde gesagt: Das Gute muß erkämpft werden. Die Welt ist gut und böse – Ormuzd und Ahriman –, und was das Böse überwindet, das ist Zervan Akarana, die Zeit. – So kommt Gutes und Böses als Entwickelungsprinzip in die frühpersische Weltanschauung hinein. Die Zarathustra-Lehre fußt auf dieser Stellung des Bösen in der Welt, und auf dem Zeitbegriff: Der Mensch ist in das Leben hineingestellt, um das Böse zu überwinden. – Diese Anschauung hängt damit zusammen, daß die zweite Unterrasse keine weltabgewandte war, sondern eine arbeitende. Tätig, wirksam in verschiedenen Zweigen der menschlichen Betätigung, den Blick auf die äußere Welt gerichtet, darauf bedacht, wie man aus der Welt heraus selbst das Gute schaffen könne, so war die zweite Unterrasse. Daher treten bei den Persern eine Fülle von Gottheiten auf; nicht Eigenschaften des einen Gottes, sondern eine Fülle von Gottheiten, weil die Welt, wenn man sie nicht als Illusion, sondern als Wirklichkeit betrachtet, eine Fülle, eine Mannigfaltigkeit bietet. Es waren mehr oder weniger persönlich-geistige Gottheiten, die man dort verehrte.

Die ursprünglichen Initiatoren, die auch die altindische Lehre begründeten, waren auch die Lehrer der zweiten Unterrasse, der uralten persischen Rasse. Sie paßten hier die ganze Lehre einer arbeitenden Rasse an. Sie schufen diejenige Religion, die durch die verschiedenen Zarathustras ihre Ausbildung erlangte.

Eine weitere Initiation erfolgte noch weiter nach Vorderasien hinein: bis nach Ägypten, bis zu den Babyloniern, Assyrern, Chaldäern, diesen Stammvätern der Araber. Da wurde dann die dritte Unterrasse ausgebildet. Diese dritte Unterrasse war nun eine solche, welche vorzugsweise die beiden Richtungen – das Innere des Menschen und das Äußere – miteinander in Einklang zu bringen suchte. Ob Sie die Grundanschauung dieser dritten Unterrasse in Chaldäa oder Ägypten suchen, überall finden Sie ein starkes Bewußtsein von dem Zusammenhang der menschlichen Arbeit mit den Naturkräften. Das ist ein wesentlicher Unterschied im Vergleich zu der persischen Rasse. In Persien haben Sie die zwei Mächte, das Gute und das Böse, die den Kampf miteinander bestehen. Jetzt versucht der Mensch, die verschiedenen Naturkräfte oder Wesenheiten in seinen Dienst zu bringen. Was sich als persische Religion herausbildete, war vorzüglich auf die menschliche Tüchtigkeit gebaut. Jetzt, innerhalb der dritten Unterrasse, trat das Bewußtsein auf, daß man nicht nur durch körperliche Kraft und moralisches Verhalten, sondern am besten durch Kenntnisse die Natur bewältigen könne. In solchen Ländern, wo ein kunstvoll gehegter Ackerbau betrieben wurde, wie in Ägypten und Chaldäa, entwickelte sich dieses Zusammenbringen der himmlisch-geistigen Mächte mit dem, was der Mensch arbeitet. Kenntnis der meteorologischen Umgebung und der Gestirne entwickelte sich da. Der Mensch suchte Kraft für die Arbeit in der Erkenntnis der Natur. So kam es, daß er den Blick nach den Sternen lenkte und daß Astronomie in Zusammenhang gebracht wurde mit dem Menschen auf der Erde. Des Menschen Ursprung wurde in den Sternen gesucht. So kam es, daß wir es in diesem Sinne zum erstenmal mit Wissenschaft zu tun haben. Jetzt, in der dritten Unterrasse, haben wir statt innerer Anschauung praktisches Wissen. Daher hören wir von großen Eingeweihten, welche die Geometrie, die Kunst des Feldmessens, technische Fähigkeiten lehrten. Die Befruchtung des menschlichen Tuns mit der vom Himmel herabgeholten Weltanschauung tritt in der dritten Unterrasse auf. Damit war etwas gegeben, was die ganze Auffassung des menschlichen Lebens in eine Art Himmelskunde rückte. Bei den verschiedenen Völkern kam dies verschieden zum Ausdruck. Bei den Ägyptern wurden Osiris, Isis und Horus als die Vertreter astronomischer Erscheinungen aufgefaßt.

Drei verschiedene Unterrassen bildeten sich in Asien aus. Vom atlantischen Ausgangspunkte ging unter Führung von Eingeweihten eine Kolonie nach Asien hinüber. Ein besonderes Ergebnis ist die altindische Kultur, ein zweites die altpersische, das dritte Ergebnis ist die chaldäisch-ägyptische Kultur; sie alle haben einen gemeinschaftlichen Initiationsherd. In Europa aber bleiben immer Reste zurück von dem, was in Asien in den drei großen Kulturen so großartig hervorbricht. Diese einzelnen Kulturen sind durchaus in Europa in der mannigfaltigsten Weise durcheinander geschichtet. Auch in Europa gab es Eingeweihte, die gegen Ende des besprochenen Zeitraumes Mysterienschulen ausbildeten: man nannte sie Druiden; Drys bedeutet Eiche. Die starke Eiche war das Symbol der uralten europäischen Gelehrtenpriester. Denn was im Norden die Völker beherrschte, war der Gedanke, daß diese ihre alte Kultur doch untergehen werde. Die Götterdämmerung wurde gelehrt, und die Zukunft des Christentums kam bei den nordischen Propheten großartig zum Ausdruck in dem, was später die Siegfried-Sage wurde. Vergleichen Sie diese mit der Achilleus-Sage.

Achill ist unverwundbar am ganzen Leibe, bis auf die Ferse, Siegfried bis auf die Stelle zwischen den Schultern. Unverwundbarsein in solcher Weise bedeutet Eingeweihtsein. In Achill haben Sie den Eingeweihten der vierten Unterrasse, welche im aufsteigenden Bogen der menschlichen Kulturentwickelung liegt; daher sind alle höchsten Teile des Achill unverwundbar, nur die Ferse, die niedere Natur ist verwundbar, ähnlich wie Hephaistos lahm ist. Der deutsche Siegfried war auch ein Held der vierten Unterrasse, aber verwundbar zwischen den Schulterblättern. Hier ist seine verwundbare Stelle, wo erst derjenige, der das Kreuz trägt, sich unverwundbar macht. In Siegfried geht da das Göttliche zugrunde, die nordischen Götter gingen dem Untergange entgegen (Götterdämmerung). Das gibt der nordischen Sage den tragischen Zug, daß sie nicht nur auf die Vergangenheit hinweist, sondern auf die Götterdämmerung, auf die Zeit, die kommen soll. Die Druiden gaben den Menschen die Lehre von den untergehenden nordischen Göttern. Daher wird noch symbolisch im Kampf des *Bonifatius* gegen die Eiche der Kampf gegen die alte Priesterschaft, die Druiden, dargestellt.

Man kann auch überall im Norden die Spuren dessen nachweisen, was drüben in Asien zum Ausdruck gekommen ist. Zum Beispiel sind Muspelheim und Niflheim ein Gegenstück zu Ormuzd und Ahriman. Der Riese Ymir, aus dem die ganze Welt gemacht wird, korrespondiert mit der Zerstückelung des Osiris in Ägypten. Bis ins einzelnste kann man bei den europäischen Völkern im Norden und den anderen Kulturen diesen Zusammenhang verfolgen. Als sich im Süden von Europa die vierte Unterrasse herausentwickelte, da waren auch die nordischen Stämme in die vierte Stufe herübergekommen, so daß *Tacitus* viel Verwandtes dort bei den Germanen fand. Irmin zum Beispiel ist dieselbe Gestalt wie unten im Süden Herkules. Auch von einer Art Isis-Dienst dort im Norden erzählt uns Tacitus. So leben ältere Stufen der Kultur dem entgegen, was als Christentum heraufkommen wird.

Denken Sie sich so Europa, Mittelasien, Ägypten übersät mit dem, was sich unter dem Einflusse der Initiationsschulen ausgebildet hatte. Diese Initiationsschulen schickten jetzt aus ihrer Mitte den Begründer der vierten Unterrasse aus, die in ihrem Schoße sich lange vorbereitet hatte. Das ist diejenige Persönlichkeit, welche die Bibel Abraham nennt; sie stammt aus Ur in Chaldäa und ist herausgebildet wie ein Extrakt der drei alten Kulturen. Die Aufgabe, die in Abraham repräsentiert wird, ist, in das Menschliche hereinzutragen alles das, was draußen verehrt wurde; Eingeweihte zu schaffen, die einen großen Wert legen auf das Menschliche, um Persönlichkeitskulte zu begründen. Daher treten persönliche Eigenschaften bei den jüdischen Patriarchen auf. Mit List und Verschlagenheit geht es eigentlich her. Ein Jakob erhält die Superiorität dadurch, daß er mit List und Verschlagenheit das, was er will, seinem Bruder abnimmt. Es ist die Wirklichkeit, aus der sich unsere gegenwärtige Kultur entwickelt; sie ist auf den Verstand und die Habsucht gegründet. In grandioser Weise kommt das wie eine Art von Morgendämmerung in den Erzählungen des Alten Testamentes heraus. Eine gewaltigere Darstellung des Ursprungs kann es gar nicht geben. Esau ist noch behaart, das heißt, er stellt den Menschheitstypus dar, der noch mehr im Physischen befangen ist; Jakob stellt den dar, der sich auf seinen Verstand und seine List verläßt und dadurch das erreicht, was sich tatsächlich in der menschlichen Natur jetzt entwickelt. Eine Überwindung der physischen Kraft durch den Verstand wird hier inauguriert. Die Initiatoren setzen nicht immer etwas Großes, sondern das, was notwendig kommen muß, in die Welt. «Israel» bedeutet: der die Menschen zum unsichtbaren Gott führt, der im Inneren lebt. Isra-el: El = das Ziel; Isra = der unsichtbare Gott. Bisher war er ein Sichtbarer, sei es der Schaubare in den großen Visionen der Inder, sei es der zum Guten und Bösen Drängende wie bei den Persern, sei es der, welcher in den Sternen, im Universum seinen Körper hatte: er wurde empfunden als etwas Sichtbares.

Und nun haben Sie die jüdische Initiation dargestellt in Joseph und den zwölf Brüdern. Es ist eine schöne, gewaltige Allegorie. Das Allegorische kommt jetzt auf; der Verstand wird, da wo er wirken will, Allegoriker.

Zunächst wird dargestellt, wie Joseph eingeweiht wird: Er wird hinausgehoben aus dem gewöhnlichen Leben, verkauft für zwanzig Silberlinge und in die Zisterne geworfen; da bleibt er drei Tage lang. Das ist der Ausdruck der Initiation. Dann kommt er nach Ägypten und wirkt dort erfrischend. Und nun haben Sie in feiner Art angedeutet den Umschwung, der damals eintrat von der Sternengotteskunde zu der Menschenkunde. Joseph wurde ausgestoßen, weil er Träume hatte. Er hatte den Traum: Vor ihm neigten sich Sonne, Mond und elf Sterne. Die elf Sterne sind die elf Zeichen des Tierkreises. Er empfindet sich als den zwölften. Das Symbol der Sternenreligion wird jetzt in das Menschliche hinübergeführt. In den zwölf Brüdern, dem Ausgangspunkt der zwölf Stämme, wird die Sternengotteskunde heruntergeleitet in das Persönliche. Nun, du wirst doch nicht behaupten wollen – sagt der Vater –, daß vor dir sich neigen werden deine Brüder. – Da haben wir den Umschwung gegeben: Es wird übersetzt die Himmelssternenkunde in eine Kunde, die haftet am Persönlich-Menschlichen. Das findet seine Ausbildung im Mosaismus.

Aus den drei alten Kulturen wird durch Initiation der jüdischen Patriarchen diese vierte Kultur, das Urjüdische abgeleitet, von welchem dann tatsächlich alles herstammt, was wir als vierte Unterrasse haben, denn es gehören dazu auch die althellenische und altrömische Kultur. Auch das Griechische und das Römische (römisches Recht) sind groß geworden gerade durch das persönliche Element, bis dann dieser Gedanke inkarniert und in die Höhe gehoben erscheint im Christentum. So kommt gerade in dieser kleineren Abzweigung die eigentliche Strömung der vierten Unterrasse zum Vorschein. Die griechisch-lateinische Strömung ist eine Höherbildung der jüdischen; das Persönliche wird hier gesteigert. Es widerspricht einander nicht dieser Abstieg bis zum tiefsten Punkt und dann der Aufstieg.

Überall können wir das beobachten [innerhalb der vierten Unterrasse]. Das Persönliche mußte tatsächlich so zum Ausdruck kommen, wie es in der Esau- und Jakob-Sage geschildert ist, um dann seine Läuterung im schönen Menschentum der Griechen und in der Größe des Römertums zu finden. In Odysseus überwindet noch die Verschlagenheit die alte Priesterkultur. Aus dieser Kultur heraus kann sich erst das Christentum entwickeln, das tatsächlich alle alten Kulturen in sich schließt und sie daher auch aufnehmen kann. Jesus Christus wird seinem Ursprunge nach nach Galiläa verlegt. «Galiläer» bedeutet: der «Fremdling», der eigentlich nicht dazugehört; Galiläa bedeutete eine kleine Enklave, wo jemand erzogen werden konnte, der in seinem Volksmilieu nicht nur das Jüdische, sondern alle alten Kulturen aufzunehmen hatte.

Aus dem Zusammenstoß zwischen dem Römertum und den nordischen Völkerschaften entwickelte sich nun die fünfte Unterrasse, in der wir selbst leben. Sie hat noch von den alten Initiationsschulen einen Einschlag erhalten im Maurentum, im Arabertum, das von Asien her kam. Es ist immer derselbe Einfluß derselben Initiatorenschule. Wir können verfolgen, wie die Mönche Irlands, wie auch diejenigen, die wissenschaftlich arbeiten, ganz und gar inspiriert sind von der maurisch-arabischen Wissenschaft. Das gibt denselben Grundcharakter in neuer Form, so wie er hier aufgenommen werden konnte. Das Christentum findet erst hier seinen wirklichen Ausdruck. Es ist bloß durchgegangen durch das Altgriechische, solange sich die fünfte Kultur noch vorbereitet hat, und faßt dann hier festen Boden, gliedert sich ein in eine Reihe von Nationen. Alles wurde damals durchströmt und inspiriert vom Christentum. Unsere heutige Zeit mit ihrer materialistischen Kultur ist die letzte radikale Ausprägung dessen, was damals inauguriert wurde. Die Entstehung dieser neuen Kultur ist symbolisch dargestellt in der Lohengrin-Sage. Lohengrin ist der Initiator des Städtetums, und das Städteleben, das sich zu einer neuen Kulturetappe hinaufarbeitet, ist symbolisiert in Elsa von Brabant.

In alle diese Strömungen schieben sich noch andere hinein, zum Beispiel die Mongolenstämme. Was ursprünglich vom Westen herübergekommen war, war verwandt mit dem, was mit den Hunnen vom Osten her kam. So kam etwas Verwandtes von Osten und Westen hier zusammen: mongolische und germanische Völkerstämme. Die ursprünglich vom Westen kamen, waren auch zurückgebliebene Nachkommen der Atlantier, so wie die vom Osten herkommenden Mongolen. Im Grunde waren beide Strömungen verwandt. Es ist immer eine Strömung, die die andere durchkreuzt. Beide haben aber einen gemeinsamen Mutterboden, da sie beide aus der Atlantis stammen.

Hier im Norden nun bekommt alles, was aus älteren Zeiten geblieben ist, eine festere Bildung. Zu derselben Zeit, in der das jüdische Prophetentum besteht, in den Jahrhunderten vor Christus, finden wir hier den Hinweis auf einen großen uralten atlantischen Initiierten, auf Wod-Wodha-Odin. Das ist ein modernisiertes Atlantiertum in einer neuen Gestalt, ein Atavismus, ein Rückschlag ins Atlantiertum. Und das geschieht überall, drüben in Asien auch. In Asien ist das W ein B, Wodha = Bodha = Buddha. Der Buddhismus ist drüben in Asien dieselbe Erscheinung, die als ein Rückschlag in die atlantische Zeit auftritt. Daher finden wir den Buddhismus am ausgebreitetsten bei den Überresten der Atlantier, bei den mongolischen Völkern. Und wo er am großartigsten, säulenartig auftritt, in Tibet, da haben wir einen modernen, monumentalen Ausdruck alter atlantischer Kultur.

Solche Völkerzusammenhänge muß man kennen, dann versteht man auch die Geschichte. Als *Attila,* der Kämpfer für den Monotheismus, in Europa erschien, machte er erst vor dem Christentum halt, weil ihm da etwas Größeres entgegentrat, als die Hunnen es hatten. Der Monotheismus der Hunnen war als Ausfluß einer atlantischen Kultur von einer Großartigkeit, wie sie sie bei keinem der anderen Völker auf ihren Wegen fanden. Nur das Christentum imponierte den Hunnen. Manche Einzelheiten in der geschichtlichen Entwickelung werden verstanden aus diesen großen Betrachtungen heraus.

Der bekannte Reisende *Peters* fühlt wohl, daß das alte Bodhatum und das Wotantum zusammenfließen können, aber er weiß nicht, daß wir in Europa nicht bloß Uraltes zu vertreten haben, sondern etwas Neues, einen neuen Wirbel. In den alten Teil des Wirbels schlägt herein das Allerneueste, die in die Zukunft weisende Weisheit. Diese verhält sich zur alten Weisheit wie das helle Tagesbewußtsein zum Trancezustand. Bei vollkommen hellem Tagesbewußtsein werden die künftigen Völker eine spirituelle Kultur entwickeln, die anders sein wird als die alte. Deshalb darf auch Theosophie nicht ein Übertragen von Altem, von Buddhismus und Hinduismus sein; dies würde doch zusammenbrechen. Ein Neues muß aus den Keimen, die im Osten von Europa schlummern, hervorgehen, ein Zusammenschließen mit alledem, was hier erarbeitet worden ist.

Die eigentliche [zukünftige Kultur] liegt in den aufkeimenden Völkerelementen Osteuropas. Wir selber in Mitteleuropa sind die Vorposten. Es muß sich im Osten Europas das Stoffliche, das Menschenmaterial finden für das, was hier vorpostlich begründet wird.

Die Rosenkreuzerschulen lehrten immer, daß Mittel- und Westeuropa bloß Vorposten sind dessen, was sich im europäischen Osten entwickeln wird, was aus der Befruchtung von Volkstum und europäischem Wissen hervorgehen wird. Bei *Tolstoj* ist alles befruchtet durch die westeuropäische Kultur, aber anders als bei anderen Menschen vor ihm. Er spricht in gewaltiger, einfacher Weise aus, was kein *Kant* und kein *Spencer* hätten aussprechen können. Was hier überreif erscheint, das erscheint bei ihm allerdings noch unvollkommen. Aber so ist es immer mit dem, was Keim ist. Nicht aus der fein ausgebildeten Pflanze, sondern aus dem Keim wächst die neue, zukünftige Pflanze.

Was man auch erlebt, man kann mit tiefer Befriedigung auf die Zukunft schauen. Denn so wie der Kristall sich aus der Lauge erst herausentwickelt, nachdem die Lauge stark umgerührt worden ist, so kann sich auch dort erst etwas herausentwickeln dadurch, daß große Umwälzungen kommen.

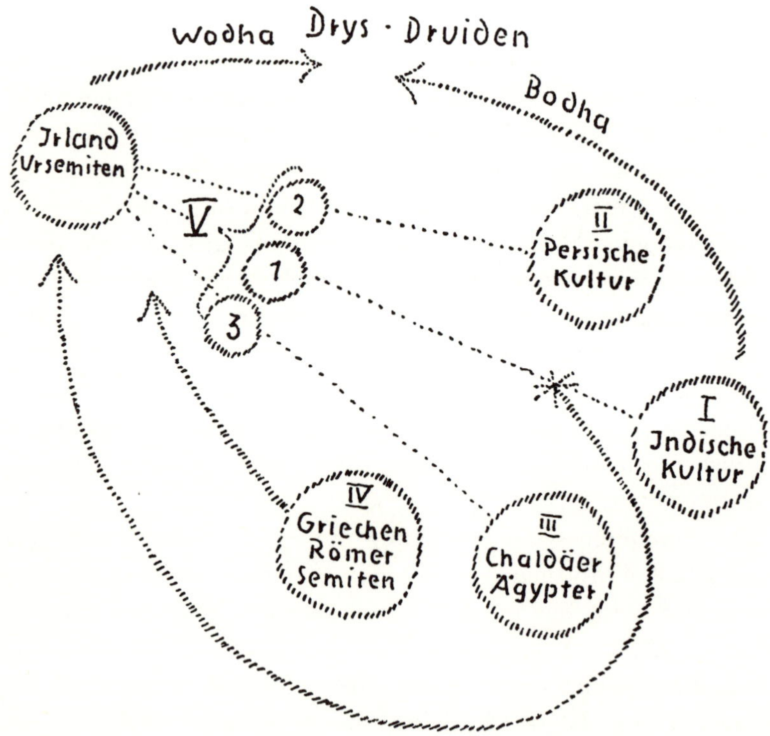

SCHEMATISCHE ÜBERSICHT DER WELTENTWICKELUNGSSTUFEN

die von Rudolf Steiner bei seinen Zuhörern als bekannt vorausgesetzt werden konnten und deshalb in den verschiedenen Vorträgen des Kursus angetönt und teilweise besprochen werden:

7 *Bewußtseinszustände* (Planeten):

1. Trancebewußtsein, Allbewußtsein (Saturn)
2. Tiefschlafbewußtsein, traumloses Bewußtsein (Sonne)
3. Traumbewußtsein, Bilderbewußtsein (Mond)
4. Wach- oder Gegenstandsbewußtsein (Erde)
5. Psychisches Bewußtsein, bewußtes Bilderbewußtsein (Jupiter)
6. Überpsychisches Bewußtsein, bewußtes Schlafbewußtsein (Venus)
7. Spirituelles Bewußtsein, bewußtes Allbewußtsein (Vulkan)

zu je 7 *Lebenszuständen* (Runden, Reiche):

1. Erstes Elementarreich
2. Zweites Elementarreich
3. Drittes Elementarreich
4. Mineralreich
5. Pflanzenreich
6. Tierreich
7. Menschenreich

zu je 7 *Formzuständen* (Globen):

1. Arupa
2. Rupa
3. Astral
4. Physisch
5. Plastisch
6. Intellektuell
7. Archetypisch oder urbildlich

Jeder Formzustand wiederum geht noch durch 7 mal 7 Zustände; zum Beispiel unser gegenwärtiger (4. Formzustand des Mineralreiches innerhalb des 4. Planeten, der Erde) geht durch die sog. 7 Wurzelrassen oder Hauptzeiträume und jede Wurzelrasse wiederum noch durch weitere 7 Unterstufen, z.B. die Kulturepochen unserer gegenwärtigen 5. Wurzelrasse.

Nach jedem «Reich» tritt ein kleineres Pralaya (Schlafzustand) und nach jedem Bewußtseinszustand ein großes Pralaya ein.

Nach Notizen eines in Berlin im Oktober/November 1904 – also ein Jahr vor dem gegenwärtigen Kursus – gehaltenen Vortragszyklus über «Planetenentwickelung» machte Rudolf Steiner folgendes Schema und gab dazu die anschließende Erläuterung:

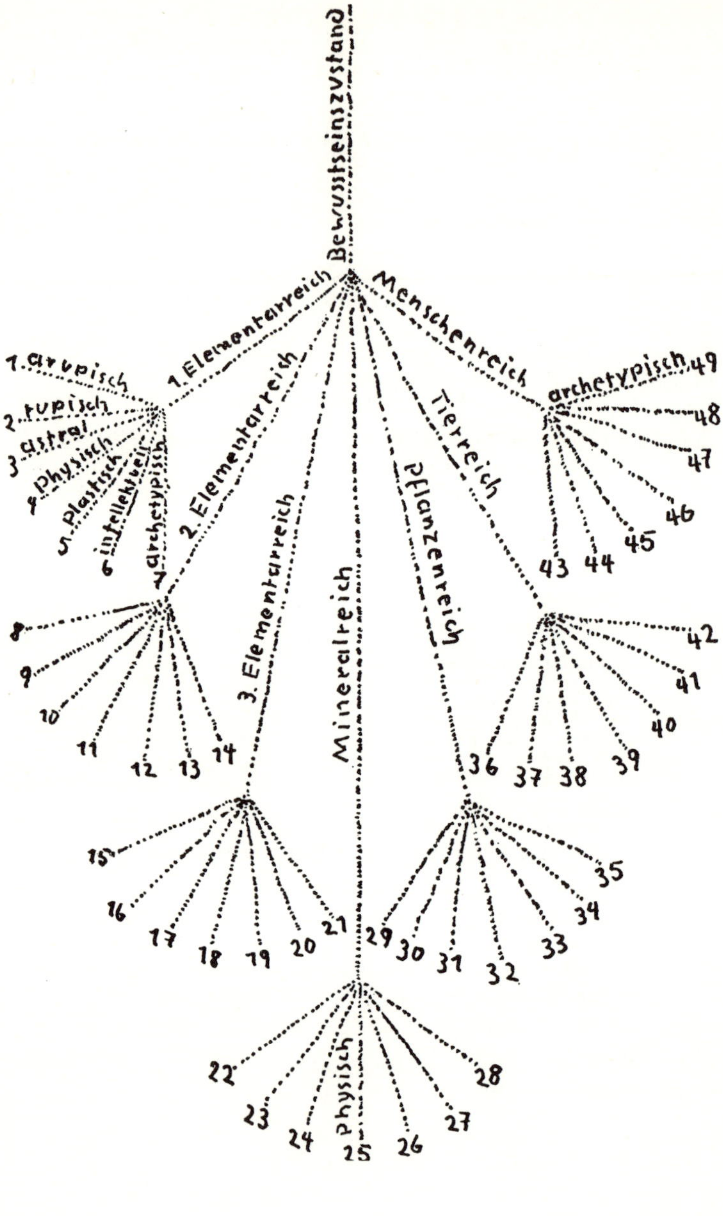

Bewusstseinszustand
1. Elementarreich
2. Elementarreich
3. Elementarreich
Mineralreich
Pflanzenreich
Tierreich
Menschenreich
1. arupisch
2. rupisch
3. astral
4. Physisch
5. Plastisch
6. intellektuell
7. archetypisch
archetypisch
Physisch

«Der Mensch macht also folgende Entwickelung durch:

Erster Planet (Trancebewußtsein)

I. Elementarreich
Form: 1. arupisch
2. rupisch
3. astral
4. physisch
5. plastisch
6. intellektuell
7. archetypisch
Pralaya

II. Elementarreich
Form: 8. arupisch
bis
14. archetypisch
Pralaya

III. Elementarreich
Form: 15. arupisch
bis
21. archetypisch
Pralaya

IV. Mineralreich
Form: 22. arupisch
bis
28. archetypisch
Pralaya

V. Pflanzenreich
Form: 29. arupisch
bis
35. archetypisch
Pralaya

VI. Tierreich
Form: 36. arupisch
bis
42. archetypisch
Pralaya

VII. Menschenreich
Form: 43. arupisch
bis
49. archetypisch
Großes Pralaya

Zweiter Planet (Bewußtsein des traumlosen Schlafes)

I. Elementarreich
(usw., alles wie beim ersten Planeten)

Dritter, vierter Planet usw.

Die 25. Stufe ist immer die tiefste, dichteste, mittelste. Wir sind jetzt auf dem vierten Planeten, auf der 25. Stufe, also im allerdichtesten Zustand. Auf dem siebenten Planeten, in dem siebenten Reich, dem Menschenreich, und der siebenten Form, der urbildlichen, wird die höchste Vollendung der Menschenentwickelung erreicht. Der Mensch hat dann die urbildliche Form, ist wahrhaft gottähnlicher Mensch und hat ein allumfassendes, spirituelles Bewußtsein.» (Berlin, 29. Oktober 1904.)

HINWEISE

Die erste Veröffentlichung dieser Notizen erfolgte in den Jahren 1942/43 in dem Nachrichtenblatt für Mitglieder der Allgemeinen Anthroposophischen Gesellschaft «Was in der Anthroposophischen Gesellschaft vorgeht – Nachrichtenblatt für deren Mitglieder» (Beilage zur Wochenschrift «Das Goetheanum»), und zwar nach den Aufzeichnungen von Mathilde Scholl. Für die vorliegende Buchausgabe wurden jedoch sämtliche im Archiv der Rudolf-Steiner-Nachlaßverwaltung vorliegenden Unterlagen herangezogen. Darunter boten vor allem die Notizen von Marie Steiner-von Sivers eine bedeutende Hilfe zur Textverbesserung, mit Ausnahme für den 25. und 26. Vortrag, für welche ihre Notizen nicht vorhanden sind.

Soweit in den Handaufzeichnungen Lücken markiert sind, wurden sie in dieser Buchausgabe gekennzeichnet, um dem Leser den Notizencharakter in Erinnerung zu bringen. Unvollständige Sätze wurden vom Herausgeber durch in eckige Klammern [ ] gestellte Einfügungen ergänzt.

Einige unter den folgenden Hinweisen gehen auf Günther Schubert († 1969) zurück, der die Bearbeitung des Textes für den Abdruck im Nachrichtenblatt 1942/43 besorgte.

Zu Seite:

17 *Schlangensymbol ... Moses:* 4. Buch Mose 21,8–9 und Joh.-Ev. 3,14.

19 *Kundalinifeuer:* Vgl. unter: Erklärung indisch-theosophischer Ausdrücke, im Anschluß an die Hinweise.

20
256 *die altgermanische Mythe läßt den Riesen Ymir so aufgeteilt werden:* In der nordischen Mythe vom Anfang der Welt werden aus dem Körper des Urriesen die einzelnen Teile der Welt geschaffen: aus dem Fleisch die Erde, aus dem Blut die Gewässer, aus den Knochen das Gestein, aus den Haaren die Wälder, aus dem Schädel der Himmel, aus dem Gehirn die Wolken. Vgl. Eugen Mogk, Germanische Mythologie, Leipzig 1906.

20 *Eigentlich gibt es im ganzen zwölf Bewußtseinsstufen:* Siehe auch «Aus der Akasha-Chronik», Bibl.-Nr. 11, Gesamtausgabe Dornach 1973 (Kapitel: Das Leben des Saturn); sowie Vortrag Berlin, 27. Januar 1908, in Bibl.-Nr. 102 «Das Hereinwirken geistiger Wesenheiten in den Menschen», Bibl.-Nr. 102, Gesamtausgabe Dornach 1974.

21 *Bienenstock ... dreierlei Wesen ..., gemeinsame Seele:* Über die Bienen hielt Rudolf Steiner später, im Jahre 1923, eine ganze Vortragsreihe. Siehe «Mensch und Welt – Das Wirken des Geistes in der Natur – Über die Bienen», Bibl.-Nr. 351, Gesamtausgabe Dornach 1965.

21 *Alle einzelnen Gehirnmoleküle wird er bewußt von außen her dirigieren müssen:* Ausführlicher dargestellt in «Aus der Akasha-Chronik», Bibl.-Nr. 11, Gesamtausgabe Dornach 1973, in dem Kapitel: Einige notwendige Zwischenbemerkungen.

21 *Fußwaschung ... höhere Bewußtseinsstufe:* Siehe auch Vortrag Berlin, 1. April 1907, abgedruckt in «Die Mysterien des Geistes, des Sohnes und des Vaters», Dornach 1962. Innerhalb der Gesamtausgabe in «Ursprungsimpulse der Geisteswissenschaft», Bibl.-Nr. 96, Dornach 1974.

Zu Seite:

22 *ein Reich des Guten und ein Reich des Bösen:* Siehe auch «Die Apokalypse des Johannes», Bibl.-Nr. 104, Gesamtausgabe Dornach 1962.

23 *Tiere in den finsteren Höhlen von Kentucky:* Dieses Beispiel wird von Rudolf Steiner sehr oft angeführt. In den amerikanischen Höhlen stieß man zuerst auf das Phänomen der rudimentären Organe. S. Darwin, Entstehung der Arten, 5. Kapitel: Gesetze der Abänderung.

28 *Hüter der Schwelle ... Art von Doppelgänger:* Grundlegend dargestellt z.B. in «Wie erlangt man Erkenntnisse der höheren Welten?», Bibl.-Nr. 10, Gesamtausgabe (22. Auflage) Dornach 1975 sowie in Bibl.-Nr. 14 «Vier Mysteriendramen», Gesamtausgabe Dornach 1962.

30 *Tolstojs Buch «Über das Nichtstun»:* Erschienen 1893. – Eine ausführliche Darstellung der Lebensanschauung Tolstojs im Gegensatz zur westlichen Weltanschauung findet sich im Vortrag Berlin, 3. November 1904 in Bibl.-Nr. 53 «Grundbegriffe der Theosophie», Gesamtausgabe Dornach 1957.

30 Zum Text des 3. Vortrages: Schon beim Abdruck 1942 im Nachrichtenblatt wies Günther Schubert darauf hin, daß der Text des zweiten Teiles als nicht authentisch gelten könne, da der eigentliche Gedankengang nicht klar festgehalten werden konnte. Es handelte sich offensichtlich darum, einige schwer verständliche Stellen aus dem 3. Band von Blavatskys «Geheimlehre» zu verdeutlichen und in das richtige Licht zu stellen. Aber der wesentliche Punkt, wie die von Blavatsky erwähnten Bewußtseinsformen und besonders ihre Reihenfolge mit der im ersten Teil des Vortrags zugrunde liegenden üblichen geisteswissenschaftlichen Systematik zusammengebracht werden müsse, ist in den Notizen völlig ausgefallen und leider auch nicht aus anderen Vorträgen bekannt.

30 *Form, Leben, Bewußtsein:* Ausführlicher noch behandelt im 27. Vortrag; vgl. Hinweis zu S. 212f und S. 123.

32 *Bei einer Ohnmacht kann durch Andrang des Blutes nach dem Kopf der Organismus in den drei Kanälen gestört werden:* Ohnmachten erfolgen gewöhnlich bei Blutleere im Gehirn, Rudolf Steiner weist aber hier auf Störungen des Orientierungssinnes hin. Es ist auch hier zu berücksichtigen, daß es sich um fragmentarische Zuhörernotizen handelt.

33 *ursprüngliche Bedeutung des Kreuzeszeichens:* Deutlicher als hier werden die Richtungen
180 des Kreuzes z.B. erklärt im Vortrag Basel, 22. November 1907: «Die Pflanze zeichnet man vertikal der Erde zugerichtet, den Menschen ebenso vertikal von der Erde abgewendet, das Tier horizontal». Siehe Bibl.-Nr. 100 «Menschheitsentwickelung und Christus-Erkenntnis», Gesamtausgabe Dornach 1967.

33 *Die Weltenseele ist an das Kreuz des Weltenleibes gespannt:* Plato, Timaios, Kap. VIII p 36 B.

34 *Daher verbinden wir das «Es denkt» mit der Sprache:* Siehe hierzu «Anweisungen für eine esoterische Schulung», Bibl.-Nr. 42/245, Gesamtausgabe Dornach 1968 bzw. 1969.

35 *Die Seherin von Prevorst:* Aufzeichnungen von Justinus Kerner, 1. Auflage Stuttgart 1828.

Zu Seite:

35 *daß der Mittelpunkt des Bewußtseins sich vom Kopf herabsenkt:* Diese Stelle ist offensichtlich ungenügend festgehalten. Deutlicher wird dasselbe nochmals wiederholt im folgenden, dem 4. Vortrag dieses Kursus.

36f *Helena Petrowna Blavatsky weist besonders ... wie Blavatsky sagt ... Blavatsky sagt ganz richtig ... Wir unterscheiden also mit Blavatsky ...:* Rudolf Steiner bezieht sich hier auf die Abschnitte «Astrales Bewußtsein», «Kama-pranisches Bewußtsein», «Kama-manasisches Bewußtsein» in Band 3 der «Geheimlehre», S. 558:

«Astrales Bewußtsein

Das einiger Pflanzen (z.B. der sensitiven), der Ameisen, Spinnen und einiger (indischer) Nachtmotten, aber nicht der Bienen.

Die Wirbeltiere im allgemeinen sind ohne dieses Bewußtsein, aber die plazentalen Säugetiere haben alle Möglichkeiten des menschlichen Bewußtseins, obwohl sie gegenwärtig natürlich schlummern.

Idioten leben auf diesem Plane. Der gewöhnliche Ausdruck: ‹er hat seinen Verstand verloren› ist eine geheime Wahrheit. Denn wenn durch Entsetzen oder eine andere Ursache das niedere Gemüt gelähmt wird, dann ist das Bewußtsein auf dem Astralplane. Das Studium des Wahnsinns wird viel Licht auf diese Punkte werfen. Dieser kann der ‹Nervenplan› genannt werden. Er wird mittels unserer ‹Nervenzentren› erkannt, von denen die Physiologie nichts weiß, z.B. der Hellsehende liest mit verbundenen Augen, liest mit den Fingerspitzen, mit der Magengrube usw. Dieser Sinn ist sehr entwickelt bei Tauben und Stummen.

Kama-pranisches Bewußtsein

Das allgemeine Lebensbewußtsein, das der ganzen objektiven Welt angehört, sogar den Steinen; denn wenn die Steine nicht lebendig wären, könnten sie nicht verfallen, Funken sprühen usw. Verwandtschaft zwischen chemischen Elementen ist eine Offenbarung dieses Kamischen Bewußtseins.

Kama-manasisches Bewußtsein

Das instinktive Bewußtsein der Tiere und Idioten in seinen niedersten Graden, die Pläne der sinnlichen Empfindung: im Menschen sind diese rationalisiert, z.B. ein in einem Zimmer eingeschlossener Hund hat den Instinkt herauszukommen, aber er kann nicht, weil sein Instinkt nicht genügend vernünftig geworden ist, um die notwendigen Mittel zu ergreifen; während ein Mensch sofort die Situation erfaßt und sich frei macht. Der höchste Grad dieses Kama-manasischen Bewußtseins ist der psychische. So gibt es sieben Grade vom instinktiven animalischen bis zum rationalisierten instinktiven und psychischen.»

36 *Daher sind die Handlungen der Ameisen so geordnet:* Diese Ausführungen sind so gekürzt festgehalten, daß sie nur richtig zu verstehen sind, wenn man sie ergänzt oder eigentlich ersetzt durch diejenigen im nächsten, dem 4. Vortrag.

37,42 *Sphinxsage:* Die Sphinx – Tochter der Chidna und ihres Sohnes, des Hundes Orthros, ein Ungeheuer mit dem Leib einer Hündin, mit Mädchenkopf, Löwenklauen, Drachenschwanz und Flügeln – wurde von Here, wegen des Dionysos Geburt aufgebracht, nach Theben gesendet, wo sie durch ein Rätsel Tod und Verderben stiftete. Sie fragte die Unglücklichen, welche sie erreichte: Welches Geschöpf geht am Morgen auf vier, am Mittag auf zwei, und am Abend auf drei

Füßen? – Ödipus war der Glückliche, welcher die Auflösung, das Menschenleben, fand, worauf sie sich selbst von ihrem Felsen herabstürzte. – In der Malerei der großen Kuppel des ersten Goetheanumbaues findet sich als Motiv Griechenlands ebenfalls dieses Sphinx-Ödipus-Motiv.

38 *hinkt der Vulkan:* (römisch Vulcanus, griech. Hephaistos), der Gott des Feuers und der Schmiedekunst. Er hinkt, weil ihn Zeus im Zorn zweimal aus dem Olymp warf. Nach der ursprünglichen Sage war seine Werkstatt im Olymp, nach späteren in vulkanischen Gegenden.

38 *Über Bienen und Ameisen:* Siehe Hinweis zu S. 21.

39 *Artikel über die Alchimie:* Karl Arnold Kortum veröffentlichte im «Reichsanzeiger» vom 8. Oktober 1796 eine Abhandlung über den Stein der Weisen. Den Quellennachweis erbrachte Ludwig Kleeberg in seinem Buch «Wege und Worte», 2. Auflage Stuttgart 1961, Fußnote zu S. 131.

39 *«Jobsiade»:* Komisches Epos von Karl Arnold Kortum, erschienen 1784.

41 *Denselben Prozeß, den Kohlenstoff zu verarbeiten:* Siehe hierzu die ausführlichere Darstellung im 12. Vortrag von «Allgemeine Menschenkunde als Grundlage der Pädagogik», Bibl.-Nr. 293, Gesamtausgabe (6. Auflage) Dornach 1968.

42 *Angabe Blavatskys ...:* Im Band III der «Geheimlehre» findet sich auf S. 544/45 der deutschen Ausgabe die Angabe: «Am Ende der nächsten Runde wird die Menschheit wieder mann-weiblich werden, und dann werden zwei Rückenmarke sein. In der siebenten Rasse werden die zwei in die eine verschmelzen. Die Evolution entspricht den Rassen, und mit der Evolution der Rassen entwickelt sich der sympathische Nerv in ein echtes Rückenmark. Wir kehren den Bogen aufwärtssteigend zurück, nur mit Hinzutritt des Selbstbewußtseins...»

43 *Wille, Gefühl und Denken werden beim Geheimschüler getrennt:* Siehe hierzu «Wie erlangt man Erkenntnisse der höheren Welten?», Bibl.-Nr. 10, Gesamtausgabe (84. bis 86. Tsd.) Dornach 1975, Kapitel: Die Spaltung der Persönlichkeit während der Geheimschulung.

44 *während die indische Literatur von vier verschiedenen Graden des Äthers spricht:* Gemeint sind die vier Elemente als vier Grade des allgemeinen Äthers. Im Taittiriya-Upanishad 2,1 in der Übersetzung von Paul Deussen heißt es: «Wahrlich aus diesem Atman ist das Akasha entstanden, aus dem Akasha der Wind (vayu), aus dem Wind das Feuer (agni-tejas), aus dem Feuer das Wasser (apas), aus dem Wasser die Erde (prthivi).» – Nach Günther Schubert müßte die Stelle wie folgt übersetzt werden: «Wahrlich, aus diesem Atman ist der allgemeine Äther (Akasha) entstanden, aus dem allgemeinen Äther der Wärmezustand (vayu, Wärmeäther), aus dem Wärmezustand der gasförmige Zustand (apas, chemischer Äther), aus dem flüssigen Zustand der feste Zustand (prthivi, Lebensäther).» Günther Schubert, «Indische Bezeichnungen für die Ätherarten» in Gäa Sophia, Jahrbuch der naturwissenschaftl. Sektion der Freien Hochschule am Goetheanum Dornach, 1926.

45 *Atemübungen sind nur dann Hathajoga-Übungen, wenn sie auf der falschen Stufe gemacht werden. Sonst sind sie Rajajoga-Übungen:* Diese Formulierung bezieht sich auf die in der Theosophischen Gesellschaft von Blavatsky herrührende starke Ablehnung der Hathajoga (Leibdisziplin); es wurde nur die Rajajoga (Geistdisziplin) gelten gelas-

sen. Hinsichtlich der Atemübungen siehe Bibl.-Nr. 42/245 «Anweisungen für eine esoterische Schulung», Gesamtausgabe Dornach 1968 bzw. 1969.

48,81 *«Licht auf den Weg»:* Schrift der englischen Theosophin Mabel Collins «zum Frommen derer, welche unbekannt mit des Morgenlandes Weisheit unter deren Einfluß zu treten begehren». 4. deutsche Auflage Leipzig 1904. Rudolf Steiners Exegese hierzu siehe in Bibl.-Nr. 42/245 «Anweisungen für eine esoterische Schulung», Gesamtausgabe Dornach 1968 bzw. 1969.

49 *Goethes Märchen:* «Das Märchen von der grünen Schlange und der schönen Lilie» erschien erstmals 1795 in den «Horen» als Abschluß der Erzählung «Unterhaltungen deutscher Ausgewanderter». Siehe auch Rudolf Steiner, «Goethes Geistesart in ihrer Offenbarung durch seinen Faust und durch das Märchen von der Schlange und der Lilie», Bibl.-Nr. 22, Gesamtausgabe Dornach 1956.

51 *Nichts gibt ihm den Gedanken, wenn er ihn nicht zum Wahrnehmen hinzu schafft:* Dieser Satz ist in den verschiedenen Vorlagen verschieden festgehalten, mehrfach so: «Nichts gibt ihm der Gedanke, wenn er ihn nicht zum Wahrnehmen umschafft.» Bei Mathilde Scholl lautet er: «Nichts gibt ihm das Wahrnehmen, wenn er es nicht zum Gedanken umschafft.» In den Notizen von Marie Steiner-von Sivers fehlt der Satz gänzlich. Er wurde vom Herausgeber sinngemäß geändert.

53 *Oken hat den Tintenfisch mit der menschlichen Zunge in Beziehung gebracht:* Dieses Beispiel konnte bei Oken bisher nicht gefunden werden.

54 *Bodhisattvas:* Siehe hierzu Vortrag Berlin, 25. Oktober 1909 in «Der Christus-Impuls und die Entwickelung des Ich-Bewußtseins», Bibl.-Nr. 116, Gesamtausgabe Dornach 1961, sowie «Das esoterische Christentum und die geistige Führung der Menschheit», Bibl.-Nr. 130, Gesamtausgabe Dornach 1962.

55 *Vom Mars brachten sie Kama, vom Merkur Manas:* Siehe hierzu z.B. die Darstellungen aus derselben Zeit in Briefen an Marie Steiner-von Sivers in Bibl.-Nr. 262 «Briefwechsel und Dokumente 1901–1925» (Beilage zu Nr. 41 und 43 sowie Brief Nr. 44), Gesamtausgabe Dornach 1967; ferner Vortrag Berlin, 15. Februar 1908 in «Das Hereinwirken geistiger Wesenheiten in den Menschen», Bibl.-Nr. 102, Gesamtausgabe Dornach 1974.

55 *Reihenfolge von der H. P. Blavatsky spricht:* «Geheimlehre», Band III, Artikel «Nidanas», S. 585ff. der deutschen Ausgabe: «I. Höhere Götter; II. Devas oder Pitris (alle Klassen); III. Nirmanakayas; IV. Bodhisattvas; V. Menschen; in Myalba; VI. Kamarupische Existenzen, sei es von Menschen oder Tieren, im Kamaloka oder Astrallicht; VII. Mentale (subjektive Existenzen).»

55 *Aristoteles spricht von dem Ätherteil des Herzens:* Rudolf Steiner bezieht sich hier vermutlich auf die kleinen naturwissenschaftlichen Schriften (Parva naturalia), Abhandlung «Von Jugend und Alter, Leben und Tod».

56 *Blavatsky hat ... Jehova einen Mondgott genannt:* Siehe «Die Geheimlehre», Band II, S. 497 der deutschen Ausgabe.

56 *Das Gehirn zerfällt in drei wirkliche Teile:* Vgl. Hinweis zu S. 21.

57 *Man nennt daher im Okkultismus den Mond auch den Kosmos der Weisheit:* In Notizen eines Vortrags in Berlin, 10. November 1903, findet sich: «Im großen Weltzusammenhang nennt man den irdischen Kosmos den Kosmos der göttlichen Liebe, den vorhergehenden Kosmos den Kosmos der Weisheit, und den fol-

genden den Kosmos des göttlichen Feuers ... Den Kosmos, welcher dem Mondenkosmos vorangegangen ist, den Kosmos der göttlichen Allmacht; diesem würde vorangehen der Kosmos des Seins.»

58, 98 *Eliphas Levi ... betont:* Konnte nicht festgestellt werden.

58 Zu dem Abschnitt: *Während sich auf dem Monde einerseits...:* Der Text dieses Abschnittes konnte anscheinend von allen Notierenden nur ungenügend festgehalten werden, so daß mit Ungenauigkeiten und möglicherweise Fehlerhaftem zu rechnen ist.

60 *Damit hängt zusammen das: «Ich denke, ich fühle, ich bin»:* Siehe Hinweis zu S. 34.

64 *Jesus sagte ... «Elias ist wieder erschienen»:* Matth. 17, 12–13.

64 *ungefähr 2600 Jahre:* Später hat Rudolf Steiner diese Zeitangabe genauer präzisiert. Danach vollendet der Frühlingspunkt der Sonne seinen Kreislauf durch den Tierkreis in 12 × 2160 = 25920 Jahren, einem platonischen Weltenjahr. Die Wiederverkörperungen hängen im allgemeinen mit diesen Epochen von 2160 Jahren zusammen. Ausführlicher dargestellt im Vortrag Dornach, 9. April 1923 in «Vom Leben des Menschen und der Erde – Über das Wesen des Christentums», Bibl.-Nr. 349, Gesamtausgabe Dornach 1961.

65 *der Meister zu Sinnett:* Siehe A. P. Sinnett «The occult world», 1881; deutsch: «Die okkulte Welt», Leipzig o. J.

65 *Meister:* Die in der Theosophischen Gesellschaft gebräuchliche Übersetzung des englischen «Master» für den indischen Ausdruck «Mahatma», wörtlich «Große Seele».

65, 83 *Die großen Meister:* Im Sinne Rudolf Steiners Wesenheiten, welche für die Evolution der Menschheit von größter Bedeutung sind. «Diese erhabenen Wesenheiten haben den Weg bereits zurückgelegt, den die übrige Menschheit noch zu gehen hat. Sie wirken nun als die großen ‹Lehrer der Weisheit und des Zusammenklanges der Menschheitsempfindungen›.» (Brief an ein Mitglied vom 2. Januar 1905.) Siehe auch Vortrag Berlin, 13. Oktober 1904 in «Grundbegriffe der Theosophie», Bibl.-Nr. 53, Gesamtausgabe Dornach 1957.

66 *Trappisten:* Der Name geht auf das 1140 gegründete Zisterzienserkloster La Trappe in Frankreich zurück. Der daraus durch eine 1665 vorgenommene Reform hervorgegangene Trappistenorden ist zu strengen Bußübungen und dauerndem Schweigen verpflichtet.

66 *Augustinus' Prädestinationslehre:* Lehre vom ewigen Ratschluß Gottes, derzufolge nur ein Teil der Menschen unter Verwerfung des anderen Teiles zur Seligkeit auserwählt sei. Vgl. hierzu auch Vortrag Dornach, 7. Oktober 1917 in «Die spirituellen Hintergründe der äußeren Welt», Bibl.-Nr. 177, Gesamtausgabe Dornach 1968.

68 *zwölf Sinne:* Siehe «Anthroposophie, Psychosophie, Pneumatosophie», Bibl.-Nr. 115, Gesamtausgabe Dornach 1965, sowie «Anthroposophie – Ein Fragment», Bibl.-Nr. 45, Gesamtausgabe Dornach 1970; ferner Hendrik Knobel «Zur Sinneslehre Rudolf Steiners» in «Nachrichten der Rudolf Steiner-Nachlaßverwaltung» Nr. 14, Michaeli 1965.

68 *absteigender ... aufsteigender Bogen:* Ein theosophischer Terminus dafür, daß eine jegliche Entwickelung in Zyklen verläuft, und zwar zuerst in niedersteigender

Richtung, also auf dem absteigenden Bogen aus Geistigem in Stofflichkeit, um dann in aufsteigender Richtung, auf dem aufsteigenden Bogen vom Stoff zum Geistigen zurückzukehren. In einem im Herbst 1904 teilweise für dieselben Zuhörer gehaltenen Vortragszyklus heißt es im Vortrag Berlin, 17. Oktober 1904: «Theosophische Schriften haben gewisse Evolutionen absteigend und aufsteigend dargestellt... Während des Absteigens ist die Entwickelung in der Verzögerung begriffen, während des Aufsteigens wird sie immer schneller. Diese beschleunigte Entwickelung richtet sich aber nicht nach dem ganzen physischen Plan, sondern nach den einzelnen Wesen.» Im Vortrag Berlin, 27. Januar 1908 (Bibl.-Nr. 102; «Das Hereinwirken geistiger Wesenheiten in den Menschen», Gesamtausgabe Dornach 1974) gibt Rudolf Steiner noch folgende Erklärung: «... So daß, wenn wir nur in irgendeinem Moment unserer Entwickelung stehen, wir uns immer sagen können: Ja, es sind jetzt gewisse Kräfte da, die im Menschen aus- und einziehen, Kräfte, die heruntersteigen, und Kräfte, die aufsteigen. Für eine jede von solchen Kräften ist einmal der Moment da, wo sie aus niedersteigenden in aufsteigende Kräfte sich verwandeln. Alle Kräfte, die aufsteigende Kräfte werden, sind zuerst niedersteigend. Sie steigen sozusagen bis zum Menschen herunter. Im Menschen erringen sie sich die Kraft des Aufsteigens.»
In diesem Sinne wäre der Satz: «Wenn auch der Körper auf dem aufsteigenden Bogen ist, so sind doch die Sinne auf dem absteigenden» so zu verstehen, daß der physische Körper im allgemeinen auf dem aufsteigenden Bogen ist, da er den tiefsten Punkt seiner Verstofflichung überschritten hat, während die Sinne sich noch auf dem absteigenden Bogen entwickeln, da sich zwei Sinne zu richtigen physischen Sinnen erst noch entwickeln.

70 *Später wird der Mensch, so wie er jetzt spricht ...:* Zu diesem ganzen Absatz vgl. die klareren Ausführungen in «Bilder okkulter Siegel und Säulen», Bibl.-Nr. 284, Gesamtausgabe Dornach 1957.

73 *Mythos von Lohengrin:* Die Lohengrin-Gestalt tritt erstmals auf in Wolframs von Eschenbach «Parzival» als Sohn Parzivals und Gralsritter. Die Sage wird weiter ausgeführt in einem mittelhochdeutschen Gedicht vom Ende des 13. Jahrhunderts, 1. kritische Ausgabe von Heinrich Rückert 1857. Eine einfachere Form ist Konrads von Würzburg «Schwanenritter». Siehe auch Rudolf Steiners Vortrag, Berlin, 29. März 1906 über «Parzival und Lohengrin» in Bibl.-Nr. 54 «Die Welträtsel und die Anthroposophie», Gesamtausgabe Dornach 1966.

73 *Christian Rosenkreutz:* Siehe hierzu «Das esoterische Christentum und die geistige Führung der Menschheit», Bibl.-Nr. 130, Gesamtausgabe Dornach 1962.

73 *Kundalinilicht im ausstrahlenden Wärmegefühl:* Siehe hierzu Vortrag Berlin, 18. Oktober 1904 in «Esoterik und Weltgeschichte in der griechischen und germanischen Mythologie», Dornach 1955. Innerhalb der Gesamtausgabe vorgesehen für Bibl.-Nr. 92.

74 *Nach der absteigenden Linie ist der Ätherkörper dem physischen Körper entgegengesetzt gebildet; nur nach der aufsteigenden Linie sind sich beide gleich:* Dieser Satz ist eventuell im Sinne des Hinweises zu S. 55 «absteigender ... aufsteigender Bogen» zu verstehen; vgl. aber auch die Darstellung hierzu im 18. Vortrag.

74 *nennt Blavatsky das aurische Ei:* Vgl. «Die Geheimlehre», Band III, Abschnitt «Über Prinzipien und Aspekte», S. 493–497 der deutschen Ausgabe.

Zu Seite:

79 «*Les grands Initiés*» *von Edouard Schuré:* «Die großen Eingeweihten», übersetzt von Marie Steiner-von Sivers mit Vorwort von Rudolf Steiner zur 1. (1907), 2. und 3. Auflage. – Neueste Auflage O.W. Barth-Verlag Weilheim 1965.

87 *Zwölf Karmakräfte ... Nidanas:* Näher ausgeführt im 14. und 15. Vortrag.

89 *undifferenzierten Masse, ähnlich wie heute eine Geleemasse ist, wie ein weicher Kristall:* In den Notizen von Marie Steiner-von Sivers lautet der Text: «... aufgebaut aus einer undifferenzierten Geleemasse, wie mineralische Protoplasma».

90 *Das Fischherz ist auf dem halben Weg stehengeblieben:* Fische haben ein zweiteiliges Herz, bestehend aus Vorhof (Atrium) und Herzkammer (Ventrikel) auf der Bauchseite des Vorderkörpers. – Marie Steiner notierte: «Der Fisch ist wie ein halbes Herz.»

96 *Russisch-Japanischer Krieg:* 1904–1905.

97f. *Dionysius Areopagita:* In der Apostelgeschichte 17,34 als Schüler des Paulus erwähnt. Unter seinem Namen erschienen Ende des 5. Jahrhunderts in Syrien die Schriften «Von der himmlischen Hierarchie» und «Von der kirchlichen Hierarchie», die im 9. Jahrhundert von Scotus Erigena aus dem Griechischen ins Lateinische übertragen wurden. Deutsche Ausgabe «Des heiligen Dionysius Areopagita angebliche Schriften», übersetzt von J. G. V. Engelhardt, Sulzbach 1823.

98 *Ein allgemeines Verständnis konnten diese Lehren aber nicht finden ... So sind sie wie eine Art Testament:* Rudolf Steiner hat in seinem umfangreichen Werk gerade die Hierarchienlehre immer weiter ausgebaut. Vgl. insbesondere «Geistige Hierarchien und ihre Widerspiegelung in der physischen Welt. Tierkreis, Planeten, Kosmos», Bibl.-Nr. 110, Gesamtausgabe Dornach 1972, und «Die geistigen Wesenheiten in den Himmelskörpern und Naturreichen», Bibl.-Nr. 136, Gesamtausgabe Dornach 1974.

99 *2600 Jahre:* Vgl. Hinweis zu S. 64.

101 *Novalis, ein mit dem Okkulten so bekannter Mensch:* Siehe «Das Weihnachtsmysterium – Novalis der Seher und Christuskünder», Dornach 1964.

102 *Sekte der Duchoborzen:* Geistesstreiter oder Geistkämpfer. Sie nannten sich selbst auch «geistige Christen» und glaubten primär an die innere Offenbarung. Die Sekte entstand um die Mitte des 18. Jahrhunderts und wurde später nach Transkaukasien verschickt. Ende des 19. Jahrhunderts wanderten viele nach Zypern und Kanada aus. Tolstoj, der eine starke innere Beziehung zu den Duchoborzen hatte (vgl. K. J. Staub, «Graf L. N. Tolstojs Leben und Werke», 1908), schrieb in diesem Zusammenhang «Christenverfolgung in Rußland im Jahre 1895».

102 *Sekte der Manichäer:* Von Mani (215 oder 216–276 n. Chr.) begründete, von Kleinasien ausgehende «mächtige Geistesströmung, zu der auch die mittelalterlichen Albigenser, Waldenser und Katharer gehören, ferner der Tempelorden, ebenso durch eine merkwürdige Verkettung der Verhältnisse das Freimaurertum. Hierher gehört das Freimaurertum eigentlich, trotzdem es sich mit den Rosenkreuzern verbunden hat.» Laut den Notizen eines Vortrages von Rudolf Steiner über die Manichäer, Berlin, 11. November 1904. – Vgl. auch Albert Steffen, «Mani», Dornach 1930, und Geo Widengren «Mani und der Manichäismus», Urban-Taschenbuch 1961.

Zu Seite:

111 *Subba Row (Rao) ... schildert solche Zustände der Chelaschaft:* Die Aufsätze Rows in der Zeitschrift «Theosophist» erschienen später gesammelt unter dem Titel «Esoteric Writings», 2. Auflage Madras 1931.

112 *Die Zahl 666:* Siehe Rudolf Steiner, «Die Apokalypse des Johannes», Bibl.-Nr. 104, Gesamtausgabe Dornach 1962.

112 *achte Sphäre:* Nähere Ausführungen hierüber in Bibl.-Nr. 254 «Die okkulte Bewegung im 19. Jahrhundert und ihre Beziehung zur Weltkultur», Gesamtausgabe Dornach 1969.

113, 118ff. *Nidanas:* Rudolf Steiner bezieht sich hier auf den Abschnitt «Nidanas» in Blavatskys «Geheimlehre», Band III, S. 585f. der deutschen Ausgabe.

116ff. 164, 177 *Weisheit, Schönheit, Gewalt:* Vgl. den Hinweis zu Goethes «Märchen» zu S. 49.

117 *«Theologia deutsch»:* Deutsche Theologie, geschrieben von einem Priester am Deutschherrenhaus zu Sachsenhausen bei Frankfurt a. M. 1497. 1. Ausgabe von Luther 1518; neudeutsche Übertragung aus dem Urtext von Franz Pfeiffer. Vgl. auch Bibl.-Nr. 7 «Die Mystik im Aufgange des neuzeitlichen Geisteslebens und ihr Verhältnis zur modernen Weltanschauung», Gesamtausgabe Dornach 1960.

123f. *Aus dem Nichts heraus schaffen:* Dieser geisteswissenschaftliche Begriff Rudolf Steiners findet sich auch noch in den Vorträgen Stuttgart, 15. September 1907, und Köln, 29. Dezember 1907 (beide noch nicht innerhalb der Gesamtausgabe erschienen), sowie im Vortrag Berlin, 17. Juni 1909 in «Geisteswissenschaftliche Menschenkunde», Bibl.-Nr. 107, Gesamtausgabe Dornach 1973.

128 *wir bereiten damit die Konfiguration einer nächsten Rasse vor:* Dies ist der Wortlaut der Notizen von Marie Steiner-von Sivers; in den Notizen von Mathilde Scholl lautet der Satz dagegen «wir formen damit einen nächsten Volksstamm».

131f. *erster ... zweiter ... Logos:* Vgl. hierzu die Aufzeichnungen Rudolf Steiners für Edouard Schuré vom Mai 1906 «Zeichen und Entwicklung der drei Logoi in der Menschheit», abgedruckt in Nr. 14 der «Nachrichten der Rudolf Steiner-Nachlaßverwaltung», Michaeli 1965.

141 *achte Sphäre:* Siehe Hinweis zu S. 112.

147 *Er hat auch die Kraft, die um den Gedanken liegende Astralmaterie zu beleben:* Im Nachrichtenblatt 1942/43 lautete dieser Satz auf Grund der Nachschrift von Mathilde Scholl: «Er hat auch die Kraft, den um den Gedanken liegenden materiellen Raum zu beleben.» Da dies im Zusammenhang keinen wirklichen Sinn ergibt, außerdem der Satz in den Notizen von Marie Steiner überhaupt fehlt, wurde er vom Herausgeber sinngemäß geändert.

149 *Jehova ... Mondgott:* Vgl. Hinweis zu S. 56.

149 *Die menschlichen Leidenschaften stehen in okkulter Beziehung zu den höheren Kräften der uns vorausgegangenen geistigen Wesenheiten:* Siehe hierzu Vortrag Dornach, 24. Oktober 1915 in Bibl.-Nr. 254 «Die okkulte Bewegung im 19. Jahrhundert und ihre Beziehung zur Weltkultur», Gesamtausgabe Dornach 1969.

150 *Wenn der Mensch Leben vernichtet:* Siehe hierzu Rudolf Steiners Besprechung von Mabel Collins Roman «Flita» in «Luzifer-Gnosis», Bibl.-Nr. 34, Gesamtausgabe Dornach 1960.

153f. «*Licht auf den Weg*»: Vgl. Hinweis zu S. 48.

157 *Das betreffende Medium:* Rudolf Steiner bezieht sich hier gemäß den Ausführungen in Vortrag Stuttgart, 24. August 1906 in «Vor dem Tore der Theosophie», Bibl.-Nr. 95, Gesamtausgabe Dornach 1964, auf eine Broschüre von Georg von Langsdorff, Freiburg i. Br., der Ende des 19. Jahrhunderts auf spiritistischem Gebiet als Übersetzer und Publizist bekannt war. Vgl. hierüber Carl Kiesewetter, Geschichte des neueren Okkultismus, Leipzig, o. J. (1891).

162 *dann hat man etwas kennengelernt von außen, was man innerlich recht gut kennt:* Diesen Passus konnten alle Notierenden nur unvollständig festhalten. In den Notizen von Marie Steiner-von Sivers lautet der Text umgekehrt: «... lernt man von innen etwas kennen, was man sonst von außen kennt: Lust und Leid», was hier sicherlich unstimmig oder unvollständig ist. Sinngemäß dürfte ausgeführt worden sein, daß man durch die beschriebene Übung in der Außenwelt etwas kennenlernt, was gleichartig ist wie die menschlichen Gefühle Lust und Leid usw.

164 *die künstlerische Betätigung in das theosophische Leben wieder einzuführen:* Ein Überblick über das von Rudolf Steiner auf künstlerischen Gebieten Geleistete und neu Inaugurierte findet sich in «Das literarische und künstlerische Werk – Eine bibliographische Übersicht», Dornach 1961.

165 *Goethe ... «Metamorphose der Pflanzen»:* Siehe Goethes Naturwissenschaftliche Schriften, herausgegeben von Rudolf Steiner, 5 Bände in «Kürschners Deutsche National-Litteratur» (= Bände Nrn. 114–117), Reprintausgabe, Dornach 1975.

166 *erster theosophischer Grundsatz:* Dieser erste der drei Grundsätze der von H. P. Blavatsky 1875 begründeten Theosophischen Gesellschaft lautet: «Den Kern einer allgemeinen Brüderschaft zu bilden ohne Unterschied der Rasse, des Glaubens, des Geschlechts, der Kaste oder Farbe.»

173 *Wir haben gesehen, daß der ganze menschliche Leib ...:* Der Text dieses ganzen Abschnittes ist sehr mangelhaft und kann nicht als wörtlich authentisch gelten.

176 *Involution – Evolution:* Vgl. hierzu den Hinweis zu «Aus dem Nichts heraus schaffen», zu S. 123f.

176 *Im Vedanta wird gelehrt:* Brihadaranyaka Upanishad 3,2,11ff.: «... ‹Yajnavalkya›, sprach [Jaratkarava Artabhaga], ‹wenn nun die Stimme des verstorbenen Menschen ins Feuer eingeht, sein Odem in den Wind, sein Auge in die Sonne, sein Geist in den Mond, sein Gehör in die Himmelsgegenden, sein Leib in die Erde, sein Selbst in den Raum, sein Körperhaar in die Pflanzen, sein Kopfhaar in die Bäume, sein Blut und Same ins Wasser, wo bleibt dann der Mensch?› ‹Reiche mir deine Hand, lieber Artabhaga›, sprach er. ‹Wir beide wollen darum allein wissen. Nicht gehört unser Wissen vor die Leute.› Sie gingen beide hinaus und unterredeten sich. Was sie besprachen, davon sprachen sie als von dem Karman. Gut wird einer durch gute, schlecht durch böse Tat. Darauf schwieg Jaratkarava Artabhaga.» Zitiert nach «Upanishaden», Diederichs Taschenbuchausgaben, 1964.

Zu Seite:

186, 189 *Vision des Hesekiel:* Hesekiel 1.

187 f. *die ersten Arhats. Dann entstanden die beiden anderen Sorten:* Diese nur unvollständig festgehaltene Darstellung war wohl als Erläuterung gegeben der VII. Dzyan-Strophe in Blavatskys «Geheimlehre», Band II.

188 *Sage von Prometheus:* Siehe hierzu Vortrag Berlin, 7. Oktober 1904 «Die Prometheussage» in «Esoterik und Weltgeschichte in der griechischen und germanischen Mythologie», Dornach 1955. Vorgesehen für Bibl.-Nr. 92.

189 *Bhagavad Gita:* Rudolf Steiner hat 1912/13 zwei Vortragszyklen über die Bhagavad Gita gehalten: Bibl.-Nr. 142 «Die Bhagavad Gita und die Paulusbriefe», Gesamtausgabe Dornach 1960, und Bibl.-Nr. 146 «Die okkulten Grundlagen der Bhagavad Gita», Gesamtausgabe Dornach 1962.

190 *Was wir in den Veden haben:* Veda, d. h. heiliges «Wissen», nennt sich die Gesamtheit der ältesten in der Sanskritsprache abgefaßten religiösen Schriften der Hindus, denen ein überirdischer Ursprung zugeschrieben wird. Es handelt sich um eine umfangreiche Literatur, die lange Zeit nur mündlich weitergegeben wurde. Die vedischen Überlieferungen gliedern sich hauptsächlich in 1. die Sanhitas, 2. die Brahmanas und 3. die Aranyakas und Upanishads. Die Sanhitas sind «Sammlungen» von Liedern, Opferformeln und Zaubersprüchen. Man unterscheidet vier derartige Sammlungen, die man allgemein vereinfacht die «vier Veden» nennt.

190 *Kultur von Zarathustra erhalten:* Gemeint ist der eigentliche oder erste Zarathustra. Im öffentlichen Vortrag über «Zarathustra», Berlin, 19. Januar 1911 in Bibl.-Nr. 60 «Antworten der Geisteswissenschaft auf die großen Fragen des Daseins», Gesamtausgabe Dornach 1959, führt Rudolf Steiner aus: «Griechische Geschichtsschreiber wiesen immer wieder darauf hin, daß man Zarathustra weit hinauszuversetzen hat, etwa 5000 bis 6000 Jahre weit hinter den trojanischen Krieg.»

197 *25. Vortrag:* Zu diesem Vortrag fehlen die Notizen von Marie Steiner-von Sivers. Der Text der vorliegenden zweiten Vortragshälfte – insbesondere über die drei Elementarreiche – ist nur fragmentarisch. Vgl. deshalb Vortrag München, 4. Dezember 1907 in «Über das Zusammenwirken unserer sichtbaren Welt mit geistigen Wesenheiten», Freiburg 1952, innerhalb der Gesamtausgabe vorgesehen für Bibl.-Nr. 98.

202 *Loge der Meister:* Vgl. Hinweis zu S. 65.

202 *Atome des Jupiter:* Darüber hatte Rudolf Steiner schon einige Tage vorher – 21. Oktober 1905 –, in einem neben dieser Vortragsreihe gehaltenen Vortrag gesprochen, von dem allerdings auch nur sehr mangelhafte Notizen vorliegen.

203 *26. Vortrag:* Zu diesem Vortrag fehlen ebenso wie zum 25. die Notizen von Marie Steiner-von Sivers.

205 *hat sich in der mohammedanischen Paradiesessage richtig erhalten:* Vermutlich nahm Rudolf Steiner hier Bezug auf das damals in theosophischen Kreisen bekannte Werk des englischen Okkultisten C. G. Harrison, «Das transzendentale Weltenall». 6 Vorträge über Geheimwissenschaft, Theosophie und die Katholische Kirche, 1. deutsche Auflage 1897. Im 5. Vortrag heißt es: «... Die Mohammedaner besitzen eine Überlieferung, die der Wahrheit besonders nahe kommt; nämlich daß der Garten von Eden in der mittleren Region zwischen der Erde und dem Monde lag.»

206 ff. *Das neue Material stammt vom Mars ... und Merkur ... Die Wochentage sind ein Abbild der planetarischen Entwickelung:* Vgl. Hinweis zu S. 55.

208 *Christus der Schlange den Kopf zertreten habe:* Lukas 10,19.

208 *Herakles-Sage:* Siehe hierzu den Vortrag, Berlin, 7. Oktober 1904 über die Prometheus-Sage, nachgewiesen im Hinweis zu S. 188.

209 *Goldenes Zeitalter ... Silbernes Zeitalter ... Ehernes Zeitalter:*

Goldenes Zeitalter	= Krita Yuga	= etwa 20000 Jahre
Silbernes Zeitalter	= Treta Yuga	= etwa 15000 Jahre
Ehernes Zeitalter	= Dvapara Yuga	= etwa 10000 Jahre
Finsteres Zeitalter	= Kali Yuga	= etwa 5000 Jahre
Unser Zeitalter umfaßt	künftige	2500 Jahre

Vgl. hierzu die Vorträge von Bibl.-Nr. 118 «Das Ereignis der Christus-Erscheinung in der ätherischen Welt», Gesamtausgabe Dornach 1965.

210 *666, Zahl des Tieres:* Siehe Hinweis zu S. 112.

211 *bei H. P. Blavatsky als Zahl der Prajapatis:* «Geheimlehre», Band I, S. 60, 116f. der deutschen Ausgabe.

212f. *Bewußtsein, Leben und Form ... Schöpfung aus dem Nichts ... drei Logoi:* Für einen Teil der Zuhörer hatte Rudolf Steiner diese Begriffe schon ein Jahr vorher in einer Vortragsreihe vom Oktober/November 1904 – hauptsächlich am 22. und 25. Oktober 1904 – auseinandergesetzt. Später findet sich noch eine ähnliche Darstellung in den Vorträgen Stuttgart, 15. September 1907, Köln, 29. Dezember 1907 und Berlin, 17. Juni 1909, vgl. hierzu Hinweis zu S. 123.

219 *Faust will Feuerluft:* Goethe, «Faust» I, Studierzimmer.

223 *Ein sechster und siebenter Sinn:* Diese hängen gemäß dem 9. Vortrag vorliegenden Kursus mit der weiteren Entwickelung von Hypophyse und Epiphyse zusammen. Vgl. auch Hinweis zu S. 68.

227 *Prometheus-Sage:* Vgl. Hinweis zu S. 188.

231 *Arbeit als Ware ... als Opfer:* Siehe hierzu die zur gleichen Zeit in der Zeitschrift «Lucifer-Gnosis» erschienenen drei Aufsätze «Geisteswissenschaft und soziale Frage», Sonderdruck aus Bibl.-Nr. 34 «Luzifer-Gnosis».

234 *Kampf zwischen den Scharen ... des Erzengels Michael und den Scharen des Gottes Mammon:* Siehe die späteren ausführlichen Darstellungen z.B. in Bibl.-Nr. 177 «Die spirituellen Hintergründe der äußeren Welt – Der Sturz der Geister der Finsternis», Gesamtausgabe Dornach 1966.

235 *So wie die Dinge im Osten sich entwickeln wie ein Feuer:* Bezieht sich vermutlich auf die durch den damals eben beendeten Russisch-Japanischen Krieg von 1904/05 ausgebrochene russische Revolution von 1905, siehe Vortrag vom 12. Oktober 1905: «Unsere Weltlage, Krieg, Frieden und die Wissenschaft des Geistes» in Bibl.-Nr. 54 «Die Welträtsel und die Anthroposophie», Gesamtausgabe Dornach 1966.

235 *Grundsatz der Brüderlichkeit:* Vgl. Hinweis zu S. 166.

236 *Hathajoga ... Atmungsprozeß:* Vgl. Hinweis zu S. 45.

Zu Seite:

239 *Rätsel der Sphinx:* Vgl. Hinweis zu S. 37, 42.

240ff. *Ernährung:* Über dieses Thema sprach Rudolf Steiner später noch verschiedentlich, z.B. vor den Arbeitern des Goetheanumbaues; vgl. Bibl.-Nr. 348 «Über Gesundheit und Krankheit – Grundlagen einer geisteswissenschaftlichen Sinneslehre», Gesamtausgabe Dornach 1976, und Bibl.-Nr. 354 «Die Schöpfung der Welt und des Menschen – Erdenleben und Sternenwirken», Gesamtausgabe Dornach 1969.

240 *physisch heilende Kräfte ... zur Heilung von sogenannten Geisteskrankheiten:* Dies ist der Wortlaut nach Mathilde Scholl. Dagegen notierte Marie Steiner-von Sivers an dieser Stelle, daß die alten Heiler «in sich *psychische* Heilmittel wecken, namentlich für *psychische* Krankheiten».

243 *Kain und Abel ... Allegorie:* Von Rudolf Steiner verschiedentlich interpretiert, hauptsächlich in Vorträgen vom Jahre 1904 und 1905 im Zusammenhang mit der Tempellegende; vorgesehen für Bibl.-Nr. 93.

243 «*Wenn ihr nicht werdet wie die Kindlein*»: Matth. 19,14.

245 *Gang der Menschheitsentwickelung ist ein absteigender und ein aufsteigender:* Vgl. Hinweis zu S. 68.

249 *Wirbel ... hineinwirbelt. Sie haben alle etwas Semitisches an sich:* Siehe hierzu Rudolf Steiner in seinem Brief an Marie Steiner-von Sivers vom 28. April 1905 in Bibl.-Nr. 262 «Briefwechsel und Dokumente 1901–1925», Gesamtausgabe Dornach 1967.

250 *Haeckels «Welträtsel»*: «Die Welträtsel. Gemeinverständliche Studien über monistische Philosophie», Bonn 1899. Siehe hierzu den Vortrag vom 5. Oktober 1905 «Haeckel, die Welträtsel und die Theosophie» in Bibl.-Nr. 54 «Die Welträtsel und die Anthroposophie», Gesamtausgabe Dornach 1966.

250 *Kropotkin ... Prinzip der gegenseitigen Hilfeleistung bei den Tieren:* «Gegenseitige Hilfe in der Entwicklung», deutsch von Gustav Landauer, Leipzig 1904.

252 *Die Veden und die Bhagavad Gita ... Vedantaphilosophie:* Vgl. die Hinweise zu S. 176 und S. 189.

254 *die verschiedenen Zarathustras:* Über den ursprünglichen Zarathustra vgl. Hinweis zu S. 190. Der historische Zarathustra lebte im 6. vorchristlichen Jahrhundert und war nach Alexander Polyhistor und Plutarch der Lehrer des Pythagoras. Im übrigen vergleiche zu der Tradition der Geheimschulen, den Namen des Lehrers mit der Lehre weiterzugeben, die Ausführungen Rudolf Steiners über Dionysius Areopagita im 13. Vortrag vorliegenden Bandes.

256 *Siegfried-Sage:* Siehe hierzu z. B. Vortrag Berlin, 22. März 1906 über «Siegfried und die Götterdämmerung» in Bibl.-Nr. 54. «Die Welträtsel und die Anthroposophie», Gesamtausgabe Dornach 1966.

256 *Achill ... Siegfried ... Unverwundbarsein in solcher Weise bedeutet Eingeweihtsein:* Vgl. hierzu den 7. Vortrag in «Das Markus-Evangelium», Bibl.-Nr. 139, Gesamtausgabe Dornach 1976.

Zu Seite:

256 *aufsteigenden Bogen der menschlichen Kulturentwickelung:* Vgl. hierzu Hinweis zu S. 68.

256 *Hephaistos:* Vgl. Hinweis zu S. 38.

256 *Bonifatius:* Der heilige Bonifatius, eigentlich Wynfrid, genannt der Apostel der Deutschen, verbreitete im 8. Jahrhundert als Bevollmächtigter Roms in Thüringen, Friesland und Hessen das Christentum und wurde 754 von heidnischen Friesen erschlagen.

257ff. *Esau ... Jakob ... Joseph:* 1. Buch Mose.

257 *Tacitus viel Verwandtes dort bei den Germanen fand:* Die Schilderung der einzelnen germanischen Stämme findet sich im 2. Teil von «De origine et situ Germanorum» Kap. 28–46. Vielfach in deutscher Übersetzung erschienen.

257 *Irmin:* «Der Gewaltige», göttlicher Stammvater germanischer Stämme.

260 *Lohengrin-Sage:* Vgl. den Hinweis zu S. 73.

260 *Wodha-Bodha-Buddha:* Ausführlicher sprach Rudolf Steiner noch über diesen Zusammenhang z.B. in Bibl.-Nr. 105 «Welt, Erde und Mensch», Gesamtausgabe Dornach 1974, 10. Vortrag.

261 *Attila ... in Europa ... machte er erst vor dem Christentum halt:* Rudolf Steiner bezieht sich hier auf das Eindringen Attilas in Italien im Jahre 452, als Aquileja zerstört wurde und der römische Bischof Leo I. Attila mit Gefolge entgegenzog und ihn zur Umkehr bewegen konnte.

261 *der bekannte Reisende Peters:* Bedeutender Afrikareisender; Gründer der deutschen Kolonie Ostafrika und der deutschen ostafrikanischen Gesellschaft. Schrieb u.a. «Das goldene Ophir Salomos» (1895) und «Im Goldland des Altertums» (1902).

Textkorrekturen gegenüber der 1. Auflage

Seite 49, 16. Zeile:	«Die fünfte Unterrasse (Kulturperiode) hat hauptsächlich» (statt vorher «hatte»)
Seite 117	*(Lücke im Text):* Die Nachschrift vom Mathilde Scholl enthält an dieser Stelle noch folgendes: «Das war das erste Aufleuchten. Wir können uns auf der einen Seite heraufranken am Brahmanismus, aber gerade ...». Der Sinn dieser vermutlich unvollständigen Textstelle ist unklar. Da sie außerdem in anderen Vorlagen fehlt, wurde sie weggelassen.
Seite 180, letzte Zeile:	«des vierten Globus» (statt vorher «Runde»)
Seite 192, 3. Zeile:	«sieben Globen» (statt vorher «Runden»)
Seite 195, 8./9. Zeile:	«im mineralischen Reich» (statt vorher «in der lemurischen Rasse»)
Seite 246, letzte Zeile:	«Symbol der vierten Unterrasse» (statt vorher «Rasse»)

ERKLÄRUNG INDISCH-THEOSOPHISCHER AUSDRÜCKE

Absteigender und aufsteigender Bogen	Siehe unter Hinweise zu S. 68.
Arhats	Adepten, Eingeweihte, Geheimlehrer, Mahatmas oder Meister.
Arupa	Formlos.
Arupaplan	Die höheren Gebiete des Devachan. Siehe unter Plane.
Atma	Das siebte Prinzip des Menschen, sein höheres göttliches Selbst. Von Rudolf Steiner auch Geistesmensch genannt.
Avidya	Unwissenheit.
Avitchi	Hölle.
Bhava	Das individuelle Dasein.
Bodhisattva	Einer, dessen Wesen (sattva) Erleuchtung (bodhi) ist; Vorstufe zur Buddhaschaft.
Buddhi	Theosophisch: Weltseele oder Weltgemüt und als sechstes Prinzip der menschlichen Wesenheit: geistige Seele. Von Rudolf Steiner Lebensgeist genannt.
Buddhi-Manas	Höheres Manas, im Gegensatz zum niederen Manas (Kama-Manas); höheres Ich.
Chela (Tschela)	Geheimschüler.
Devachan	Geisteswelt. Siehe unter Plane.
Devas	Götter der Devachanwelt.
Dhyan-Chohans (Dhyan-Tschoans)	Planetengeister, vervollkommnete Menschen früherer Runden. Nach Rudolf Steiner (Vortrag Düsseldorf, 13. April 1909, Bibl.-Nr. 110) orientalische Bezeichnung für die Angeloi.
Jaramarana	Verfall.
Jati	Was vor der Geburt zur Geburt drängt.
Kali Yuga	Yuga: Zeitalter; Kali: finsteres. S. auch unter Hinweise zu S. 209.
Kama	Allgemeine Astral- bzw. Wunsch- oder Begierdenmaterie.
Kama-Manas	Irdisches Bewußtsein oder niederes Manas, im Gegensatz zum höheren Manas (Buddhi-Manas). Von Rudolf Steiner auch Verstandesseele genannt.
Kama-pranisches Bewußtsein	Allgemeines Lebensbewußtsein.
Kama-rupa	Astralleib, Begierdenleib; Kamamaterie zu einem Leib «rupa» geformt.
Kausalkörper	Nach Rudolf Steiner der Extrakt des Äther- und Astralleibes, den der Mensch von Erdenleben zu Erdenleben weiterträgt und immer mehr bereichert.
Kriyashakti	Selbsthervorbringungskraft.
Kundalinifeuer, Kundalinilicht	Schlangenfeuer, Schlangenkraft. Von Rudolf Steiner in «Wie erlangt man Erkenntnisse der höheren Welten?» als «geistige Wahrnehmungskraft» und als «ein Element höherer Stofflichkeit» bezeichnet.

Linga sharira — Ätherleib, manchmal auch für Astralleib gebraucht.

Lipikas — Auch Maharajas genannt: hohe Geistwesen, die mit dem Schicksal (Karma) des Menschen zusammenhängen; Herren des Karma; Leiter der Inkarnationen.

Mahaparinirvana — Höchste der sieben Ebenen. Siehe unter Plane.

Maharajas — Siehe unter Lipikas.

Manas — Wörtlich: Geist. Als Prinzip des Menschen von Rudolf Steiner Geistselbst genannt.

Manvantara — Weltentag; eine Periode der Offenbarung im Gegensatz zur Periode der Auflösung oder Ruhe: Pralaya.

Mentalwelt, Mentalplan — Devachan. Siehe unter Plane.

Namarupa — Trennung zwischen Name und Form (Subjekt und Objekt).

Nidanas — Fesseln. Die zwölf Nidanas sind die zwölf Karmakräfte, die die Inkarnation bewirken, vgl. 15. Vortrag.

Nirmanakaya — Nach Rudolf Steiner ein so hoch entwickelter Astralleib, daß dieser beim Tode keine Überreste mehr zurückläßt; Leib eines durch die Vollendung gegangenen Buddha-Wesens.

Nirvana — Siehe unter Plane.

Parinirvanaplan — Noch über dem Nirvana liegender Plan. Siehe unter Plane.

Pitris — Väter oder Vorfahren der Erdenmenschen auf der Mond- und Sonnenentwickelung.

Plane — Die theosophisch-indischen Bezeichnungen für die sieben Plane, Ebenen oder Welten ersetzte Rudolf Steiner schon in seiner «Theosophie» (1904) und in späteren Vorträgen soweit als möglich durch deutsche Ausdrücke:

Theosophische Literatur:	Anthroposophische Literatur:
1. Physischer Plan	desgl., auch: physische Welt, Welt des Verstandes
2. Astralischer Plan	desgl., auch: Seelenwelt oder Seelenland, imaginative Welt, elementarische Welt
3. Devachan- oder Mentalplan	desgl., auch: Geisterland, geistige Welt, Welt der Sphärenharmonie, Welt der Inspiration
Rupa-Devachan	unteres oder niederes Devachan, auch himmlische Welt
Arupa-Devachan	oberes oder höheres Devachan, auch Vernunftwelt, Welt der wahren Intuition
4. Shushupti- oder Buddhiplan	Buddhiplan, auch Welt der Vorsehung

	5. Nirvanaplan 6. Parinirvanaplan } Nirvanaplan 7. Mahaparinirvanaplan Diese Welt über der Welt der Vorsehung ist eine solche, «für die es in ganz ehrlicher und richtiger Weise den Namen in den europäischen Sprachen noch nicht geben darf. Denn es kann auch nicht ein beliebiger Name gefunden werden für das, was sonst im Orientalischen ‹Nirvana› genannt wird und was über der Welt der Vorsehung ist.» Rudolf Steiner, Vortrag, Berlin, 25. Oktober 1909 in «Der Christus-Impuls und die Entwickelung des Ich-Bewußtseins», Bibl.-Nr. 116, Gesamtausgabe Dornach 1961. Vgl. ferner Bibl.-Nr. 99 «Die Theosophie des Rosenkreuzers», Bibl.-Nr. 113 «Der Orient im Lichte des Okzidents», Bibl.-Nr. 119 «Makrokosmos und Mikrokosmos, die große und die kleine Welt», Bibl.-Nr. 137 «Der Mensch im Lichte von Okkultismus, Theosophie und Philosophie».
Prajapatis	Die (verkörpert gedachten) Schöpferkräfte.
Pralaya	Schlafzustand; Dasein während einer Ruheperiode zwischen zwei Manvantaras, während desselben alles Offenbare im Nichtoffenbaren aufgelöst ist; auch geschlossener Kreislauf genannt.
Prana, pranisch	Allgemeines Lebensprinzip; in den physischen Leib gegossen, spricht man von Ätherleib.
Rupa	Leib, Form.
Sanjna	Wahrnehmen.
Sanskara	Die organisierenden Tendenzen, Begehren.
Shadayadana	Was der Verstand aus der Sache macht.
Shushuptiplan	Buddhiplan. Siehe unter Plane.
Skandhas	Nach buddhistischer Lehre die fünf für jedes Wesen grundlegenden Eigenschaften: Leib, Empfindung, Denken, Wille, Bewußtsein. Nach Rudolf Steiner im wesentlichen identisch mit dem Karma, vgl. 17. Vortrag des Kursus.
Sparsha	Berührung mit dem Dasein.
Tat tvam asi	«Das bist du!» Berühmte Formel des Veda.
Trishna	Durst nach Dasein.
Upadana	Behagen im Dasein.
Vedana	Gefühl.
Vijnana	Bewußtsein.
Wurzelrassen	Die sieben Hauptzeitalter des vierten Globus oder Formzustandes der Erdenentwickelung: 1. polarische, 2. hyperboräische, 3. lemurische, 4. atlantische, 5. arische oder nachatlantische Wurzelrasse; die beiden noch folgenden werden immer nur die 6. und 7. Wurzelrasse genannt.

H = Hinweise

RUDOLF STEINER GESAMTAUSGABE

A. SCHRIFTEN

I. *Werke*

Einleitungen zu den Naturwissenschaftlichen Schriften Goethes (1883/97)

Grundlinien einer Erkenntnistheorie der Goetheschen Weltanschauung (1886)

Wahrheit und Wissenschaft (1892)

Die Philosophie der Freiheit (1894)

Friedrich Nietzsche, ein Kämpfer gegen seine Zeit (1895)

Goethes Weltanschauung (1897)

Die Mystik im Aufgange des neuzeitlichen Geisteslebens
und ihr Verhältnis zur modernen Weltanschauung (1901)

Das Christentum als mystische Tatsache und die Mysterien des Altertums (1902)

Theosophie. Einführung in übersinnliche Welterkenntnis
und Menschenbestimmung (1904)

Wie erlangt man Erkenntnisse der höheren Welten? (1904/05)

Aus der Akasha-Chronik (1904/08)

Die Stufen der höheren Erkenntnis (1905/08)

Die Geheimwissenschaft im Umriß (1910)

Vier Mysteriendramen (1910/13)

Die geistige Führung des Menschen und der Menschheit (1911)

Anthroposophischer Seelenkalender (1912)

Ein Weg zur Selbsterkenntnis des Menschen (1912)

Die Schwelle der geistigen Welt (1913)

Die Rätsel der Philosophie in ihrer Geschichte als Umriß dargestellt (1914);
erweiterte Neuausgabe des Werkes: «Welt- und Lebensanschauungen
im neunzehnten Jahrhundert» (1900/01)

Vom Menschenrätsel (1916)

Von Seelenrätseln (1917)

Goethes Geistesart in ihrer Offenbarung durch seinen «Faust»
und durch das Märchen von der «Schlange und der Lilie» (1918)

Die Kernpunkte der sozialen Frage in den Lebensnotwendigkeiten
der Gegenwart und der Zukunft (1919)

Aufsätze über die Dreigliederung des sozialen Organismus
und zur Zeitlage 1915–1921

Kosmologie, Religion und Philosophie (1922)

Anthroposophische Leitsätze (1924/25)

Grundlegendes für eine Erweiterung der Heilkunst
nach geisteswissenschaftlichen Erkenntnissen (1925)
von Dr. R. Steiner und Dr. I. Wegman

Mein Lebensgang (1923/25)

II. *Gesammelte Aufsätze*

Aufsätze aus den Jahren 1882–1902

Aufsätze aus den Jahren 1903–1908

Aufsätze aus den Jahren 1911–1925

III. *Veröffentlichungen aus dem Nachlaß*

Wahrspruchworte, Fragmente, Entwürfe, Briefe und Aufzeichnungen

B. VORTRÄGE

I. *Öffentliche Vorträge*

II. *Vorträge vor Mitgliedern der Anthroposophischen Gesellschaft*

Vortragszyklen und Vorträge allgemein-anthroposophischen Inhalts

Vorträge zur Geschichte der anthroposophischen Bewegung und der Anthroposophischen Gesellschaft

III. *Vorträge und Kurse zu einzelnen Lebensgebieten*

Vorträge über Kunst: Eurythmie, Sprachgestaltung, Musik, bildende Künste und Kunstgeschichte

Vorträge über Erziehung

Vorträge über Medizin

Vorträge über Naturwissenschaft

Vorträge über das soziale Leben und über die Dreigliederung des sozialen Organismus

Vorträge für die Arbeiter am Goetheanumbau

Das Vortragswerk umfaßt annähernd 6000 Vorträge, von denen zum größten Teil Nachschriften vorliegen

C. REPRODUKTIONEN UND VERÖFFENTLICHUNGEN AUS DEM KÜNSTLERISCHEN NACHLASS

Die Bände sind nicht numeriert, jedoch in den einzelnen Gruppen einheitlich ausgestattet. Sie sind einzeln erhältlich

---

Rudolf Steiner · Das literarische und künstlerische Werk
Eine bibliographische Übersicht 1961/1966